岩　波　現　代　文　庫

六代目圓生コレクション

寄席楽屋帳

三遊亭圓生

Ensho Sanyutei

文芸 335

岩波書店

御前口演

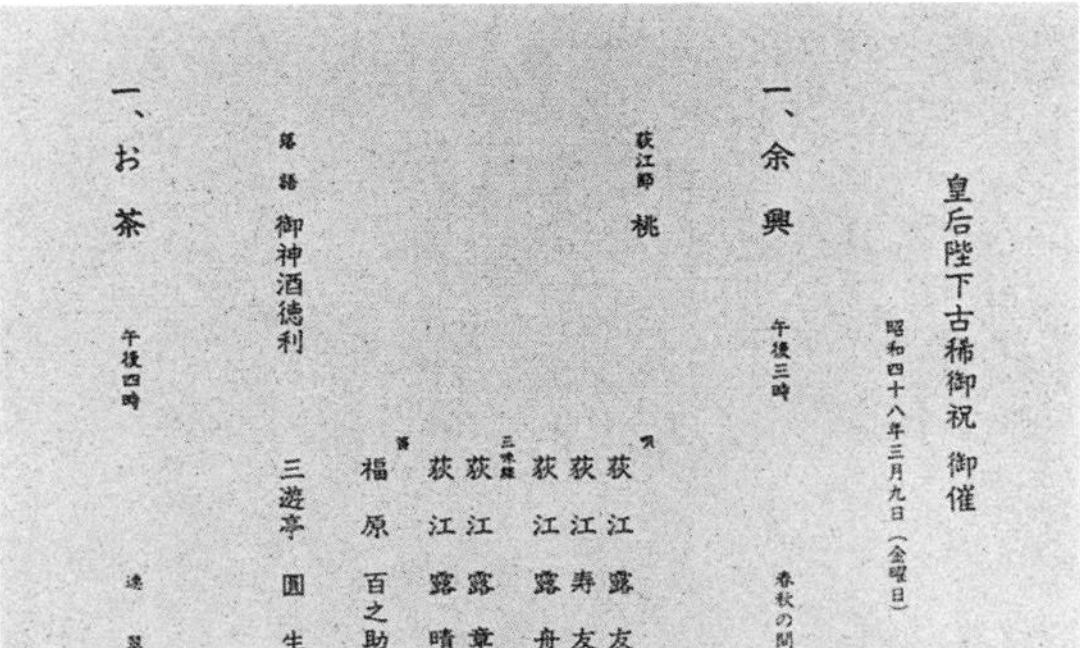

皇后陛下古稀御祝 御催

昭和四十八年三月九日（金曜日）

一、余興　午後三時　春秋の間

荻江節　桃

唄　荻江露友
荻江寿友
荻江露舟

三味線　荻江露章
荻江露晴

箏　福原百之助

落語　御神酒徳利　三遊亭圓生

一、お茶　午後四時

御前口演プログラム

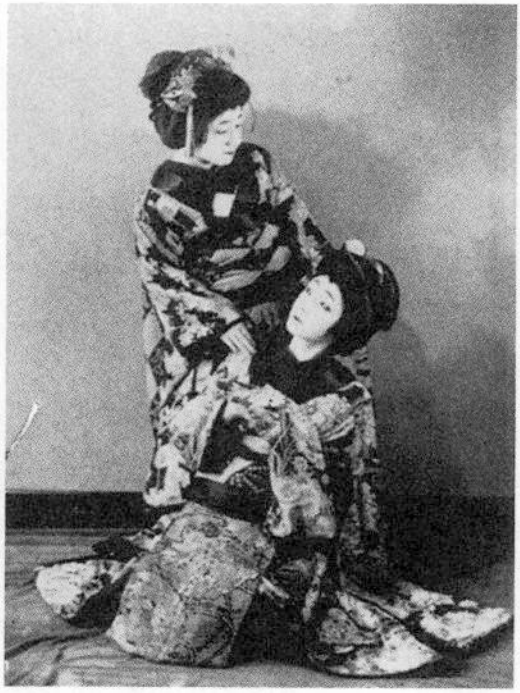

『扇屋熊谷』（昭和12年　東宝劇場）
小萩実ハ敦盛…著者（当時圓蔵）
桂　子…柳家小三治（高橋栄次郎）

『双蝶々』濡髪長五郎…著者

『弁天娘女男白浪』（昭和27年11月　神田・立花演芸場）

「浜松屋」
弁天小僧…Ⅴ・志ん生
南郷力丸…著者
丁　稚…Ⅵ・馬楽
鳶　頭…Ⅴ・小さん

「勢揃い」
弁天小僧…Ⅷ・文楽
忠信利平…Ⅵ・小勝
（当時右女助）
赤星十三…Ⅴ・小さん
南郷力丸…著者
駄右衛門…Ⅷ・柳枝

『太功記』「十段目」(昭和 32 年 3 月　ヴィデオ・ホール)

上　老　母…馬の助(伊東武)
　　十次郎…Ⅴ・志ん生
　　操　　…著者
　　初　菊…Ⅲ・三木助

右　操…著者

『仮名手本忠臣蔵』「七段目」

上　由良之助…著者
右　由良之助…著者
　　仲　　居…Ⅴ・柳朝

KR ラジオ東京(現 TBS)
専属五人男(昭和 28 年 7 月)
右から Ⅷ・桂文楽
V・柳家小さん
V・古今亭志ん生
著者
昔々亭桃太郎
(山下喜久雄)

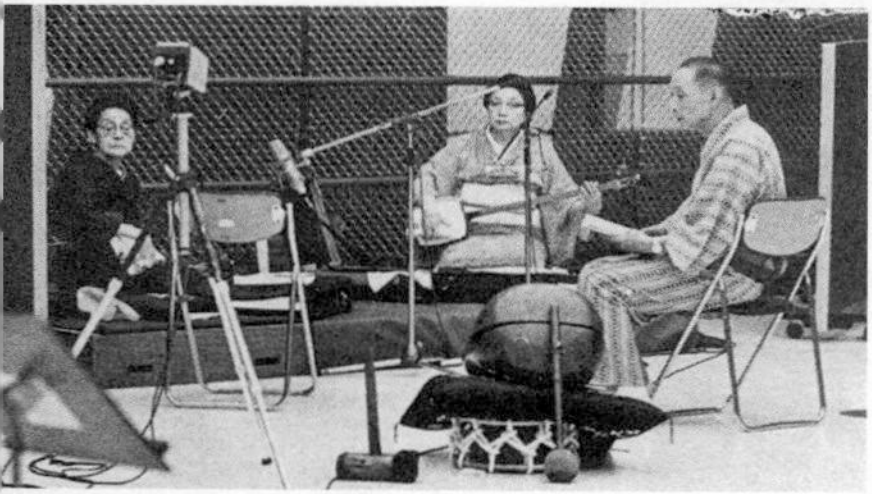

『圓生百席』録音風景
(昭和 50 年)
右から 著者
福富みのる
平川てる

勲四等瑞宝章叙勲記念(昭和48年5月) 著者夫妻

『三勝半七』「酒屋」(昭和40年10月) 著者

目　次

第一部　寄席楽屋帳

編集協力＝縣　和彦

第一部　寄席楽屋帳

寄席歳時記

初春風景

お正月というものが、おいおい変わってまいりまして、近ごろでは、門松なんてえものもあんまり見なくなりました。あれァむだなもんだってえんで……。それァむだといえば、むだには違いないけれども、どういうもんですかねェ。

やはり、あのお年始まわりなんてえものは、洋服よりは、羽織袴のほうが正月気分があるようで……。昔は、お供の小僧さんが、ちょうど乱れ箱ぐらいの大きさのものを風呂敷《ふるしき》へくるんで、首から前へさげまして、こいつィお年賀の手ぬぐいがはいっている。何軒もまわってお屠蘇《とそ》をいただいて、だんだん酔っぱらってね、しまいにゃァ袴のうしろがすっかりべろぃんとさがっちゃって、ずるずる引きずりながら、ひょろひょろして、お年始をまわっているふぜいは、おもしろいもんでした。

それから、お正月には万歳《まんざい》というものが、かならず来たもんです。近ごろでも、たまさかは見かけることがありますが、一人で歩いている……あれァねェ、太夫《たいう》と才蔵《さいぞう》と、ふたりで歩かなきゃァいけないもんなんです。

たいていは門口《かどぐち》でちょいとなにか演《や》って、お金をやると帰ってしまうが、大きなお屋敷やなんかで、よけいに祝儀をやると、ながながといろんなことを演ったもんです。

「もう結構ですよ。帰っていいよ」

と言うと、

「ありがとう存じます」

ってんで、礼を言って帰って行く。よけい貰ったら、貰っただけの芸を、ちゃんとそこで演って行く。それだけのものを心得ていなければできなかったもんです。

それから、獅子舞いも来ました。昔は、万歳あるいはお獅子というものは、お正月にはちゃんと来るべきもので、それを入れないようじゃァなにか縁起《えんぎ》が悪いようで、どんな家《うち》でも表口《おもて》をあけて、なにがしかでもちゃァんと金をやって帰したもので、だから、相当ないいりがあったもんらしい。それがだんだん世の中がせちがらくなったものか、ひところ〝暴力獅子〟ってんで、ことわったり金がすくなかったりすると、いやがらせをしたりなんかする……ですから、あれが来るってえと、すぐに入口の掛金《かきがね》を差しちまって、入れないようにしましたが、このごろはあんまり来なくなって、いいあんばいです。昔は、ことわるてえと、そのまんますなおにすゥッと帰ったもんです。だから、さのみうるさいとも思わなかったもんで。

これァまァ町の初春《はる》の風景でございますが、噺家のほうで申しますと……これァもちろん大きい真打でなければやりませんが……お正月に、お弟子からみんなお供餅《そなえ》をあげたもんでございます。

弟子じゅうでいくらいくらのおそなえにしようと相談して、そのうちのだれか一人がうけたまわって、あつらえる。

あたくしの師匠である四代目橘家圓蔵(松本栄吉)、〝品川〟の師匠のうちなんぞは、ひとしきり、弟子だけで三十なん人かおりました。そのうち真打級が十人以上もいたもんで……。ですから、雛段みたいに、せまい段々の台を作りましてね、赤いもうせんなんぞを敷いた上へ、これはやはり席順でございます……つまり看板の上位の人のものからずゥッと順におそなえを並べる……大へんどうも派手やかなもんでした。

このおそなえは、正月の十一日に、〝鏡開き〟といって、こわしておしるこやなんかにする。大ぜい集まるとこはいいでしょうが、あたくしの師匠のうちなんぞは、困ったそうです、あんまりどっさりおそなえがあるんで……とても食べきれないんで、孤児院とかへみんなあげたそうですけれども……。

今は、あたくしンとこなんぞ、せまいから、貰っても飾りようがないんで、弟子のほうへも断わって、貰わないことにしていますが、とにかく、噺家のうちで、おそなえがずゥッと並ぶなんてえのは、また、ほかと違っておもしろいもんで、これはやはり、正月気分のひとつの風景でございます。

寄席のほうでは、初春《はる》の興行……今は、元日から十日間でございますが、その以前は半月の興行……これを〝初席〟と言いまして、これァまた、ふだんの興行と違って、特別のもんでございます。

「すみませんけどもねェ……とても暮れにゃァだめなんです。初席を勤めればねエ、大丈夫、きっと払いますから、どうかそれまで待っていただきたい……」

どんな借金でも、初春《はる》になれば必ず払えると、噺家のほうでは、そう信じ込んでいたもんで。ところが、そんなにはもうかるもんじゃァない。

初席で、本当にどこも大入りというのは、三《さん》が日《にち》までですね。それも、元日は、大みそかが夜ふかしをするために、お客さまは来るには来るが、さほどではない。二日目になると、これがかなりよくなりまして、三が日のうちでも、最もお客がはいるのは三日目としてあります。これはもう、昔から今にいたるまで動かないところで……しかし四日となると、お客が落ちます。いい席だてえと、あまりお客が落ちないこともありますが、それもまァせいぜい七草まで、そのあとはもう、ふだんとたいして変わりがありません。

並木亭の初席

昔の初席で、あたくしがよく覚えているのは、浅草の並木亭ですねェ。はじめ豊竹豆仮名《まめかな》太《だ》夫《いう》の義太夫語りで出て、のちに噺家になってからも、初席は並木が〝振り出し〟でした。

〝振り出し〟というのは、何軒かの寄席を〝かけもち〟でまわるときに、いちばんはじめに行く席のことです。あたくしは、圓童という名前で噺家になって、いきなり二つ目ですから、前座というものはしたことがない。前座は〝かけもち〟はしませんが、あたくしは二つ目なんで、初席には、五軒ぐらい歩きました。

それで〝振り出し〟が並木なんですが、この並木亭というのは、雷門へ向かって右手で、路地ンなかィはいって行きまして、突きあたりがちょうど木戸口になっている。と、これと家数《いえかず》にして本当に七、八軒ぐらいのところに〝大金《だいきん》〟という席がありました。あたくしは、この大金のほうは、ごくたまに行ったことはあるが、まずあんまり行かなかった。二軒並んで寄席があったんですが、どういうわけか、この大金のほうはお客が来ない。

並木亭のほうは、初席ってえと、たいてい三時半か四時に始まる……ところが、もう一時半か二時ごろには、中にはいって待っているお客さまがある。昼席じゃァないんです。夜の席なんだけれども、地方のかたとか、あるいは東京の人でも、朝からほうぼう歩いてくたぶれちまって、

「もう歩くのもいやだから、寄席へ行くんなら早く行こう」

ってんで、早ァくから来てはいってる。

三時半ごろになって前座があがりますが、そのころになると、どんどんどんどんお客さまが突っかけて来ましてね、四時半、五時という時間になると、もういっぱいです。

この並木は二階席で、階下《した》が席主の住居《すまい》、二階《うえ》が寄席になっていまして、高座の脇が楽屋で、そこに芸人が控えているわけなんですが、いよいよ客席がいっぱいになるてえと、高座の両脇にはまっている杉戸を取っぱらっちまって、楽屋までお客さまを坐らせる。そうすると、階下の住居のほうが、急の楽屋になってしまう。おはやしの人が一人と、それから、太

鼓をたたいたり高座をかたづけたりする前座が一人、これだけはどうしても二階にずゥッといなくちゃならないが、ほかの出演者は、もう五時ごろになるてえと、全部階下のほうへ追っぱらわれです。

そこに、何宗旨《なにしゅうし》か知れませんが、金《きん》で塗った大そう派手な仏壇が置いてありましてね。するど、名人の四代目橘家圓喬師(柴田清五郎)が、やはりこの並木が振り出しで、臨時の楽屋へはいってきまして、じいッとこの仏壇を見ていたが、

「これァなんですな、この仏壇は〝げんしろう〟でげすな」

って、苦笑いをしてえる。

〝げんしろう〟というのは、楽屋のふちょうで、「ごまかす」とか「泥棒する」ってことを〝げんしろう〟という。つまり、寄席の入場料のあがりをごまかして、この立派な仏壇ができたんだろうという悪口なんですね。圓喬師があたくしにそう言ったんで、

「なるほど、〝げんしろう〟でなきゃァこんな立派な仏壇は買えないだろう」

と、子どもながらおかしいと思ったことがあります。

初席かけもち

その時分は、お師匠さんがトリをとれば、その席の前座は、その人の弟子が配置をされる。また、おはやしも、そのころはそれぞれの師匠についていたもんですから、そのおはやしが行きますし、それから前かたへ出ます者も、二つ目どころは、たいていこの、師匠に附属し

て、その席に出るという、こういう制度でございます。

ですから、お師匠さんが勢力があれば、初席だとか、あるいは、三、四、五月、それからまた、九、十、十一月なんという、お客さまのたくさん来るいい時期に、一流のいい席を取る。それに附随する弟子も自然と恩恵を受けるわけです。

初席なんかでも、あたくしの師匠が〝三軒ばね〟をする。申しあげた浅草の並木亭、それから、当時は東京一お客の来た人形町の鈴本という席、それに下谷の佐竹に久本《ひさもと》という席がある、この三軒のトリをとるわけです。で、あたくしも、この三軒と、そのほかに、本所《ほんじょ》ゥ石原町に鈴本亭といって、通称〝石すず〟という席、これァあたくしの先代《おやじ》のトリ、もう一軒やっぱり本所ゥに広徳亭《こうとくてい》という席があって、ここはやはり〝品川〟の弟子で橘家文蔵という人が打ちました……この五軒を歩いたわけで……。

この五軒の中では、広徳亭がいちばん悪い。その次に悪いってえと、石すず。あとは久本……この久本なぞは、ふだんはあまり客が来ないんですが、初春《はる》なぞは非常に大入りでしてね、あすこは職人の多いところで、はしご段までお客が坐りこんでしまう。

この久本の席亭ってえのが、威勢のいい、ちゃきちゃきの江戸ッ子らしい人で、頭がもうつるつるにはげていましたが、そのはげ頭ィ向《む》こッ鉢巻《ぱちま》きをして、巻き舌でもって、

「なにしョろどうも、おれッところは、初春《はる》はどうも大変で……へへへッ」

なんてんで、鼻たかだかで楽屋ィ来ている。

それで七草すぎて、客がすくなくなると、おやじさん、まるッきり顔を見せなくなるんで

すよ。へへ、景気のいい時ァ自慢して出てくるが、ちょいと旗色が悪くなるてえと、こそこそッと見《み》えなくなる……そういうところが、なんか江戸ッ子のいやに見栄坊なところがある、おかしな人でしたねェ。

まァそんなわけで、並木亭と人形町の鈴本は一流ちゅうの一流の席、あとの席だって、十五ン日《ち》が十五ン日《ち》ちゃんと五軒歩けた。

ところが、このあいだ亡くなった志ん生さん(五代目・美濃部孝蔵)なんぞは、よく話をしましたが、そのころは、この前亡くなった小圓朝(三代目・芳村幸太郎)の前の小圓朝さん(二代目・芳村忠次郎)の弟子で、初春《はる》ンなっても、やっと二軒ぐらいがせいぜいで……。

言うと悪いが、この小圓朝さんは大看板《おおかんばん》ではありましたが、あまり人気のない地味な師匠ですから、初席なんぞも、なんかこう、ふらふらしてましたねェ。つまり、人気のある師匠がたなら、初席のトリというものは、毎年、どの席は誰とちゃんと決まったもんですが、その時分の小圓朝さんは、なかなかそうはいかない。〝五厘〟という、今の事務員ですね、これがやっとこさ交渉して取ってくるというような席で、したがって客もあんまり来ない。だから、弟子もその二軒がやっとで、三軒はなかなか歩けなかったもんで……。その二軒だって、三《さん》が日《にち》はどうやらお客は来たが、

「とうとう五日目にまっ、ち、まっ、た」

なんてんで……〝まう〟というのは、もうお客が来ないから、その興行をおしまいにしてしまうことなんで……席亭と相談して、

「どうも、これじゃァとてもやっていかれないから、今夜ッきりにしましょう」

なんという……そういうわけで、二軒歩いていたものが、七草までに全部なくなっちゃった、というような話を聞いたこともありました。

ですから、弟子になるときに、いい師匠を持ったか持たないかということで、えらい損得があります。

初席ほろよい

しかしまァ概して正月は、やっぱりお客さまがよけいはいっているし、陽気でございましてね、芸人のほうが少ゥし赤い顔をして高座へ出ても、正月だてえと、お客さまもあまりとがめなかったようで……酔っぱらって、すこし舌のまわらないのやなんか、かえってお客さまがおもしろがってうけたりなんかしました。

戦前のことですが、四谷に喜よしという寄席がありました。ここの初席で、亡くなった圓歌(二代目・田中利助)と柳枝(八代目・島田勝巳)、それにあたくしと三人で、踊ったことがありました。もちろん三人ともちゃんと出番がありまして、それぞれ一席ずつやって……あたくしの番が最後でしたから、高座へ上がって噺がすんで、そこへほかの二人が出てきて、三人でもって、初春の事《こッ》てすから端唄《はうた》の『梅と松』を踊ったんです。あたくしがまんなかで、上《かみ》手《て》に圓歌さん、下手《しもて》に柳枝さん……上《かみ》と下《しも》は、おんなし踊りの手がついておりまして、まんなかのあたくしだけが、ちょっと違う……といったって、まァたいていおんなしようなもんですが……ま、違う手があるというわけで。

ちょうど七草の日だったと思いますが、三人でごひいきのお客さまのところへご年始に行って、

「まァまァひとつ……」

てんで、一ぱい出されて、あたくしァそんなにのまないし、圓歌さんものまないんですが、柳枝さんて人は大変酒の好きな人ですから、ここでいただいて、したたかに酔って、喜よしへはいりました。

そこで、例の『梅と松』になって、踊りはじめたところが、実にどうも……この時のおかしさてえのはありませんでしたねェ。

柳枝さんはもうへゝれけに酔っぱらってるんですから、踊りの手やなんかわからなくなってる。そうすると、圓歌さんの手と自分の手はおんなしなんだてえ頭があるから、踊りながら、むこうをずッと、こう、見るんですね。見て、圓歌さんのほうがさッと扇をひろげると、自分もぱッと扇をひろげる。むこうがぐるッとまわると、それを見てからまわる……ふふ、相手の踊りを見てからいそいでやることですから、すこゥしずつ、この、間《ま》がずれて、踊りがあとィ残っちまうわけで……。

当人は一生けんめいにやっているんだが、お客さまのほうは、どうもよろこんじゃって、どうどうという大変なうけかたなんです。なるほど、おかしいでしょうよ、正面から見てえたら……三人のうち一人がその、すこしずつテンポがおくれて、あとから、あとからと行く

……。どうも、楽屋もお客さまも引《ひ》ッくり返《かえ》って笑いました。さすがにうるさい喜よしのあるじも、この時ばかりは、笑って、なんとも言いませんでした。

盆と正月

初席というものは、申し上げたように、本当にお客さまがはいるのは三《さん》が日《にち》までで、七草をすぎれば、どんな席でも、もう平日《へいじつ》とたいして変わりがありません。

ところが、正月の十五、十六日となると、これァまたお客さまが来たもんなんです。もとは、一月《ひとつき》を上下《かみしも》に分けて興行しましたから、十五ン日《ち》が千秋楽、十六ン日が初日《しょにち》ということになります。それが、明治の末だったか、あるいは大正のはじめだったか、はっきり覚えてはおりませんが、十五ン日を初日にすることにいたしました。

それというのは、十五日というものは、〝物日《ものび》〟になる……昔はこの、一日《ついたち》、十五ン日《ち》、二十八ン日《ち》というこれは、職人なんかは休みになる、つまり今の公休日ですね……それがために寄席のほうでは、お客さまの入《い》りがいい。せっかくの十五ン日を千秋楽では、気分からいっても、また実際、成績のうえにも、具合が悪いというので、そこでこれを改めて、十五ン日を初日ということになりました。ですから、上席《かみせき》は十四日間の興行で、下席《しもせき》は十六日間という、一日ふえるわけなんで。

それから、お盆の十五、十六と二日間、これも正月三が日同様に、どこの席もいっぱいになったもんです。そのかわり、その前、七月十三、十四と、たいていこの二日間ぐらいは席は休みでしたね。やってもお客が来ない。それは例の仏月《ほとけづき》ですから、ほうぼうお寺詣りをする、あるいはまた、お精霊《しょうりょう》さまを迎えるためにその飾りをしたりするんで、いたる所にあの、お盆の用品《もの》を売る店なんかがずいぶん出ましたが、どういうものか、寄席のほうは、もうまるッきりだめになってしまう……どうしてあんなに来なかったかと思うようです。

そこで十一日か十二日で、いっぺん興行を打ち切ってしまって、改めて、十五日が初日になる。これァやっぱり〝やどり〟の人がずいぶん来たもんでございます。

今は、盆興行なんてえますが、まるッきりだめです。かえって、十二日とか十三日、十四日が土曜・日曜になったりするてえと、そのほうが十五、十六よりもお客さまがよけいはいるというようなことで……これァお正月と違って、今はもう、昔のようなお盆のしきたりというものを、ほとんどやらなくなったためだろうと思います。

昔は、お盆のトリが出るということも、ま、正月ほどのことはありませんけれども、噺家にとってはなかなか大変なことで、盆興行でトリが取れるというのは、やはりいい真打でなければできなかったもんでございます。

やぶいり

ご案内のとおり、昔は〝宿下《やど》り〟〝藪入《やぶい》り〟といいまして、この二日間だけしきゃ、奉公人にはお暇《ひま》が出ないわけで、新しいお仕着せを貰い、新しい駒下駄を買い、奉公先の旦那や、気のつくところでは、おかみさんもお小づかいをくれる。番頭さんからもいくらか貰って、

まず、自分のうちへ帰ろうというんですが、旦那のほうで、

「あいつはいつもねぼすけだから、起こしてやらなきゃァだめだろう」

なんてんで、早く起こして行かしてやろうと思っていると、六時前なのに、とっくにいない。もう、うれしくッて、前の晩からおちおち寝られない。四時ごろンなると、もう待ち切れなくて出て行く……もちろん、まだまッくらですよねェ……本当に、今考えてもその時代の〝やどり〟というものの、いかに尊かったこと、お察しします。なにしろ年に二度ッきりなんですから。

ふだんはもう、出たくッても出られない、食いたいと思っても金がなくて食えない。それがその日だけは、羽《はね》をのばして自由自在に、自分の好きなところへ行ける。好きなものを食えて、好きなものが見られるというんですから、これァ今の人なんかが想像もできないような、うれしくッてたまらなかったもんなんでしょう。

ふところには貰った小づかいがある。これをその、残しておいたりして申しわけがない……そんなことァないんですが……なにがなんでもいっぺんに使っちまおうッてんで……。

だから浅草なんかへ行くと大変でしたね。浅草はご承知のとおり、あすこは別天地で、六区へはいりますと、われわれは活動写真と言いました……今の映画、それから芝居があり、見世物があり、大道ではいろんなものを売っている。もう正月ってえと、あの六区ンなかは、ごッた返している……この時とばかりに、見たいものは何軒でも見て、食いたいものはいっぺんに食おうてんで、初めに見たもんからぱくぱく……だけど、人間の腹ですから限りがあ

る、そうは食えるもんじゃァないが、はいってもはいらなくても、むやみに食う。ですから、きたないお話ですが、電信柱のわきンところやなんかに小間物屋をひろげちゃって……、

「あ、いけねえいけねえ、おゥ、気をつけなよ」

なんてえのが、その時分にゃァずいぶんありましたよ。これァ飲みすぎやなんかじゃァない、食いすぎなんですね。食いすぎて小間物屋を出して、それでまだ、あと食おうという、そのくらいですから、どうも大変なもんで……。

寄席なんぞでも、もう早ァくから、十……三、四でしょうねェ、そのくらいの年ごろの小僧さんが、きちィんと、前のほうへ坐ってえる。楽屋からのぞいてみて、

「おい、なんだよ、あいつァ早ァくから来てるんだよ。よッぽど好きらしいねェ……」

なんてね。もう、こういう小僧さんは、一心に、全身を耳にして、一言も聞き落とすまいなんというような鋭い目つきで、一生けんめいに噺を聞いている。

考えてみると、今の人は休みが多すぎるんですね。日曜日だけじゃァ休みがすくないから、なんとかもっと休んで……なんという。それで遊《あす》んでばかりいるから、昔のあんな〝やぶいり〟みたいな、有頂天になるという醍醐味《だいごみ》は、おそらくあるまいと思いますねェ。

物日の早まわし

こういう正月とか、お盆とかの〝物日《ものび》〟になりますと、どこもみんな、早くお客をまわして、早く出してしまおうというので、ふだん三回興行ぐらいなところが五回ぐらいやる

んです。

それでおかしかったのは、当時の活動写真ですね。この〝物日〟になるとその、写真の進行の早いことといったらない。しかし、あれァ尺《しゃく》はちゃんときまっていて、それだけのものを写さなくちゃァいけないんですから、途中で切っちまうわけにはいかない。だから、それはやるにはやるんですが、今のように電気でまわすんじゃァない、手まわし……手でもってぐるぐるフィルムを回転させるんですから、これをその、できる限り早くまわすんです。ですから、ふだんはちゃんと歩くところが、その日になるてえと、その人物が、ちょこちょこ、ちょこちょこッと駆け出す。立ちまわりなんぞの、そのすばらしいこと……ぴょこぴょこ、ぴょこぴょこッと、刀を動《いご》かして、ぱたぱたッとまわりの人が斬られていく。

「エエ……一回の終りでございまァす」

ってんで、さァッ……とお客を出しちまう。そうすると、出たお客は、すぐまたほかの小屋の看板を見て、またそこへはいっていく……。

こういう〝物日〟には、お客を入れるってえことはなんでもないんですが、出すほうは大変なんです。活動写真だって、寄席だって、ただ入れてもらったんじゃァない、金を払ってはいった客ですから、出てくれりゃいいったって、そうは急には出やしませんよ。ですから、活動のほうじゃァ、そうやってフィルムを早まわしして「一回の終りでございます」ってんで、出しちまう。寄席のほうでは、フィルムを早くまわすわけにゃァいかないが、「一回の終り」でもない時に、やっぱりその「一回の終り」をやるわけなんで。

浅草に金車亭《きんしゃてい》という講釈場があったんですが、のちにこれが、だんだんお客が来なくなって、昼間だけは講談をやるが、夜は色物席になったというわけで……〝色物席〟というのは、講釈場・義太夫席に対して、落語や色物をやる席のことでございます。この金車亭のすぐ前に、江戸館という席があって、これは落語専門でした。この江戸館が、昼席と夜《よ》席《せき》と二回の興行で、あたくしが昼間のトリを取りまして、終演《はね》が四時半から五時になるわけなんです。

ところが朝の十時半ごろに、うちィ電話がかかってきまして、

「師匠にすぐ来てくれって、そう言ってください」

と言う。

「なんです」

と言ったら、

「はねていただかないと困るから……」

「はねていただくって貴方《あアた》、あたしの出番は四時半ごろから上がるんだから……」

「いえ、もう大変にお客がいっぱいだから、来て早くはねてください」

と、こう言う。しょうがない。その時分、あたくしァ代田橋に住んでましたから、京王線の停留所から乗りまして、新宿でその時分の市電に乗りかえて、浅草へ行きますと、もう席のほうじゃァ待ちかねて、

「もうこのとおりいっぱいで、お客がはいれない。なんでも師匠あがってね、はねてくだ

さい」

おどろきましたねェ、五時にはねべきところを、お昼前にはねろってえんですから……。それで、あたくしが高座へあがって、一席勤めておりると、

「一回の終りでございまァす」

てんで、お客を出したわけなんです。で、それからまた四、五人あがると、またあたくしに、

「あがってください」

なんでもトリの人が出れば、それでおしまいだってえんで、

「一回の終りィ……」

これじゃァお客のほうだって、なかなか動《いご》きませんよ。

これも亡くなった三遊亭圓歌さんですが、やっぱりこの江戸館のトリで、はじめにあがった時は、

「待ってましたァ」

ってんで、お客が大変に喝采《かっさい》をした。で、四、五人間《あい》をおいて、またあがってったら、今度はぱらぱらぱらッと、薄い迎い手《むかいで》……それからまた四、五人あがって、三度目に圓歌さんがあがってったら、

「こンちきしょう、また出てきやがった」

って言ったそうです。ねェ、はじめに「待ってました」ってのが、「こンちきしょう、ま

た出てきやがった」になるってんで、それァなるほど、お客のほうからすりゃァそうでしょうよ。

　こういうときは、立っているお客さまがもう、波を打ってましたねェ。右のほうから押さ

れると、左のほうへお客がその、順々にぐゥ…ッとこう、押されて行く。で、左のほうから

押し返すてえとまた、右のほうへぐゥ…ッと押されて……高座から眺めていると、お客さま

がしじゅう、ずウッとこう、波を打ってるように動《いご》いている。

　いつでしたか、あたくしがあがってって、そうですねェ、一分か……二分まではやらない、

そのうちにその押したり押されたりしている連中のなかで、

「なにを押しゃァがんだい」

「おれァなにも押しゃァしねえ、むこうから押してきたんだ」

「なにをッ」

　てんで、片ッぽの頭をなぐったんで、

「この野郎ォ…ッ」

　てえんで、客席でけんかが始まった。それでもう、これァだめだと思ったから、

「あァ……けんかをごらんなさい」

　ってそう言って、あたしァおりちゃった。えゝ、けんかのほうがおもしろい……わァわァ

わァわァ騒いでいる。もうとても芸なんぞできないことがありました。

襲名披露

噺家のほうでは、真打昇進あるいは改名の際に、披露目《ひろめ》をいたしますが、昔からこれは、正月や二月はよけたもんでございます。おのずと、花どきの三月、四月になってから披露目をする場合が多い。

今は、襲名披露の時には、たいてい上野の精養軒で、落語協会・芸術協会の両派、お席亭、放送関係のかたもおよびし、それから自分のお客さまとか知人とかを招いて披露するという、立派なもんでございますが、昔は、あんな立派な披露目というものは、ほとんどなかったといっていいくらい。たいていは折箱《おり》を持って、改名をした手ぬぐいをつけて、席亭と、それから真打の主《おも》だったところへ、ずゥッと、顔出しに行く。今は、前座から二つ目になるときに、これをいたしますが、昔は真打昇進の時でその程度なんですね、たいていは。料理屋へ招待をして、宴をひらいてというような大げさな披露目は、めったになかったもんで。それにくらべると、今の襲名披露ってものは、ずいぶん大げさなものになりました。

あたくしども覚えて立派な披露目だなァと思ったのは、初代圓右(沢木勘次郎)の倅さん、本名を沢木松太郎という、この人が真打になった時の披露目ですね。これは『寄席育ち』でもお話ししましたが、圓右さんのところは、男の子はこの松ちゃんひとりなんで、可愛くてしかたがない。その松ちゃんが、三遊亭圓子《えんこ》から小圓右と改名して真打になる披露目なんで、実にどうも立派なもんでしたねェ。下谷に伊予紋という有名な料亭がありまして、ここへ柳・三遊の幹部は残らず、三遊のほうは二つ目まで全部招《よ》んだ……あたくしも圓童で二つ目でしたから招ばれて行きました。下谷の芸者を総あげにいたしまして、お客にはめいめいに引出物《ひきでもの》をくれました。これァ小さい葛籠《つづら》で、あけると中にお菓子がはいっている。この時に、仲間うちで、どういうわけで葛籠をおみやげに出したんだろうってことゝなって、

「うゥん、これはね、お荷物だというんで出したんじゃァないかなァ」

「そうじゃァなかろう、一生親の背負《しょ》いものだというわけなんだろう」

なんて悪口を言いました。この小圓右って人は、噺はまァあんまりうまくはなかったが、なにしろ、圓右師匠ンとこのおん曹子ですから、みんな、目の前では「若旦那」とかなんとか、大変に持ちゃげて、当人もそっくり返って歩いてましたが、陰じゃァもう、いろんなことを言われる。のちにこの人が二代目圓右になりましたが、やはり受けがよくなくッて、しまいには噺家をやめて、郵便局かなんかに勤めていたそうですが、そのまま亡くなって、まことにお気の毒なことでした。

真打昇進のときには、そういう、ま、仲間うちの披露目のほかに、真打披露の興行を、各席ひとまわり、全部やるわけですが、そのあいだ、口上《こうじょう》というものがつきます。これは今でもやっておりますが、演芸なかば……といって、たいていは、中入りの休憩のあとでございますが、真打に昇進した本人をまン中にして、その師匠と介添の人が左右に並んで、口上を申しあげるわけで……。

この口上のうまかったのは、五代目の柳亭左楽(中山千太郎)という人で、この師匠は、噺はあんまりぱッとしませんでしたが、口上は大変にうまい人でしたな。当人もその、口上を

だんだん言い慣れて、自分でもやってみたいんでしょうね。寄り合いやなんかで、「どうもなんだなァ、ここンとこしばらく真打披露がないが……どうだい、来月あたり誰かこさえようか」

なんてなことを言う。これが冗談やなんかでなく、本気なんです。だけどもあたくしァこれァどうかと思いますねェ。本当にこれならと認めて、真打にしてやるというんならいいんですが、自分が口上を言いたいとか、淋《さむ》しいから真打をこさえようなんてえのは、上層に立つ人として、はなはだ無責任なことで、おなぐさみにぽかぽか真打なんぞこさえられた日にゃァ、どうもたまったもんじゃない。

あれは、あたくしが圓窓のころでしたか、いったん真打になった者を一括して、もう一ぺん披露目をしようってんで、十六人……あたくしもその中へはいっていたんですが、羅漢《らかん》さまじゃァあるまいし、十六人、そんな一ぺんに披露目なんてえのはばかばかしい、冗談じゃァねえと思って、とうとうあたくしァその披露目の席には出ませんでした。あとで何か言われるかと思ったら、何とも言われませんでしたがね。

それから今は、あの、いろいろごひいきやなんかからいただいたものを、舞台へ並べて飾ったりなんかしますが、あれもあたくしァあんまり感心しない。温習会《おさらい》やなんかとわけが違うんですから、袴を貰ったとか、帯を貰ったとかって、それをなにも高座へこてこて飾り立てることァないと思います。せいぜい置けば薬玉《くすだま》くらい……花輪でもちょっとじゃまになるぐらいですから、ほかの、芸のじゃまになるようなものを並べるということはあまり感心しないことで、まァ席の入口のところへ、花輪を飾る程度でいいもんじゃァないかと、あたくしは思います。そんなことよりも、あとの芸のほうが大事なんですから、披露目のあまり豪華なことは、あたくしは望まないところでございます。

旅ゆけば

旅興行のお話を申し上げますが、今はもう、旅といっても、昔とまるきり違って、何のなにがしという立派な師匠といっしょに出て行けば、悪いことはありません。また、そんなに長いあいだ地方をまわるわけでもなし、東京で決めて行ったところだけ興行して、すゥッと帰ってきてしまう。

ところが昔は、旅へ出るというのは、たいてい不平からとび出すのが多かったもんで……つまり、まァ東京にいて、ちゃんといそがしければ、好んで旅へなんぞ出ません。やはり東京にいれば、思うように引きあげてはくれないし、出番にしても、われわれのほうでいう〝深いところ〟……つまりお客のいっぱい詰まるおそい時間のところへはあがれない。かけもちで一軒目はちゃんとあがれても、二軒目へ行っては、もう〝くい〟といって、高座へあげてもらえない……というわけで、

「どうも席が思うようにまわれない」

「いつまでこんなことをしててもしょうがないから、旅ィでも出て、ひとつ修行をして来よう」

なんてんで、東京をとび出す。旅ィ出りゃァ東京とちがってそんなことはありませんから、時間も長くやれるし、のびのびとやれるにはやれる……が、しかしこれァ役者でもなんでもそうでしょう、旅ィ出ればいい役はつく、けれども本当の修行にはならない。『淀五郎』の噺のなかでも言いますが、役者でもその、いい役をしたから必ず芸はうまくなるとは限らない。

すこし長く旅をして、帰って東京の高座ィあがると、楽屋で、

「あァ……こりゃやっぱりなんだねェ、ドサくさくなったねェ」

と言う……われわれのほうではいなかのことをドサと、こう言いまして、ドサくさいというのは、なんかその芸を突っこんで、しつッこくやる……つまり、あんまりあっさり、さらッとやったんじゃァ、いなかではうけが悪いから、もっと笑わせよう、もっと笑わせようというので、どぎつい芸になる。これを〝ドサ芸〟といって、やっぱり本場の芸じゃァない。お客にうけさせるとか、噺を長くやるってえことは、それァひとつの修行にはなりますから、達者《たっしゃ》にはなって帰ってくるが、うまくはならない。東京にいれば、聞くお客さまがこわいから、今でいえばミーハー族にうけるような突っこんだどぎつい芸は、けられてしまう……だからやっぱり本場で修行しなければいけないってえのはそこなんです。

もっとも大看板の真打が旅へ出るてえことも、あるにはありました。あたくしの師匠なんかでも、上州へはよく行っておりました。これは、毎年の行事のようになってたんでしょう、まァたいてい、夏に一度、ときには年に二回ぐらい行ったことがあ

りましたねェ。むこうからも来てくれというし、お客もかなりはいります。高崎、前橋ぐらいをまわるんですが、その時分一興行は半月ですから高崎を八日やるか、あるいは前橋を八日やるか、するともう片ッぽが七日になる……この二場所で十五ン日《ち》間……これァ今考えてみると大変なもんですねェ、ひとつところで八日間、毎晩興行をして、お客さまがちゃんと来るわけですから。

あたくしの師匠というのは、大変達弁でして、べらべらべらべら喋る。昔はその「〝擬宝《ぎぼ》珠《し》〟のあいだの芸人だ」ってえことを言いました。〝擬宝珠〟ってえますと、橋の欄干《らんかん》についてるあれのことで、つまりその〝擬宝珠〟のついた日本橋、それから京橋、そのあいだの噺家だというのは、東京の中心地で人気のある、いい噺家だということで。これに対して、山の手のほうは……四谷とか本郷、これァみんな山の手になりますが、……ノテなんてえまして、また下町《したまち》とは芸風の好みもいくらか違ったもんでございます。それからまた、「あいつァ土手組《どてぐみ》だ」ってえことを言いましたね。〝土手組〟ってえのはどういうわけなんですか、よくわかりませんが、やはり、端《はじ》のほうの芸人……つまり二流以下だということなんでしょう、これァ馬鹿にした言いかたなんですね。で、あたくしの師匠なんぞは、まァ山の手へ行ってもうけないなんてえことはありませんが、なんといっても、東京の中心部で大変にうける芸風で、それでいて、申しあげたように上州あたりでも非常に人気がありました。

それはひとつには、やはり橘家圓蔵という名前がよかったんでしょうね。あっちには、侠客でもって日光の圓蔵って人がありますね、そういうところから、むこうの人に、大変に好感をもって迎えられたんじゃァないかと思います。とにかく、うちの師匠というものは、上州では大そう人気があったもんでございます。

高崎でおもしろかったのは、たしか境屋《さかいや》といったと思いますが、大きな旅館がありまして、これァまァ昔の本陣だったんですね。ご案内のとおり、本陣というのは、参覲交代などのお大名が泊まるわけで、大名同士がかち合ったりすると、格の上のお大名のほうが本陣へ泊まって、禄高がすくないとか家柄が悪いほうのお大名は、脇本陣というのへ泊まる。ですから、本陣てえますと、明治になってからも大変に格式があって、第一流のお客しか泊まれない。で、あたくしの師匠は、その境屋で泊めてくれる……むこうで、ぜひというんです。ところが、初代の圓右さん、この人は、あたくしの師匠より看板は上なんですが、高崎へ行ったときに、

「圓蔵も境屋だから、おれもその境屋に泊まろう」

ってんで、行ったところが、

「てまいどもでは芸人のかたはお泊めしません」

って、ことわられちまって、圓右さんはとうとう泊まれなかったてんです。今はもう、お金さえ出せば、だれだって客にしますけれども、昔は、そういうように、宿屋でもなかなか格式、見識があって、むやみに泊まれなかったという、これは実例でございます。

そのほか、あたくしが師匠といっしょに、旅に出かけたところってえと、加賀の金沢とか、それに北海道……北海道では、函館、小樽、札幌、まずこの三カ所ぐらいですね。たまには旭川、室蘭ぐらいはやりましたが、そのほかは行きません。函館なんぞは、なかなかよくお客さまも来てくださるし、まずここをやって、それから小樽、札幌。で、帰りがけにまたどうしても函館を通らなくちゃァいけない。そこでもう一ぺん函館で興行をして帰るということもありました。

それから東北のほうでは、仙台ですね。盛岡はあんまりよくないんです、落語は。青森へ行くてえと、ここは割り合いにお客が来ました。それからあとは秋田……まァ落語で興行できたところは、そこいらぐらいでしょう。弘前なんてえところも行きましたが、ここでお湯ゥ屋へ行ったとき、地元の人どうしで喋ってるのを聞いて、びっくりしましたねェ、まるで外国のことばを聞いてるようで……なんかこう、ぺらぺらぺらぺら、意味ぐらいわかるだろうと思って、一生けんめいに話を聞いてみたが、一言《しとこと》もこっちィ通じないんですねェ。まことに失礼ながら、

「大丈夫かねェ、こんなところで噺なんぞやったって、わかるかしらん……」

と思った……が、なに、噺をすれば、むこうはよくわかる。ちゃんと聞いてくださいます。ところが、むこうのかたどうしの話を聞いてると、全くわからなくッて、本当におどろきました。

北海道へ師匠に連れてってもらった時のことです。

あたくしが小圓蔵時分のことで、一座の主なメンバーは、あたくしの師匠、新内の七代目冨士松加賀太夫、三味線吾妻《あずま》路宮古太夫、六代目の一龍斎貞山(桝井《ますい》長四郎)、それに義太夫の朝太夫・松太郎です。前へ三人ばかり噺家があがりまして、それから、朝太夫の弟子で朝見太夫という人、松太郎の弟子に松次という人がいて、これが三味線をひく。その次に一日交代で、貞山さんかうちの師匠があがって、あとが加賀太夫、その次にうちの師匠か貞山で、キリが朝太夫・松太郎というわけで、今の名人会……その時分だから有名会という名前で行ったもんでございます。

こういうえらい人たちと行くんだから、さだめし豪華な旅だろうと思って行きました。なるほど、行きがけは大変によかった。ところが、太夫元《たいうもと》が素人《しろと》で、よく興行のことがわからなかったんですねェ、それがためにむこうの興行師にすっかり食いものにされちまいまして、お客は来てえるんですが、なんだかんだってんで、みんな差し引かれちまって、こっちの手へはちっとも金がはいらない。北海道をずっと、函館、小樽、札幌、旭川とまわって、帰りに青森、弘前、秋田と打ったんですが、もうこの秋田へ来た時なんぞは、金がはいらないから、師匠連だけは宿屋へ泊まるが、われわれのほうは劇場泊《こやど》まりってことになりました。それまでは、われわれもずっと宿屋に泊まっていたんです。はじめは師匠たちといっしょの宿に泊めてくれてたんだが、そのうちに、こっちは三流の宿にさげられる……秋田ではとうとう劇場の楽屋の二階へ泊められることゝなった。

ちょうど夏のことで、蚊が出てくるんですが、蚊帳《かや》がないんです。階下《した》へ行くてえと、劇場の道具方《どうぐかた》やなんかはみんな蚊帳ァ吊っている。

「蚊帳はありませんか?」

ったら、

「芸人の蚊帳まではない」

と、こう言う。ないってものァしょうがないが、大きな藪ッ蚊が出てきて、とても寝られない。どうしようってんで、いろいろ考えて、

「新聞紙《しんぶんがみ》をまるめて、こいつを燃して燻《えぶ》したら、蚊がきっと外へ出ちまうだろう」

「じゃァそうしよう」

ってんで、囲炉裏《いろり》がありましたから、新聞紙をまるめて入れるてえと、ぼう…ッと燃えあがる、それをあわてておさえる……燃しちゃっちゃァなんにもならない、燻《えぶ》すんですから。ところが今度はけむくッてけむくッて、蚊どころじゃァない、人間のほうがいられない。で、廊下ィ出て遠くのほうから、煙《けむ》の充満する部屋をじッと眺めている……すると、蚊も出て行ったと見《め》えます。それから、ほうぼう払って煙を出して、あとを締めて、

「まァ今夜はこれで寝られるか……」

ってんで、ふとんを敷いて、ものの三十分もたつてえと、どういたしまして、煙《けぶ》くらいじゃァ出て行かなかったんですねェ。どこかィ身をひそめていたんでしょう、これがもう、ものすごく刺すんです。となりの部屋でも、ぱちぱち蚊をたたく音がする。

「どうしたい、みんな寝られないかい?」

ったら、

「とてもこの蚊じゃァ寝られない……」

ってましたが、まァそのうちに疲れて、なんとか寝てしまいました。明くる朝ンなると、もうあちこち蚊に食われて、惨たんたるありさま。

朝めしンなると、お汁《つけ》を持ってくるんですがね、よほど古い煮干しかなんか使ったと見え《め》て、もうなんとも言えないいやなにおいがするんで、とても飲めない。だけど、お汁《つけ》とおこうこッきりなんですからねェ、そのお汁《つけ》がだめとなれば、これァおまんまも食べられないわけで、ちょいと箸をつけたぐらいでさげてしまいましたが、腹がへってしょうがないから、そば屋へ行って、かけそばかなんかを……これも、銭《ぜに》がもうないから、そう腹いっぱい食うわけにいかない……すこし食って帰ってくる。

ふた晩がまんをしましたが、とてもどうにもやりきれないんで、師匠にそんなことを言うのはいやだけども、

「これこれこういうわけで、どうも実にひどうございます」

ったら、うちの師匠がおこりましてねェ、

「そんなんなら、おれァ今夜、弟子を連れて帰る」

って言い出した。すると、太夫元がびっくりしまして、

「じゃァ宿のほうへ……」

ってんで、その晩、閉場《はね》るてえとすぐに、師匠たちの泊まってる宿のほうへ行きました。

そこで蚊帳が出てきた時に、

「あァ蚊帳だ蚊帳だ……」

ってんで、みんな涙をこぼした……なるほど、旅というものは、いやなもんだなァと、つくづく思ったことがありました。

東海道の旅

東海道で旅興行というと、やはり静岡、浜松という、この二カ所ですね。名古屋へも行ったことはありますし、芸どころですから、噺もよく聞いてくださいますが、これァもう上方《かみがた》のほうへ寄りすぎた感じがありまして、東海道ってえと、たいてい静岡、浜松までで帰ってきてしまいます。それであいだの沼津というところは、寄席もあったんですが、どういうわけか、割にお客の来ないところで、あすこで大入りをとったなんてえ話は、われわれあまり聞いたことはありませんでした。

これは、静岡の入道館という席へ行ったときのお話です。

やはり、あたくしの師匠と、冨士松加賀太夫、この二枚看板で、あたくしの先代《おやじ》がもう圓窓で真打になっておりました。あたくしが、やはり小圓蔵のころでございます。すると、初代圓右師匠の弟子で、三遊亭右左喜《うさぎ》ってえ人が、静岡の駅へ迎えに来ているんです。

この右左喜ってえのは、大変な大酒のみで、のちに、鶴本の志ん生の弟子になって、古今亭志《し》ん上《じょう》という名前になりました。この右左喜と、のちに立川ぜん馬になりました三遊亭遊福という人と、まだ前座で橘家二三蔵《ふみぞう》といったころのあたくしの先代《おやじ》と、これは三遊若手の三羽烏と言われまして、どれがいちばんうまくなるだろうというので、みんなが注目したもんです。まァそのなかで、うまかったのは、遊福か、この右左喜で、三人並べると、あたくしの先代《おやじ》は、いちばん落ちたのかもしれません。そのころの先代《おやじ》は、ごくごく荒ッぽい芸で、若手らしい威勢のよさはあるが、うまさからいけば、ほかのふたァりよりは劣っていたでしょう。ところが、おかしなもんですねェ、のちには、うちの先代《おやじ》はずんずん群をぬいてうまくなっていきましたが、あとのふたりは、とうとうあまり売れないまんまで終ってしまいました。

ぜん馬の遊福のほうは、真打にはなりましたけれども、トリの取れない噺家で……それというのが、この人は三代目の圓馬さん(橋本卯三郎)の噺をおぼえて、そのとおりやって、よく似てました。圓馬さんのいいところをとったのが、亡くなった文楽さん(八代目・並河益義)と、それから先代の金馬さん(三代目・加藤専太郎)で、これはうまいところをとった。ところが、ぜん馬さんのほうは、圓馬さんの悪いくせをとっているんです。噺はよく知っているし、ちゃんとした本格派で、まずくはないんですが、やはりもうひとつ図抜けなかったんですね。先代《おやじ》は圓窓時代にはもう、その遊福や右左喜と違って、若手のばりばりの真打で売り出していました。

で、この右左喜って人が、その時に、静岡の駅へ迎えに来ている。

「変なやつが来てるな」

と、こっちは思った。右左喜は、うちの師匠のかばんを持ったりなんかして……七軒町の入道館という席、その楽屋へみんな、まァはいった。と、師匠が右左喜に、

「おまい、どうしたんだい」

「へえ、実は……どうも、旅ィ出ましたけども、御難《ごなん》続きで、ここィ来てとうとう一座が解散になりまして、あたくしひとりだけが、こちらのご厄介になっているんで……」

つまり、静岡から東京へ帰る汽車賃もないいんで、席亭のひやめしを食って、落語の興行でも来れば、そこィ出してもらって、いくらかでもお銭《あし》をいただこうというわけなんです。だけども、うちの師匠の一座は、ちゃんと座組《ざぐ》みがきまってるから、いいかげんな者をあげるなんてえことはできない。師匠と加賀太夫さんとで、

「うゥん……そうかい。それじゃァね、汽車賃ぐらいはあげるから、東京へ帰るがいい」

「へえ」

「けども、おまいも芸人なんだから、ただお銭《あし》をもらうってえわけにも行くまいから、なんか芸を演《や》ンな。そしたら、その芸に対してお金をあげる。これから出世をしようというからだで、他人《ひと》にただ金をもらうのは、おまいもいやだろう」

「へえ」

ってましてね、小首をかしげてしばらく考えてましたが、まさかどうも、うちの師匠の前で噺をするわけにもいかない。

「そイじゃァ清元をやりますから……ェェおかねさん、すィませんがちょいと三味線を弾《し》

いてくれませんか」

おかねさんてえのは、師匠の下座《げざ》で、三味線もうまいし、まことにおとなしい人で、

「はいはい……何をやるんです？」

「『北州《ほくしゅう》』をやりますから……」

それから、みんながずゥッと聞いてる前で、清元をすこゥしやりましたが、どうもちっともうまくない清元なんで、加賀太夫さんなんぞは腹ァかかえて笑っている……。

「やァどうもご苦労さま、もういいもういい、うふふ……もうそうたんと聞かされちゃァかなわないから……」

ってんで、みんなからお金をもらって、右左喜が、手ぬぐいで汗をふきふき、

「なにしろどうも、暑うございますねェ……」

と言いながら、かばんのなかから茶碗を出しましてね、抹茶をたてて、

「おあがンなさい」

ってんですけども、なんだかどうもきたならしいんですねェ。当人、暑い暑いって、暑いわけなんですよ、もう五月の末で、またその日が馬鹿に陽気があったかなのに、どてらを着てえるんですから、だらだら汗をかいてるんで……。

「どうもそれじゃァ暑いだろう」

てんで、うちの先代《おやじ》が、

「おめえ、これ着て行きねえ」

って、ゆかたをやりました。

「これァどうもあいすみません、ありがとうがす」

ってんで、ゆかたを着て、

「あァ……涼しくなった」

って……あたりまいですよ、どてらとゆかたじゃァえらい違いで……。

あたくしは幸か不幸か、御難にあったってえことはあまりありませんが、そういう御難の旅てえのは、昔の旅ではずいぶんあったもんでございます。

米蔵の女難

あたくしが若い時分に、入船米蔵(板橋啓次郎)という噺家から聞いた話でございます。この米蔵というのは、若いころは色白で、美男というんではないが、ちょいときれいで、踊りもおどりましたし、まァ、女好きのするほうの人でした。これが、先代の文楽さん、本名を金坂巳之助といって、晩年に桂やまとになった、この人といっしょに旅へ出たんだそうですが、大変な御難で、雑用宿《ぞうようやど》へ泊められた。雑用宿というのは、旅芸人などが泊まる、ごく宿賃の安い宿屋で、木賃宿に毛のはえたような、いずれいい宿屋じゃァございません。

われわれのほうで〝トヤにつく〟ってえまして、興行が転《こ》けてしまって動けなくなって、そういう宿に泊まるわけですから、食い物だってろくなものは出ない。大根とか菜ッぱとか、ひどいものを付けられて、まずくッてしょうがない。すると、この宿屋に身《み》の丈《たけ》抜群にすぐれて、色の黒い、大変なご面相の若い女中がいたんだそうです。あの講談のほうに出てくる「真柄《まがら》のお秀」ってえのがありますが、ちょうどあれを思い出したらいいような女。これがその米蔵に人知れず思いをかけたってえんですね。

〝やまと〟の文楽がこの女をつかまえて、冗談ぐちをきいていると、

「あの人ァ本当に、やさしげなきれいな人だねェ」

かなんか言ったんで、ははァ、さてはこれァ米蔵に思《おぼ》しめしがあるんだなと思って、そこは文楽てえ人も、人を食っているから、

「あれァなかなかどうも、まじめでいい男なんだ。おれがひとつ、おまいとの仲をとりもってやろう」

と、冗談を言うと、その女中が、色の黒いところへ赤みをさしたりなんかして、もじもじして、うれしがってる。

「おれがなんとかしてやるから、もうすこしうまいものを、内証《ないしょ》で持ってきなよ」

「あいよ」

ってんで、主人に内証で卵やなんかを持ってきてくれるんですって、生卵を……。そういうものは、なかなか〝雑用《ぞうよう》〟ではありつけないン。これァもう、しめたってんで、

「米蔵《きみ》のおかけだよ」

ってよろこんでた。ところが、その宿に幾《いく》ン日《ち》もいるし、

「とりもつから、おかずをつけろ、つけろ」

ってえが、いっこうにそのとりもちのほうは進まないんで、女はじれったがって、

「どうするんだよ、だますんだろう」

「いや、だますんじゃァない……うゥん、じゃァ今夜ね、おれたちの寝ている部屋へ来なよ」

「いやだよ、そんなところィ……」

「いいじゃァねえか。あいつァおれのとなりに寝てえるんだから、おれが寝たふりをしてえりゃァいいんだから……ね、だからおまい、今夜忍んでくるといい」

「本当に行っていいかい？」

「あゝあゝいいとも」

ってんで約束をした。米蔵はもちろん、そんなことはまるッきり知らない。蚊と、夏のことで、暑いから、どうせふとんといったところで、ろくすッぽ掛けない……蚊にくわれるから、足のほうだけ掛けて寝ている……真夜中に、みしりッ、みしりッという音がしたんで、まッくらがりではあるが、なにか上がってきたんだな、と、米蔵が気がついた。

文楽だってまだ起きているが、昼の約束だから寝たふりをしている。すると、そこィその女が、ぬゥ…ッとあらわれたんだそうです。身のたけ抜群にすぐれて、夏だから腰巻きひとつのすッぽだか……右の手に、浅草紙《あさくさがみ》という、今はあまり見かけませんが、以前はご不浄の落とし紙に使った、〝漉《す》き返《がい》し〟〝悪紙《わるがみ》〟なんてえ名前がついている、ねずみ色の安い紙、これを右の手へ鷲《わし》づかみにして、寝ている上から、こう……見おろされた時には、米蔵が、

ぞおッとしたってえんですね。あまりのおそろしさに、となりに寝てえた文楽のおけつを、ぎゅ…ッとつねったから、

「痛ァ…いッ」

そうでしょう、だしぬけにけつをつねられたんですから、文楽も驚いた。「痛いッ」てんで、片ッぽがとびあがったから、そこはさすがに婦人で、こいつァいけないと思ったんでしょう、そのまま、のそのそのそのそ下へおりてった。

「あン時ァ本当に、あたしァ命びろいをしたと思ったぐらい、こわかった」

って、これァもう実に、お色気の話なんてえもんじゃァない……人食い人種におそわれたような心もちだったてんで、米蔵さんが、よく話をしました。

まァ旅先には、そういう、あとになっては笑い話になるようなことが、いくらもあったもんでございます。

噺家の歳暮

年の暮れとなりますと、噺家は、それぞれ師匠のところへお歳暮に行きます。もちろんこれァたいしたものは持って行きません。あたくしどもでは、たいていお砂糖を三斤《ぎん》ぐらい、昔の砂糖袋といって大きな袋……袋ばかり大きくて中味はすくないというくすぐりに使われたこともあるくらいで、そいつを持って、師匠のうちへ歳暮のあいさつに行く。まァたいてい、二斤か三斤でしたねェ。それァまァ売れッ子になるとか、真打になるとかすれば、もっ

とよけい持ってったんでしょうが、それにしてもすくないもんでした。

もっとも三遊のほうは、そういうことはあまりやかましく言いませんでしたが、柳のほうではこれがなかなかむずかしかったんだそうで。

名前を出して言うと悪いが、二代目の談洲楼燕枝(町田銀次郎)という師匠は、〝西町《にしまち》の御《ご》前《ぜん》〟といいましてね、下谷《したや》西町に住居《すまい》があって、当時、柳派のほうで大変勢力がありました。それで〝御前〟といわれるくらいに横暴で威張《えば》っていたんで。ですからお弟子も、ちゃんとお歳暮をよけい持って行かなくちゃならない。よけい持って行けば機嫌がいいが、すくないてえと小言をいわれるんだそうです。

その時分に、この燕枝さんの弟子で瀧川鯉かん(矢島金太郎)という人がありました。お正月の元日、燕枝一門みんな早ァくから師匠のところへお年始に行く……と、大勢の弟子が、ずゥ…ッと並んでるところで、この鯉かんてえ人が、師匠から小言を言われるんです。

「なんだおまえは、え〻？　師匠のところへ歳暮を持ってくるというのは、ふだん厄介になっているそのお礼として持ってくるべきもんだ。それをいかになんでも、貴様はなんだ、あきれ返《かい》ったもんだ。式多津《しきたつ》なぞをみなさい」

式多津というのは、晩年、西川たつといって浮世節を演っておりました。あの人は、若いころは、岸沢式多津といいまして、柳派では大変な売れッ子ですから、なかなかその、お歳暮でもなんでも、相当なものを持って行くんで……。

「式多津は女でも、ビールを一ダース持ってきた。貴様はなんだ、ビールを一本持ってきた……実にけしからんもんだ」

ってんで、元日に小言を言われたてんですが……なるほど、考えてみりゃァ、ビール一本てえのは、これァすこゥしすくなすぎる。けれども、金がなくてくるしいから、それだけしか持って行けなかったんでしょう。一本だってなんだって、貰うんだからだまって取っときゃァよさそうなもんだのに、小言を言うほうも言うほうですよ。ビール一本で小言を言われたという、これァもうひとつばなしになっております。

また、なかにゃァ人を食ったやつがありまして、これは源一馬《みなもとかずま》という人のお話でございます。

この一馬という人のおとっつァんは、上方《かみがた》の人なんですが、東京へ来て四代目柳亭左楽（福田太郎吉）の門人になりまして、柳亭鶯枝《おうし》といいました。のちに七昇亭花山文《かざぶん》となりまして、音曲師でございます。実にどうも、この花山文てえ人は声の大きな人で、噺をして、音曲を演るんですが、なにかこう大味《おおあじ》な音曲でしてね……声の出るためでしょうか、すこゥし間《ま》のびなようなところがありました。自分のせがれの一馬が、大きくなって剣舞を演るようになると、噺家をよしてしまって、この剣舞の詩吟を演っておりましたが、楽屋でもって、わァッと大きな声を出すてえと、この声が太鼓ィ当たって、ぶゥ…ん、てんで太鼓が鳴ったことがありましたよ。ずいぶん声の大きい人だと思って、あたくしァびっくりしたことがあります。

せがれの一馬は、はじめやはり、〝おっとせい〟左楽の弟子になって、〝左〟の字をとって左馬之助《さまのすけ》といいましたが、のちに師匠の左楽がなくなってから、本姓の美名本という字を変えて、源一馬という芸名になりました。申しあげたように剣舞を演って、あとで踊りをおどるという……堅い剣舞のあとで、やわらかい踊りをおどって、これがまた実にうまかったもんで……〝色物〟でありながら、まァ端席《はせき》ではございますが、四谷の若柳亭《わかやぎてい》なんという席では、〝つるし看板〟にあげたりなにかして、つまり、それだけお客を呼べる芸人だというわけで、一時は大変人気がありました。

あたくしの師匠の弟子になっておりましたが、なかなか人を食った男で、年の暮れに師匠が、

「あいつァどうも、今年ァ歳暮にも来なかった」

って、話をしていると、大みそかのもう十一時半ごろンなって、師匠のところへ、

「こんばんは……」

って、お歳暮に来ましてね。師匠が、

「なんだ、たいそうおそいじゃねえか」

「へえ、どうもお歳暮が大変おそくなりまして……ェェ押しつまりまして……」

って、押しつまるにもなんにも、十二時になんなんとしているんで。

「じゃァまた、初春《はる》にうかがいますから……ごめんくださいまし」

てんで、帰る……と、まもなく時計がぼォんぼォんと鳴り、ごォ…ん……てんで、除夜の鐘が鳴り出したら、おもての戸をまた、がらッとあけて、

「へいッ、おめでとうございます」

ってんでね、お年始に来た……これァまた年始にはすこゥし早すぎる、まだ除夜の鐘が鳴ってるんですから……。

「あの野郎、歳暮と年始をいっぺんにすまして帰りゃァがった。どうも、人を食ったやつだ」

なんて、師匠が笑ってました。

越すに越されぬ年の暮れ

寄席のほうでは、暮れの行事というものは、特になかったように思いますが、ひと月を上《かみ》、下《しも》に分けていた当時は、十二月十五日初日の下席《しもせき》、これを〝大下《おおしも》〟と申しまして、二十五、六日ごろになりますと、お客さまのほうだってもう、そうはいりませんし、

「じゃァまァ今夜あたりでよしましょうか」

なんというようなことになって、寄席は休みになってしまいます。あたくしなんぞァ子どものころで、おしまいになれば休めていい、ぐらいに思ってましたけども、おとなのほうは、それァもう、毎日かせいだ金を持って帰ってなんとかしようってえのに、席はなくなってしまう、

「あァどうも……弱ったなァ」

ってんでね、みんなずいぶん暮れには苦労をしたもんでございます。

ある噺家が、暮れも押しつまって、初春《はる》の席に着て出る羽織もなし、どうしたもんだろう……ッてんで考えながら、暗い道をぼそぼそ歩いていて、ひょいッとむこうを見ると、何か落ちているようなんで……。それからそばへ寄って見ると、これが黒の紋付きの羽織なんだそうです。拾いあげてよく見ると、きれいな羽織で、自分の定紋《じょうもん》とおんなし紋付きなんです。あたりを見まわしたが、だァれもいない。それから、こいつをその、そゥッとかかえて、うちィ帰って来た。これでどうやら正月の高座へ着て出る羽織ができたと思うと、当人はうれしくッてたまらない、あァありがてえッてんで、衣紋竹《えもんだけ》へかけて、むこうの壁へつるして、しきりによろこんでるてえと、この羽織が、するするするするッと衣紋かけから落っこった。はッ…と思ったとたんに、

「ぷゥ…」

ってんで、おならをして消《け》えちまったという……これァ狸がいたずらをしたんだってえますが……。

これは、九代目の結城孫三郎という、繰り人形の家元で、もと噺家もしたことがあるというまことに器用な人で、このかたの書いたもののなかから、あたくしが思いついて、『権兵衛狸』なぞのマクラに使っておりますが小ばなしでございますが、これなぞは実にどうも、穿《うが》ったというか、その当時の噺家の腹をえぐったもんですな。もう暮れになりますとみんな、この紋付きの羽織では、大変に苦労をしたもんでございます。

柳家三語楼(山口慶二)という人に、こういう話を聞きました。

この人は、のちには大そう売れた芸人ですが、申しあげた二代目談洲楼燕枝の弟子で燕洲といった時分には、売れないほうの代表的な噺家で、苦しくッてしようがない。おかみさんが、お勝《かッ》つァんてえまして、これが一生けんめい、うちで人仕事《ひとしごと》(賃縫い)をして、まァいくらかでもかせいで足りないところをおぎなおうてんですが、いずれもう、仕立屋さんというものは、暮れは忙しいときまったもんで、押しつまってくるてえともう、ほうぼうから、

「これだけは、なんとか年内にやっとくれ」

なんてんで頼まれる。仕事はたまっちまうから、押しつまっては、もうほとんど寝ないんですってね。そのなかから、自分のご亭主の羽織も算段しなくちゃァならない。それでもなんとかしてやっとこさと、大みそかの夜になって、亭主の羽織の目鼻がついたが、これァその縫いなおしかなんかをしなくちゃァ着られないわけなんで……もう、お勝《かッ》つァんも徹夜続きで、こらえてもこらえても居眠りが出るのを、自分で自分のからだをつねったりなんかァして、やっと目をさまして、一生けんめいにどうやら亭主の羽織を縫って、

「おまいさん、やっとできあがったよ」

「そうかい、ありがてえ」

てんで、急いでたたんで、仕立てたばかりですから、上へ板をのせて、すっかり圧《お》しというものをかけます。

こいつを寄席へ持ってって、その晩その羽織を着て、すッと高座へあがるてえと、見てえるお客さまがくすくす笑うんだそうです。噺がおかしいところでもないのに、となりの人と

突っつきあっちゃァ高座のほうを見ては、またくすくす笑う。どうも様子が違うんで、高座のまわりを見まわしたが、別に変わったところもない。わからないまゝまで、高座から楽屋へおりてくると、

「おい、燕洲さん、おまいの羽織、前に紋がくッついてるじゃァねえか」

「えッ？」

言われて見るてえと、おかみさんがねむいんで、袖の前とうしろをまちがえて、さかさまにつけちゃったんですね。だから、袖のうしろがわにつくべき紋が、前のほうへついちゃった。着てえる当人は気がつかなかったんですが、ちょいとこう、袖をひろげたりなんかするてえと、前のほうにくっついてる紋が見えるから、どうも変な羽織だってんで、お客がくすくす笑ったらしい。

これァさすがに当人もおどろいたが、羽織を着ないで出るわけに行かず、それからは、両袖を合わせるようにして、そゥッと舞台へ出て、おじぎをするや否や、急いですッとその羽織をぬいだってんですね、紋を見られないうちに……。

まァそういう失敗というものが、いくらもあったもんで。

あたくしの先代《おやじ》なんぞも、小圓蔵の時分ですが、正月の席で、セルの袴をはいていたんですね。これがもうせいいっぱいの初春《はる》の身装《なり》なんで……。圓右師匠が楽屋にいたんで、先代《おやじ》が、

「ご苦労さまです」

と、あいさつをした。すると圓右師匠がじィッと見て、先代《おやじ》に、

「なァおい」

「へえ」

「おめえ、なんだなァ、袴ァはくと正月だが、袴ァとると暮れになるんだな」

「へえ、そうなんです」

ってったら、圓右さんが、

「ふふふふッ……」

って、にが笑いをした。それでかわいそうだてんで、三代目の小さん(豊島銀之助)とふたアリで二人会《ににんかい》をやって、そのあがりの金を先代《おやじ》にくれたってえことがありました。

まァそんなわけで、とにかく暮れの苦しいッてえことは、噺家ならだれでもで、いずれ初《は》春《る》が来るんですからその支度もしなくちゃァならないし、もう暮れを楽に越せるなんというのは、ほんとに数えるほどしかなかったものでございます。

寄席風物詩

かぜ

われわれのほうでは、扇子のことを〝かぜ〟と申します。やはり、あおぐと風が出てくるから、そういうんだろうと思いますが、噺家とは切っても切れない小道具でございます。ちょいとしたことで、きせるになり、筆になり、刀になり、槍になり、天秤棒《てんびん》になり、杖になり、またいっぱいに開くと、盃《さかずき》になり、手紙にもなる。変わったところでは、三分ほど開いて横に持つと、そろばんにもなる……という具合で、いろいろなものに使える、まことに重宝なもんでございます。

なかでも重要なのがきせるで、百姓・侍・商人《あきんど》・職人・女……みんな、きせるの持ちかたひとつで、職業、男女の別などが、はっきりわかるという……もっともなにごとも修行でございまして、あたくしなんぞも、はじめのうち、先代《おやじ》に小言を言われました。

「扱いかたがまずいから、きせるに見えねえぞ」

ってんでね、あたくしは今でもたばこはあんまり吸いませんが、

「おめえ、たばこを喫《の》まねえからまずいんだ、本当にたばこを喫め」

と言って、たばこ入れをこしらえてくれました。それで実地にたばこを喫んでみて、なるほどと思ったもので……やっぱりなんでも自分でやってみなけりゃァわからない。

扇子をきせるに使う時は、親骨が横にくるようにして、要《かなめ》のところをくわえます。そうしたほうが、口のところのつごうもよし、横から見て、親骨がきせるの羅宇《らお》に見える。こまかいことですが、吸いがらをはたくときに、ぽんとたたいておいて、口へ持ってって一ぺんふッと吹くんです。というのは、はたいたきりですと、前のたばこの煙《けむ》が羅宇のなかに残ってる。ふッと吹くてえと、そいつがすッと出てしまう、それから新しいたばこを詰めるわけなんです。もうきせるでたばこを吸うことがなくなりましたから、こういうきせるのあつかいかたも、だんだんわからなくなってしまうでしょうねェ。

槍をぴたッと構えるなんてえところもむずかしい。うっかりすると、お客さまのほうから見て、槍がまがってるように見えてしまう。これは、あたくしもいろいろやってみましたが、先へ突き出したほうの手に扇子を持ってやってみると、どうも具合が悪いんですね。右手に扇子をにぎって腰へあてて、左手の人さし指をぴんと伸ばしといて前へ出す、そうすると形がぴたッときまります。これがいちばんいいようですね。刀にしてあつかう場合やなんかでも、それだけの重さを見せなくちゃァならないし、なかなかむずかしいもんでございます。

踊りのほうで使います舞扇《まいおおぎ》とか、万歳扇《まんざいおおぎ》なんという扇は、あのゥ、骨が地紙《じがみ》より細くなっておりますね。われわれは、ああいう扇ではだめなんで、〝平骨《ひらぼね》〟というんでしょうか、親骨がちょうど地紙の折り巾いっぱいになっている。そうして、あいだの骨の数の多いのではいけません。といって骨数がすくないと、開いたときにあまりひろがらないから、これも具合が悪い。あたくしは、親骨の巾をやや狭くしまして、あいだの骨の数が十三本、これを十三間《げん》といいますが、そういう扇子を使っております。

扇というものは、噺家のいちばん大切な道具であってみれば、やはりひとからもらったものを使うよりは、自分のこのみに合った巾なりひらきなりのものを使いたいと思いましてね、まァ貧乏でできなければしかたがないが、今はそのくらいのことはできる身分になりましたんで、日本橋の榛原《はいばら》という、昔からの紙屋さんがあります、あすこへあつらえて、こさえてもらっております。そうどっさり作ってもしょうがないんで、最低三十本ぐらいずつあつらえますが、あの親骨を作る煤竹《すすだけ》ですね、あれがだんだんなくなってくるんだそうです。あれは、いなかの茅ぶき屋根をこわした時に出る竹、そういうのを使ってこしらえるんだそうです。それですてえと、竹が年数を経て、すっかりかわいて、使いいいんでしょう。ところがああいう茅ぶき屋根ってえものが、近年はなくなって、竹が出ないんで困るって、そう言っておりました。

まァ今でこそ、あつらえて作りますが、そんなことのできないうちは、たいていは配《くば》りものの扇子ですね。噺家が名披露目《なびろめ》のときに、自分の名前のはいった扇子を、ごひいきすじや仲間にくばります。それから、以前はよく幇間《たいこもち》のおさらいってものがありまして、その時の配りものの扇子とか、そういうもののなかで、これなら使いよさそうだというやつを使ったもんです。

この幇間のおさらい、まァ花会《はながい》ですね、昔は春・秋になりますと、これがのべつにありました。いちばん多いのが日本橋倶楽部、あるいは帝国ホテルの宴会場なんてこともありましたが、そういうところで、芸者衆の踊りだとか、旦那がたが義太夫を半段かたるとか、常磐津を一段出すとか、あるいは立方《たちかた》を使って踊るとか、役者衆がくることもあります。

嘶家もみんなつきあいで、一席つとめるんですが、これをつとめるのにただは行かれない。〝義理〟といいまして、ま、その人の身分に応じて、五円とか十円ぐらい包んで持ってかなくちゃァならないんで。ところが春に一ぺんとか、秋に一ぺんとかいうんならいいんですけどね、もう、三月、四月、五月なんてえと、毎月毎月くるんですよ。そのたんびに〝義理〟を持ってって一席つとめる。

それで五代目の左楽さん(中山千太郎)が言いだして、これァとてもたまらない……大体考えてみれば、一席つとめるんだって、お座敷だったらば相当の額をいただけるところを、みんな無料でつとめるんだから、そのうえに〝義理〟を持ってくことはないじゃないか……だから、みんなでいっせいに、金を包むことはやめようと相談しまして、それ以後は〝義理〟を持ってかなくなったわけです。

もちろん幇間同士のお仲間は、みんな〝義理〟を持って顔出しをするわけで……。配りものは「今度、幾日《いつか》に会をいたしますから、どうぞよろしく」って、たのみにくる時に、お菓子折のうえに手ぬぐいと、自分の名前のはいった扇をのせて、持ってくる……もう、扇ばかりでも大きなバスケットにいっぱいぐらいありました。

配りものでもらったやつは、絵がかいてあったりなんかするでしょ？　ところがけばけばしい絵なんぞがありますと、噺のほうでは、場合によってはじゃまになるんです。なにもかいてない白扇のほうがよろしい。しかし、まァ大体は、そういう配りもののなかで使えそうなやつを使うってことで間に合わせる。あたくしの先代《おやじ》なんかも、そんなものを使っておりました。そういうことは、うちの先代《おやじ》はあまりやかましくありませんでしたね。

扇でいちばんやかましかったのは、圓喬師匠(四代目・柴田清五郎)ですね。いつもかばんのなかに三、四本くらいはいってまして、高座へあがる前にそいつをとり出して、ひとこま開いて、つぼめる時に、ぱちッと音がしますね、あれを二、三べん、ぱちッ、ぱちッ……とやってみて、また扇を取りかえてやってみる。そうしているうちに演目《やりもの》がきまるんでしょうね、そのうちの一本を持ってあがる。だから、その時の自分の調子に合った扇を使うのかしら、なんてみんなでそう言ってましたが、どうなんですか、本当のところはわかりません。

われわれのほうは、扇を取りかえるほど、噺のほうも変わるわけじゃァなし、一本持ってりゃァたくさんです。大事に使えばかなり永く使えますしね。けれども、やっぱり新しいもののほうが、ぴちッとしていて気持ちよく使える。使っているうちに、どうしても、要《かなめ》のところがだんだんぶかぶかになってきたり、それから『三十石』で櫓に使うときなんぞは、二、三間《げん》ひらいて地紙のところへ手をかけますから、地紙が折れたりなんかする……そうすると、つぼめようと思ったときは、うまくぱちッとつぼまらないでしょう。もうそういうふうになると、気になりましてね、いやですね。そんなにならないうちに取りかえりゃァいいんですが、扇も今は高くなりまして、なかなか馬鹿になりません。

まんだら

〝まんだら〟というのは、手ぬぐいのことでありまして、扇ほど使いみちは多くはないが、やはりわれわれのほうでは重要な小道具でございます。

まァ職人なんかをやりますときに、片手でわしづかみにしていると、職人に見《み》える……これァその、手ぬぐいを手ぬぐいとして使うわけなんですが、そのほかに、たばこをのむ時には、たばこ入れになる。紙入れにもなる。それに本とか帳面によく使います。手紙にも手ぬぐいを使う人もないことはありませんが、どっちかってえと、扇子のほうを用います。それは、昔の手紙は今と違って、便箋《びんせん》ではなく巻紙ですから、扇を使って、右のほうから左のほうへ、だんだんにたぐりながら読む……こういうしぐさも、わからなくなってくるでしょうねェ。巻紙へ手紙を書くなんてえことを、もう、やってる噺家のほうで知らないやつが出てきますから。

あたくしどもが使う手ぬぐいは、別に特殊なものでもなんでもありません、みんなありきたりのさらしの手ぬぐいで、たいていはもう、配りものでもらったやつを使っております。ただ、いっぺんでも水ィくぐらしたやつは使わない。のりが落ちてしまって、ぐにゃぐにゃッとするから、使いにくいし、お客さまのほうからみてもかたちが悪いでしょう。ですから反物《たんもの》から切ったまンまのやつですね、新しいの新しいのとおろしていきます。あたくしどもは、披露目やなにかでしょっちゅう手ぬぐいをもらいますから、こんなものは倹約しないでもいいわけなんです。

手ぬぐいの染めは、やはり白い地で、それにちょっと縞があるとか、色がつきましても、ねずみ色とか、おとなしい色のほうがいい。まッ黒とか、まッ赤《か》なんてえと、ちょいと困ります。もっとも、百面相をやる人なんぞですと、いろいろ派手なものも使います。

初代の松柳亭鶴枝という人は、百面相を売りものにしましたが、小道具は手ぬぐいだけで、ほかにはなんにも使わなかったそうで……そのかわり、赤いんだとか黄色いんだとか、いろんな色の手ぬぐいを持っていて、そいつをうまく使いわけて百面相をやったんだそうです。あたくしは、この初代は存じません。二代目からは知っておりますが、二代目鶴枝になりますと、眉《まみえ》とか、ひげとか、そういうこしらえものを顔へくっつけるようになりました。しかし、あんまりいろんなものをくっつけるんでは、加工品になってしまう。初代のように余計なものを使わず、自然に顔がそれに似て見えるというほうが、本当の百面相なんだろうと思います。

それから、手ぬぐいの折りかたでございますが、これァまァその人の好みもありましょうが、あたくしの場合は、横長においてまゝ中からふたつ折れにして、耳のほうをほんのすこし折り返しておいて、更に半分に、つまり四つ折れにします。そうすると縦長の形になりますから、今度は、下のほうから上へ、三分の一よりすこゥし多めに折って、上のほうから三分の一を下へ折りかえす。そうすると中へはいってるほうの端がすこし折り返りますね。こういうふうにたたむと、たばこ入れに使う時に大変具合がよろしい。三つ折れになってる上をひらくてえと、細く折り返っているところが出て、たばこ入れらしく見えるんですね。あたくしは、こう折るんだってえことを、先代《おやじ》から教えてもらいましたが、それに慣れると、もうそうしないてえと、なにかやりにくくっていけません。

亡くなった文楽さん(八代目・並河益義)は、どういうわけか、手ぬぐいを使わないで、よくハンケチを使ってましたね。あの人の噺のなかでも、『船徳』とか、『悋気の火の玉』なんて噺では、たばこをのむところがありますけども、ああいう時に、たばこ入れにハンケチを使ったんでは、さまにならない。これァどうしても手ぬぐいでなくちゃァならないもんで、昔からハンケチなんぞ使った噺家ってものァないんです。

あの人がどうしてそういう反則的なことをしたのかと思って、ふしぎでしょうがない。いつかも当人に訊いてみたことがありましたがねェ、なにか、これがくせになっちゃったんだ、とかいうようなことで、あんまりはっきりした理由があるわけでもなかったらしい。ああいうきちィんとした噺の仕方で、芸にも潔癖な人だから、自分の使う扇や手ぬぐいでも人一倍やかましいだろうと思うんですけども、そういうところは全くかまわなかったですねェ。どうもふしぎなもんです。

そこィいくと、ぞろッぺえでやりッぱなしのような志ん生さん(五代目・美濃部孝蔵)、あの人のほうがかえってやかましい。扇でも、やっぱり自分であつらえたものを使ってました。あの人の扇は、あたしのから見ると、すこゥし細めなんです。だからひらきがすくないから、扇をぱッと開いたときの形はあんまりよくないんですけどね、あの人はあの人で、やっぱり自分のこれでなくちゃやりにくいって、そう言ってましたが、やりッぱなしのようでいてどこかまた、神経のかよわせかたが違うんですね。

高座へ出ていく時に、あたくしは、手ぬぐいはふところへ入れて、扇は手に持って出ます。扇と手ぬぐいを手に持って出る人もあるし、また、両方ともふところへ入れて行く人もある。これァもうその人の勝手です。扇を腰ンところへ差したりする人もあるが、あれは扇が斜《はす》になって、ねじれて形がくずれますから、いやですね。終っておりるときは、あたくしは、扇子を手に持って、手ぬぐいはいっしょに持つこともあれば、ふところへ入れてしまう場合もあり、その時々です。

昔は、どういうわけですか、あの大げさな紙入れってものがありまして、鏑木清方先生のおかきになった、圓朝(出淵次郎吉)の画像がありますが、あれなんぞでも、ちゃんと脇に紙入れが置いてあります。それをやっていましたのが、圓右師匠。ふところから大きな紙入れを出して、座ぶとんの脇へ置いて、噺をしました。なかになにがはいってるんですかねェ、札《さつ》がはいってるんだかどうだかわからないが、あんな大げさなものを脇へ置いて、別になににするわけでもないんですから、妙なことをしたもんですねェ。

あたくしは、ふところへ紙を入れます。これはその、蓄膿をわずらってからのちのことなんですが、ときどき噺をしているうちに痰が出てくる。そういう場合に紙がないと困るんです。

昔はみんな半紙を使いました。あたくしたちも若い時分には、半紙を……一帖《じょう》だてえと、二十枚ですから、すこゥし多すぎる……七、八まいから、十まいぐらいまでですね。これを四つ折りにして、そのあいだへ手ぬぐいをはさんで、ふところへ入れます。で、高座へあがると、紙のあいだから手ぬぐいだけを取りだすわけで……それで噺をしているうちに、痰がからんできたりすると、その半紙をふところから出して、一まい取って、それへ痰を切ります。

五明楼国輔という、うまい噺家がありました。あたくしも『二十四孝』とか『紀州』などを教《おせ》えてもらいましたが、この人が『くしゃみ講釈』が大変にお得意で、この噺のなかで、昔の講釈師はみんな高座ではなをかんだってえ話をして、自分で本当にはなをかんでみせましたがね。やはり、ちゃんと半紙を持ってまして、ふところから出して、一枚とって、ぴィ……ッ、ぴイ……ッてんで、高い音をさせてはなをかむ。

「この噺をするたんびに、どうも紙がへってしょうがねえ」

なんて、くすぐりにそう言ってました。

今はもう、半紙でもだんだん生漉《きず》きのいいやつがなくなってくるし、第一高くッて使い切れません。ですから、あたくしもちり紙を使っていますが、本当は半紙を使えば、見たところもりっぱなんですけどもねェ。ただし、西洋半紙なんてえのはいけません。あんなんで威勢よくはなァかんだ日にゃァ、はながとび出してっちゃう。

湯のみ

今は、湯のみを使う人がすくなくなりました。昔は、高座に火鉢が出て、湯こぼしがあって、湯のみがわきに出てる……ですから、昔の噺家はみんな自分で、火鉢の鉄びんからお湯ゥをついで、のんだもんです。

火鉢がありますと、噺のなかでたばこをのんで、吹きがらをはたくなんてえ時に、火鉢のふちで扇をぽォんとはたくと大変具合がいい。あるいはまた、右の手を火鉢にかざしながら、相対《あいたい》で話しているというような情緒も出せるんで、あればあるにこしたことはありません。

昔は、その席によっていろいろな火鉢を使いましたが、まァ概していうと、下に木の台がついてる、鋳物《いもの》の火鉢なんぞが多かったように思います。なかに五徳があって、これへ鉄びんがかかっている。それで、演者の右がわに置いてありますから、右手で湯のみを取り出して脇ィ置いて、鉄びんを持ち上げてお湯を注《つ》ぐ。ですから、片手で持ち上げるのに骨が折れるような大きな鉄びんでは困る。といって、やかんじゃァかっこうがつかない……やはり、ころあいの大きさの鉄びんでないといけません。

それから、湯こぼしという、たいていは銅《あか》の容器で、なかに水がはいっているやつを置きます。昔は、両わきにろうそくの燭台を置きますが、ろうそくですてえと、時々芯切りってものをしないといけない。芯の燃えかすがたまってくると、ろうそくが暗くなるんで、これを箸でつまんで取る、これを芯切りと申します。あれはやっぱり杉箸でないと具合が悪い。これ杉箸でつまんだやつを、湯こぼしン なかへぽんと入れます。また時には杉箸へすこし火がつくことがありますから、そういう時は、湯こぼしンなかへ水がはいっている、そこへじゅッと入れて消すというようなわけで……これもなければいけないもんだったんですが、それがどうして、火鉢や湯こぼしを置かないようになったかと申しますと、やはり〝立ちもの〟といって、漫才だとか曲芸だとか、ああいうものが多くなってきたからなんでしょう。

そういう〝立ちもの〟の場合は、脇ィ片づけなくちゃァならないが、重たいし、火がはいって鉄びんがかかってるんですからあぶないし、前座がいちいち大変なんですよ。それで、これも上方《かみがた》のまねなんでしょうが、下に小さい車をつけた木の台をこしらえて、これに火鉢や湯こぼしなんぞをみんないっしょに乗せておいて、押すてえと、つゥ…と軽く動くようにしたり……あたくしどもが三光亭をやった時分には、そんなものをこしらえたことがありましたね。

ま、そういうふうに、じゃまッけにされるところから、火鉢というものが、追いおいになくなってきましたし、またそれにつれて、お湯をのむてえこともなくなってきました。

あたくしァその、どうも咽喉《のど》のかげんで、時おりちょっとなにかがのぞンとこィひっかかったようになることがありまして、しゃべっているうちに、だんだん声がしぼるように出なくなってしまう。むりにせきばらいやなんかしてみても切れない……そういう時に、ちょっとお湯をのむと、のぞがとおって、しゃべれるようになります。ですから、お湯がそばにないと不安なんで、のんでものまなくても、湯のみにくんで出しといてもらうわけなんです。

それに、その時のからだの調子で、長くしゃべってると大変に口のなかがかわくことがある、そういう時は、ちょっとこう……のむんでなく、口のなかをしめらすんですが、そうしないと、まことにしゃべりにくい時がございます。

今は、火鉢も鉄びんもありませんから、前座が、湯のみにお湯をくんで高座へ出します。いつか、お茶をくんで出したんで、あたくしが小言を言った。そうしたら、ほかの大看板《おおかんばん》の人がお茶でいいって言ったてえから、

「冗談言っちゃァいけない。昔から高座でお茶ァのんだって話は聞いたことがない」

って言ったんですが、あれァ白湯《さゆ》に限ったもんなんです。

文楽座なんかでも、あの、「白湯をくむ」ってえますね。太夫のわきにちゃんとお弟子がついて、じィっと熱心に聞いて語りものをおぼえる……長丁場になると、一ぺんくんだお湯がさめてしまいますから、途中であついのと取りかえて、湯のみを出します。その出しかたが悪いてえと、湯のみのお湯をぱァッとひっかけられたなんてえますが、ひどいことをしたもんで……ですから、義太夫のほうでも、やはり白湯を入れて出したわけでございます。

お湯はあついほうがよろしいので、本当はあの湯気《ゆげ》を吸うんだってえます。けどもやっぱり、湯気だけじゃァなく、すこゥしはお湯をのんだほうが具合がいい。ですから、煮えくり返っているお湯でもいけない。それに湯のみにもよりまして、あんまり薄手で、あつくて持てないようなんじゃァ困ります。すこし厚手で、持ってもあまり手にこたえない、そういう湯のみのほうがよろしいわけです。それと、お湯の分量、これもやはり七分めくらいというところですねェ。半分よりはよけいにはいってなくちゃァいけないが、さりとて、いっぱい

に、持ってこぼれるほど、だぼだぼに入れられた日にゃァどうにもなりません。

湯のみを噺のなかで使うこともございます。『ミイラ取り』とか『らくだ』みたいな噺で、酒をのむときに使ったり、それから『鰍沢《かじかざわ》』で卵酒をのむところですね、あすこは、圓喬師(四代目・柴田清五郎)も湯のみを使いました。湯のみンなかへ指を突っこんで、卵のかすをかき出してのむ……あれは、みんなやりましたもんですね。あたくしも『鰍沢』では、いつもではありませんが、時によって湯のみを使います。

でも、湯のみにはいっている量によっては、道具に使えないことがある……どっさりはいってる時は、そんなもの、いっぺんにのみくだすわけにゃァいきませんから……。だから『鰍沢』なんかで使おうという時には、はじめッからほんのすこゥしにしておきます。すこしぐらいならば、いちばんしまいのところで、湯のみをあおむけにして、本当に、すっかりのんでしまうってこともできる。昔のように、湯こぼしが出ていれば、半分はいっていようと、いっぱいはいっていようと、これへあけてしまってから使えばいいわけなんですが……。

湯のみは、自分のをいちいち持ってあるくってことは、あまりいたしませんが、昔、自分用の湯のみを持ってあるいたんで有名なのは、圓喬さんですね。毛糸の袋が作ってありまして、そこへ入れて持ってあるく。圓喬の出番になると、前座がその湯のみを出すんで、

「あァ圓喬が出るな」

ってことが、お客さまにもわかった。その当時は、今のように名前を書いた札《ふだ》を高座へ出すなんてえことはまだありませんでしたからね。

圓喬は威張《えば》ってたから、そういうふうに自分だけの湯のみを持ってあるいたんだってえ人もありましたが、そうではなく、あの人は肺《はい》病があったんですね。だから、肺《はい》病というものは伝染病であるから、他人《ひと》がいやがるだろうってんで、自分専用の湯のみを使ったという……このほうが本当だろうと思います。

ほかの人たちはみんな、高座にそなえつけてある湯のみを使う……高座へあがってすわると、まず湯のみを出して、火鉢の鉄びんからお湯をすこし注いで、噺をしながらなかをゆすいで、湯こぼしへサッとこぼす。そうしておいて、今度は本当にお湯を注《つ》いでのむ。そうして、サゲぎわになりますと、湯のみヮなかへ残ったお湯を、すッと湯こぼしへあげて、ぽんと脇へ置くのと同時にサゲになる……というように、手ぎわよくやる人がずいぶんありました。

今、あたくしは、ふたつきの湯のみを、小さなお盆にのせて出してもらうようにしておりますが、昔は、ふたや茶托《ちゃたく》みたいなものは使わなかったと思います。圓喬師なんぞも、たしか湯のみだけでしたと思います。

それから、圓朝師匠は、湯たんぽみたいなものにお湯を入れて、さめないようにこれをおなかヮとこへ入れて持ってあるいたってえことを聞きました。お湯をのむときは、ほかのをのまないで、そこからお湯を出してのんだってんですが、それというのは、昔はよく「水銀《みずがね》をのまされる」ってえことがありまして、あれァいっぺんやられると、もう生涯、声がだめになっちまうんですね。急に売れて人気が出てきたりすると、これをねたんで、なんとか失脚さしてやろうってんで、水銀をのますってのが、昔ァあった。ですから、そういうことをされないように、白湯《さゆ》まで持ってあるいたんでしょう。だから圓朝師なぞでも、売り出すまでは、ずいぶんはたから憎まれたんだろうと思いますね。

高座

今は〝高座〟といったり〝舞台〟といったり、ごっちゃにしておりますが、落語・講釈の席では、本来〝高座〟というべきもんでございます。

昔から噺家は、よく、

「高座とは、たかみくらと書いて、尊《たつと》いおかたのすわるところ……」

なんてえことを申しました。また、歌舞伎狂言の『曽我の対面』なんぞでも、梶原景時が、

「なにはしかれ今日《こんにち》より、一臈職《いちろうしょく》の祐経《すけつね》どの、賀儀を祝うてあれなる高座へ」

と言うと、工藤祐経……これは座頭《ざがしら》役者が勤める役でございますが、その祐経が、

「しからば、高座ごめんくださりましょう」

と言ってすわるのが、やはり高座。ですから高座といえば、格式のあるところなんで。

今は板ばりですが、明治以前は畳が敷いてあったともいいます。とりわけ、講釈場《しゃくば》の高座というものは、まン中に畳が二枚、ないしは三枚敷いてあって、まわり一尺巾ぐらいに板がはってある。そうして、〝三方《さんぼう》かけはなれ〟といいまして、つまり、客席のなかへ突き出たようなかっこうで、高座の左右の脇のところも、お客さまのすわるところになっている。

落語・色物の席では、〝三方かけはなれ〟ではなく、ひっこんでおりますが、今のように広いもんではございません。まず間口《まぐち》は二間から二間半……あるいは三間まで、落語本位の席でそれよりも広いてえと、ちょっと間《ま》のびになります。奥ゆきは、まァ一間半からせいぜい二間まで……あの〝じょうご〟といいまして、客席のほうへ近づくにしたがって扇型に広くなっている、ああいう高座ですと、やっぱり二間ぐらいの奥ゆきってことになりましょうね。

高座の前へおろします幕、あれも今ではみんな緞帳《どんちょう》になってしまいましたが、昔はどこの席でも〝御簾《みす》〟でございました。竹を細ゥくけずったものを、すだれのように編んで、まわりをずゥッと布でふちどりをしてある……あの御簾。これですてえと、おろした時でも、高座から客席のほうがすけて見《め》えたもんです。御簾というものも、昔はやはり身分のあるかたが用いたもんでございましょうから、幕や緞帳よりも御簾のほうが、なにかいわれのあるものだろうと思います。

人形町の末広なんぞが、いちばんあとまで御簾だったように思いますが、それも震災ごろまでじゃありませんでしたかね。そういうものが焼けちゃって、今度こしらえるとなると、かなり高いもんにつく。それよりは緞帳のほうが安くあがるし、それに贈り主の広告みたいなこともできますからね。御簾だとそういうことは、まァできなくはないが、名前だって、小さくしか書けない。そんなことで、とうとう御簾というものもすっかりなくなってしまいました。

それから、高座のうしろ、つきあたりは、羽目板のようになってる席もありましたけども、ま、いい席では、たいてい杉戸でしたね。杉戸が四枚はいっている。ふすまを入れた席もありました。しかし、ふすまってものは紙ですから、声をすっちゃうんで、いやがるんです。そこへいくと杉戸ですてえと、声がはねかえる。ですから、いい杉戸を入れといてもらったほうが、やるほうは具合がいい。

四谷の喜よしなんという席では、うしろに絵を画いた背景を上から吊るして、出演者が変わるときに、この背景をすゥッと上へ吊りあげて、また別の背景を下へおろす、というようなことをしていましたが、これは大阪のほうでやっているのをまねしたもんでしょう。

高座の両脇も杉戸ってところが多かったもんで。高座への出入りは、本当は下手のほうから出るべきなんでしょうけれども、そのうちの構造で、上手のほうから出はいりをするというところもあります。おはやしのいる場所も、あれァ〝下座《げざ》〟というぐらいですから、やはり下手にあるほうが本当なんでしょうが、これもその席によりまして、なくなった人形町の末広なんかは、楽屋が下手で、下座さんは、上手の袖にいましたが、これァその、家の構造のうえからそうなるんで、しかたがないんですね。

下座の人から高座にいる芸人が見えなくちゃァいけないから、下座のある側の戸は、下のほうには狭間《はざま》があけてあって、連子《れんじ》のようなものがはまっているのを、横へずらすと、むこうが見えるようになっている。

ご案内のように、噺家が高座へあがって羽織をぬぐと、楽屋から前座が、この羽織をひきます。羽織がひければ、次の人が楽屋にはいっているから、いつおりてもいいという、これァ合図になっているんですが、この羽織をひくのに、今は高座の横のほうからひきますが、昔、あたくしの子どものころは、たいていうしろからひきました。申しあげたように、高座のうしろがたいてい杉戸ですから、四枚はまっているとしたら、演者がすわっているまうしろの、まン中のところをすこゥしあけて、そこからすゥッと中へ羽織をひいたもんです。

それというのも、高座の奥ゆきがそれほど深くないから、そういう習慣になっていたわけなんでしょうと思います。それがだんだんうしろへひかなくなって、横へやるようになった。今はもう、高座が広いから、横にやるといっても、楽屋からおいそれと届かない。だから羽織をぬいだら、これをぱッとほうらなくちゃァいけないてえことンなりました。

高座用の座ぶとん、これは各席でこしらえてあるんですが、これもやはりむずかしいもんで、われわれのほうでは、普通のお宅でお使いになる客ぶとんよりも、やや大きめのものを使います。あまり厚すぎてはごろごろして体が安定しませんし、あんまり薄っぺらだと、坐ってて足が痛くなる……いつかどの席でしたか、羽根ぶとんを使ったことがありましたが、あれはいけませんね。ふわっとしてるが、坐ったところがぴしゃんこになっちまう。それから近ごろは、フォームラバーとかいう新しい材料を入れたふとんがありますが、あれァもう絶対にだめですね。

やはり綿のふとんで、大きすぎず小さすぎず、ころあいの厚さという……座ぶとん一まいでも、坐りごころのいいものと悪いものとでは、噺をしているほうの気分が違うもので……

気をつけてもらいたいものなんでございます。

布地《きれじ》はたいていちりめんみたいなもので、色は、時によると赤いのとか、だいだい色みたいなものを使う席がありますが、そういうけばけばしいのよりも、やはり紫とか、茶色なんてえほうが、しっとりとして、いいんじゃありませんかね。

前座がふとんを高座へ出すときも、よく片手でぶらさげてきて、ぽォんとほうり出すようにするのがあります。あれは二つに折って持ってくる、そうして、二つ折りのまま高座へ置いて、手前のほうへ引いてひろげれば、お客さまのほうへほこりが行かないんです。それに、みんな立ったまんまで、へっぴり腰でふとんを敷くんですが、そういう時に、なぜ片っぽうのひざをとんと床へつかないんだって言うんですよ。片ひざつけば形よくできるって、そう言って小言を言ったことがありますけども、座ぶとんひとつ出し入れするにも、そのくらいの心がけがなくてはいけないもんなんで。

噺のなかで座ぶとんを小道具に使うってえのは、あまりありませんね。まァしいていえば『品川心中』で、ばくちをやっていて、「手が入《へえ》ったッ」てえときに、ぱッとふとんの前をめくって、下をさぐって、

「このさなかに場銭《ばせん》をさらっていきゃァがった……」

ってくすぐりがあります。あすこンとこなんかは、座ぶとんがないと、手だけでは形がつかない。

そのほか、明治のころの談志(中森定吉)がやったという『郭巨《かっきょ》の釜ほり』というやつ、あ

れは、その立ちあがって、二つ折りにした座ぶとんを赤ん坊のように抱いて、
〽この子があっては孝行《こうこ》ができない……
ってんで踊る。この時に座ぶとんを使う。まァそんなもんで、ほかにはあまり座ぶとんを小道具に使うことはありませんようです。

客　席

昔から見ますと、現在の寄席はずいぶん大きくなりました。昔は、定員百二、三十ぐらい……二百を越す席というものは、数すくなかったもんでございます。

なかで格別に大きいなと思ったのは、本郷の若竹なぞですが、その若竹で、どのくらいはいりましたかねェ、五、六百というところでしょうか。あとは、そんなに大きい席ってのはありませんでしたね。定員三百いくつってえと、もう大きい席のほうでしたから……。

それで、実際には、お客がうんとつめかける時は、その定員の三倍くらいまではいるもんで……三百の定員なら九百ぐらいは、無理をすればはいる。これはどういうわけかってえますと、今のように椅子席なんてものではなく、みんな畳敷きです。それでお客が混んでくると、〝おひざおくり〟というのをいたしますんで、

「おそれいりますが、混みあってまいりましたんで、少々ずつご順に前のほうへおひざおくりを願います」

ってんで、楽屋のものが出て、お客さまにお願いをしますと、じわじわっとつまって、そ

れだけ余計にお客さまがはいるという……これァ椅子席じゃァとてもそういうわけにはまいりません。

それにこの〝おひざおくり〟という言葉が、大変にあたくしァおもしろいと思います。だれが考えて使い出したのかわかりませんが、「前のほうへ出てください」とか、「席をおつめください」なんと言うよりも、「おひざおくりを願います」ってえほうが、なにかこう、なごやかな気分のすることばだと思います。

「今日は二度〝おひざおくり〟をした」

とか、

「三度した」

なんという、そういう時ァもう、大そうな大入りというわけでございます。

今でも上野の本牧亭とか池袋演芸場などは畳敷きですが、これもうしろのほうが椅子席になっていまして、昔のように、すっかり畳敷きという席は、人形町の末広がなくなってからは見られなくなりました。

人形町の末広は、あれは二百ぐらいの定員だったでしょうか、震災後の建築でしたが、いいあんばいに戦争中にも焼け残ったんで、東京で唯一の昔風の寄席でしたが、惜しいことに、昭和四十五年の正月限りで廃業をしてしまいました。ここは、もちろんすっかり畳敷きで、両脇にずっと、三尺ほど高くなっているところがあって、これを桟敷《しゃじき》と言います。まァあれは芝居小屋のまねをしたもんなんでしょう。もっと昔の寄席には、あんなものはなかったんだろうと思います。もともと、それほど大きなもんじゃァなかったんですから。

それで平土間《ひらどま》というか、普通の低いほうの畳敷きの座席の、中央と、左右両脇の桟敷の羽目の下のところに、客席のうしろのほうから高座のほうへ、一尺ほどの巾で、ずゥッと板敷きになっているところがありまして、これを〝わたり〟と申しました。お客さまや、案内をするお茶子がとおる、あるいは、中入りの時に、中売りの者がお茶・お菓子を売って歩く、その通路にするために、そこだけ板敷きにしたもんでございます。おひざおくりをするくらい入《い》りのいい時には、この〝わたり〟のところも、もちろんお客さまが坐りました。人形町の末広がなくなったんで、この桟敷や、わたりも、これからはわからなくなるでしょうね。

本郷の若竹は、震災でなくなったんですが、申しあげたように、これァ当時としては別格に大きい寄席で、高座も四間《けん》ぐらいの間口があったでしょう。高座から見て右手に、大きな庭がありました。客席のうしろのほうが二階桟敷になっておりまして、その桟敷のすぐ前の下、高座から見てまッ正面に、帳場格子でかこって机を置き、席主の佐原東吉という人が時計を持って、毎晩坐っている。はねると真打のとこへあいさつに来て、

「ご苦労さまでした……今夜の噺は十八分でしたな」

なんてんで……へへ、なかなかうるさい主《あるじ》でしたが、とにかく大きさからいっても第一流の席でした。

この本郷の若竹や、人形町の末広は、みんな表通りに面してあったんですが、そこへ行くと、名代《なだい》の席でも両国の立花家とか、八丁堀の朝田亭なんというのは、路地ン なかにありま

した。ですから震災後に、建築の規則かなんかで、路地の奥には人の大ぜい集まる席のようなものは作れないことになった。それがために、これらの席がなくなってしまいましたんで。両国の立花なんてえ席は、路地から路地の、そのまン中ですからねェ、今の消防のないから言えば、それァとても許可になりませんよ。

この立花には、近所の千歳《ちとせ》とかいう大きな店のおばあさんで、ご隠居さん風《ふう》のかたが毎晩来る。おそらく来ないってえ日はなかったくらい……それで、いつもきまったところに、綿のどっさりはいった、すこし大きめなふとんが一まい出てえましてね、毎晩来ては、そこィきちんと坐って聞いてました。これァもう、ご定連《じょうれん》で、はっきりしてました。立花ではもちろんそのほかのご定連もあったんでしょうが、それほどには目立ちませんでしたね。

定連席がいちじるしくはっきりしてえたのが、神田の白梅亭《はくばいてい》。この席の定連席ってえのは、高座から見て、右手の中ほどに、帳場格子でずゥッとかこいをしましてね、中に大きな鉄《かね》の火鉢が出ていて、鉄びんがかかってる。お茶道具が出てて、木の枕があって……おそろしく大げさなもんでしたよ。定連の席をあれほど区別した席は、ほかにはあんまりありませんでしたね。

それほどはっきりしてはいなくても、しょっちゅう席へ来る人は、やっぱり右なら右、左なら左の、そこィ坐らないてえと、なんか落ちつかないというようなわけで、いつとはなしに席がきまってしまうということはあるもんでございます。

下足

昔の寄席では、お客さまが、履《は》きものをぬいであがりますから、どの席でも〝下足《げそく》〟というものがいて、下足札という木の札とひきかえに、これをあずかります。この下足も、今では上野の本牧亭でしか見られなくなってしまいました。

　これァなかなか大変な仕事で、お客さまの履きものを間違えるようなことがあっちゃァいけない。あずかるときはまだいいんですが、寄席がはねて、どっとお客さまがお帰りになる、その時ァ大変で……やはり、これには、うまいまずいがずいぶんありました。

　京橋にあった金沢亭という席……これはのちに、女義太夫の竹本東朝《とうちょう》という人が席主になって、東朝座という義太夫席になりましたが、この金沢の〝下足〟で寅さんという人がありました。もちろん明治時代の話なんですが、この寅さんてえのァ下足で有名なもんでしたねエ。おッそろしい酒のみだったってえことですが、下足のうでは大したもんで……三百人ぐらいはいったお客の下足を、十五分ぐらいで出してしまう……もちろんひとりだけでですよ。

　お客さまがずゥッと並んで、下足札を出している。それをつゥ……ッと、一ぺんに七、八まい取るんですね。それでその番号を一ぺん見ただけで、すッと頭へ入れてしまう。で、その下足札は、大きなざるがありまして、これァお客の履きものをあずかって結わえる縄がはいってたざる……そのざるのなかにぽォんと札をほうりこんで、ぱッぱッぱッと、その番号の履きものを取って、出口の土間ッとこへ、ちょいッ、ちょいッ、ちょいッと順に出すんですが、決して間違いというものがない。いや実にどうも、その手ぎわのあざやかなこと……

金沢の寅さんといえば、だれ知らない者がないというくらいのもんでございました。

この〝下足〟は、〝中売り〟と同じく、席亭が雇ってるもんですが、〝中売り〟よりは〝下足〟のほうが格が上のもんでございまして、古い下足になるてえと、なかなか威張ってるのがありましたね。〝かけもの（その席へ出る演芸）〟がどうだこうだなんて、商売のほうまで口出しをする。あるじに対してでもなんでも、

「それァ旦那いけませんねェ、そこンとこは、こうしなくちゃいけねえ」

というようなことを言うと、席亭のほうでも、

「そうかい」

ってなわけで、それで納まっていた。若い芸人なんかをつかまえて、

「おゥおゥ、今度ァおまいを打ってやろう」

なァんてね、自分が席亭みたいなことを言う。「打ってやろう」ってえのは、興行を打ってやる、つまり、トリを取らしてやるということなんです。で、若い者が、

「へえ、どうもすみません、お頼申《たのもう》します」

「あゝいいよ。じゃァね、来月の下席《しも》は、おまいが打つように、おれが大将に話をしとくから……」

ってんで、席亭にそう言って、必ず打たしてくれる。古い下足になると、それだけの勢力があったもんで。

またそういう下足には、おなじみのお客さまなんぞもありまして、そのお客に、

「今度ァ旦那、ようござんすよ。今度の真打はなかなかじっくりやりますから、ひとつ来てやってください」

なんて、下足になじみの客があるとか、あるいは下足のほうが、あるじよりも勢力があるなんというのは、今から思えばふしぎなことですが、昔はそういうこともあったんでございます。

看　板

今の寄席では、表の看板に、出演者全員の名前を書きますが、以前は全部書き出したわけではありません。やはり、これはという噺家と、それから主《おも》だった色物とかを出す……二つ目のあんまりよろしくないところなんぞですと、落とされちゃう。

それに今はなんでもかんでも出演順に書きますが、昔はそうじゃァない、やはり芝居の看板やなんかとおなじで、その人の地位や人気で、看板に書くところが違う……ですからやかましい人だと、一まい書きどころが違っても、もうぐずぐず言って、あんなところへ書かれちゃァ出られないとかなんとか、よくもめたもんです。

橘之助師匠(石田みよ)あたりでもありましたよ。あたくしも知ってますが、牛込亭でしたかねェ、楽屋へはいってきて、

「なんだい、あの看板は。あたしァ出ないよ」

ってなもんで……毎度申しあげるように〝女大名〟というあだ名があったくらいの師匠で

すから、もうそうなったら大変で……席亭が平あやまりにあやまって、
「明日《みょうにち》は書き直さしますから、どうかひとつ、きげんを直して勤めていただきたい」
って、すぐに書き直して、それでやっとごきげんを直して出たなんてえことがありましたね。

とりわけ寄席らしいのは、入口の上のところへ出す、〝つるし〟という看板ですね。浅草の並木亭なんかは、路地の奥の席ですから、その路地のはいり口ンところの、上のほうに〝つるし看板〟があがっていました。この〝つるし〟には、三人しきゃ書かない。もちろんその興行の真打はこれに出しますが、スケの人たちのうちでは、二人だけしきゃのらないわけなんで。噺家としては、このつるし看板に名前がのるようにならなくちゃァいけないんでございます。

〝つるし看板〟にあげるにも、ただその人の看板順というわけではございません。席順からいえば上の人だけども、この席が〝ふりだし〟で、まだ宵のうちにあがってほかの席へ行っちゃう、そういう人の名前を看板へあげといて、お客が来てみると、もう出ちゃいましたってんじゃァちょいと具合が悪いから、それより下の人でも、かけもちの都合で、深いところ……中入り前後とか、時間でいえば八時すぎから九時がらみに出る人の名前をあげといたほうがいいってこともある。それに人気のあるなしもございますし、やはりつるし看板にあがるというには、いろいろデリケートなことがあったんでございます。

またこの、つるし看板の書きかたというのもむずかしい。三人の名前をただ平らに並べて

書くと、まン中の人がいちばん格が下だってことになる。まン中の人だけ、すこし上のほうへあげて書くと、これァ三宝荒神《さんぼうこうじん》といって、三人とも同格になるんだそうです。ところがまン中の人が、とびぬけて上のほう……上のはしにぴたっとくっつけて名前を書いて、その下の余白のところへ「大入」なんて書いてあると、これァ〝突きあげ〟といいまして、まン中の人がいちばんえらいってことンなるわけなんです。

そうかと思うてえと、噺家の名前には、二字名前や三字名前がありますから、字づらの面も考えなきゃァならないことがあります。二字名前の人がふたりのところへ三字名前の人がひとりいて、これがスケの人だったとすると、三字の人を〝書き出し〟に持ってくてえと、なんかこう、見た時の形が悪いんですね。そういう場合に、三字の人を〝中軸《なかじく》〟にして、両がわに二字の人を書けば、見た目の配分が非常にいいというわけで、そういうふうにいろんなことを考えなければいけないから、看板の書きかたなんてえものは、むずかしいもんです。

それから〝立て看板〟てえものもございます。なくなった人形町の末広で、入口の前にこ、て、こて立て看板を並べて、何人もの名前を出してましたが、あんなことは、ごく最近になって始まったことで、以前は、立て看板なんてえものは、そうむやみに出すもんじゃァない。よほどの場合で、たとえばその、〝のせもの〟といいますが、昔でいえば長唄の松永和楓が出るとか、あるいは琵琶《びわ》の高峰筑風が出るとか、噺ではなく特殊なもので、特別扱いをしなきゃァならないという時に限って、立て看板を出した……それもよほどの大物でなければやりません。そうでなくて、変なものを立て看板に出したりすれば、ほかの芸人たちが、沸いちゃって、だまっていませんからね。立て看板てえものは、昔はむやみに出すもんじゃァありませんでした。

ついでに申しあげますが〝ビラ〟という……ただいまのポスターですね、これにはいろいろありまして、寄席が、興行ごとに出演者の名前を書いたのを、お湯屋とかあちこちへはり出すビラもありますし、あるいは、芸人が個人で、自分の名前だけのビラを作って、旅先やなんかで使うというのもございます。

いつのころからか存じませんが、寄席のビラを専門に書く人がありまして、あたくしども知って、明治末年のころには、「ビラ辰《たつ》」「ビラ萬《まん》」「ビラ清《せい》」……そのほかまだずいぶんありました。なかで「ビラ辰」というのは、日本橋の三光新道といって、堀留のあたりにあって、これがいちばんいいってことになってました。一流の席は、みんな「ビラ辰」です。ところがやっぱり料金も高いから、そうはお金が出せないってところは二流、三流のとこでこしらえる。

旅へ行く時なんぞは、いなかのビラではいけない、東京のビラでなくてはというんで、わざわざこしらえて持って行ったもんです。これは、名前が木版で刷ってありまして、左のはしのほうが白く刷り残してある。そこへ行く先々で、出演する席の名前を書いて入れる、そういうビラを作って持ってったもんで。

それから、あたくしども真打になったり、改名をしたってえ時には、ビラ辰《たッ》つァんのとこなんぞは、手ぬぐいを持って、ちゃんと顔出しに行きましたもんで……。

「今度改名をいたしましたんで……」

「あゝ、さよでげすか、おめでとうございます」

なんてんで……やっぱりビラに書いてもらう時に、位置も変わりますし、ビラ屋さんのほうにも、顔出しをしなければならないことになっておりました。

あの字が太すぎていけず、細すぎてもいけず、そうしてはっきりとして、わかりやすくなくちゃァいけない。お芝居のほうでは〝勘亭流〟という字で書きますが、寄席のほうは、あれでもなく、また相撲の番付やなんかとも違う、一種独得な〝ビラ字〟というのを書きます。「ビラ辰」も「ビラ清」もなくなってしまいましたが、今は、橘右近さんがたいてい書きます。橘流寄席文字とか言いまして、大分お弟子さんもできてビラ字を書いているようでございます。

俥

昔は、かけもちをいたしますのに、人力車《じんりき》へ乗ってまわったもんで。大真打《おおしんうち》はもうみんな俥でまわります。中真打《ちゅうしんうち》、若手真打になりますと、みんなってえわけにはいかない。

若手の真打が人力車に乗ってあるくってことは、当人にしてみれば大変な見栄なんですけども、普通じゃァとても乗りきれないんです。真打になったばかりでは、自分のお給金がすくないから、正月のようにお客がはいる時は別として、俥屋にお給金を払うと、かせいだ金の大半はなくなってしまうという……まことに心ぼそいことで……。

あたくしども、やはり古いことだけが頭に残っておりますが、俥屋に払うのが、ひと晩に、なんでも七、八十銭だったと思います。月ぎめやなんかではなく、毎晩毎晩、帰りがけに払っていました。

柳家三語楼(山口慶二)という人が、まだ売れないころに、俥へ乗っかってあるいた。すると、お客の入りは悪いし、俥屋へ払うてえと、給金がなくなっちゃうんですって。それじゃァ食えないからってんで、俥屋にわけを言って、

「すまないけど、俥賃、すこし待ってくれ」

と言った。そしたら、

「それァ困るだろうから、じゃァ師匠、これを持って行きねえ」

ってんでね、あべこべに俥屋から銭《ぜに》を借りたことがあるってんです。

「どうも、乗ってるほうが、俥ァひっぱってるやつに金を借りるってえのは、面目ねえ話だ」

なんてね、のちにご本人から話を聞いたんですが、そんな苦しい思いをするんなら、そのころはもう電車であるいたほうがよっぽどいいんですよ。けれどもやはり、見栄を張る商売だからってんで、みんな無理をしたんですね。

そうして、自分の名前のはいった提灯《ちょうちん》をこしらいさして、自分の法被《はっぴ》……印袢纏《しるしばんてん》を着せて俥をひかせる。俥はもちろん自分の俥じゃァありません。俥屋のものか、あるいは俥屋が問屋から損料で借りてるやつでしょう。あたくしの師匠なんぞでも、やっぱり借り俥でしたよ。

それでいくらかお金を出して、うしろンところへ自分の紋……これは「結び橘《たちばな》」って、あたくしが今つけている紋ですが、それをつけさせるんです。そうして、ひと晩にいくらということで、俥屋へ払うわけなんで……。

あたくしども知って、はじめて自分の俥を持ったというのは、先《せん》の小南さんでしょうね。あの人のうちにはちゃんと俥が置いてありましたよ。それを見て、

「ほゥ……借りてるんじゃァないんだなァ」

と思って、びっくりしたおぼえがあります。

それから横浜の〝ごみ六〟の柳枝さん(松田幸太郎)なんてえ人は、牛込の柳枝さん(飯森和平)の弟子で、さん枝から小柳枝で真打になった時に、俥へ乗ってましたが、うちが横浜ですから、その時分のことで、新橋まで汽車に乗ってくると、今の汐留ンとこに駅がありました。そこにちゃんと俥が来ている。これに乗って、三軒とか四軒とか、かけもちをするわけなんですが、席へ行くと必ず、前座と下座に毎晩五十銭ずつくれたってんで……それというのも、自分のうちが裕福だったから、そんなふうに、俥に乗って歩いて、前座と下座に小づかいをやるなんてことができたんで、普通じゃァとてもそんなことができるわけがない。

あたくしは、圓好で真打になりました時に、やはりずゥッと俥でまわりました。これァもちろん自分の力じゃァございません、先代《おやじ》が乗っけてくれたんです。大体、先代《おやじ》が俥に乗っておりまして、うちに俥がありましたし、それから、じいや、じいやと呼んでおりました、寺田留吉という男がうちにいて、これがその俥をひいていた。しかし、あたしが真打になっ

たんで、先代《おやじ》が、

「おれァもういい、若い真打で俥へ乗らなきゃァみっともねえから、おまえが乗れ」

ってんで、それであたくしが俥へ乗って、先代《おやじ》は電車でかけもちをした……考えりゃァずいぶん逆なことですよね、親がてくてく歩いて、せがれがいい気になって俥ィ乗っかってる。まァとにかく先代《おやじ》がそうしろってんで、こっちァ親孝行だと思って……なに、親孝行ってことはないが……乗りましたけども、はなはだけしからんことで……。これがつまり親のおかげってえやつで、普通じゃァとても、真打になったばかりの若手で俥になんぞ乗れやァしません。

はじめて乗った時は、やっぱり、

「なるほど、いいもんだなァ」

と思いましたね。初春《はる》なんぞは、とりわけ気持ちのいいもんでした。俥の、背なかのあたるところへ、友禅のちょいといい柄《がら》でこしらいた、長ァいふとんをこう、かけましてね。提灯《ちょうちん》も、定紋《じょうもん》がついて名前がはいっている弓張り提灯、これを新しく紙を張り替える。車夫も新しい法被《はっぴ》を着てひくというわけで……。

そうやって、いい席へ行きますと俥が三台、四台と、ずゥッと並ぶ……もちろんいい席だから、俥へ乗ってくる芸人が多く集まるわけなんです。そこで高座を勤めて、帰る時にまた俥へ乗る。冬になりますと、寒いからってんで、あの幌《ほろ》というものを俥にかけます。ところが、こいつがあると風を受けてはらむために、俥をひくほうは大変なんです。そこへこっちァ若いし、俥ィ乗ってる姿を人に見せたいという欲がありますから、寒くてもなんでも幌を取ってしまう……その時分ですから中折れ帽子かなんかかぶって、さッと乗っかって、梶棒を持《も》ち上《や》げるとたんに、

「ご苦労さまですッ」

と言われて、すゥッと出て行く……その時の気分なんてえものは、実にどうもね、

「あァ、おれも噺家になってよかったなァ」

と思って……今、自動車へ乗っかるのよりも、よほどいい気分でしたな。

あれは演芸株式会社のころで、正月でもなければ、あたくしのかけもちは三軒くらいのもんです。そのなかには本所《ほんじょ》ゥの若宮なんてえ席がある……これは厩橋を渡って石原をとおって、ずゥッとむこうです。そのころあたくしどもは新宿の二丁目に住んでましたから、かなり遠くですよ。これを俥で行くんですからねェ、大変で。途中でやっぱり俥に乗ってかけもちしてる人に逢うんですけども、これ毎晩逢うとこがきまってるんですね。飯田橋と水道橋のあいだで、ゆうべこのへんで逢ったなァと思うと、ものの一町と違わない……一町ったって今はわからないが、百メートルとすこし、そのへんでかならず逢う。なにも時計を見てて、何時何十分におりて……ってきまってるわけでもなんでもないんだが、おおよそこのくらいというだけでうっちゃらかしといて、自然にそうなるというのは、これァ今考えてもふしぎなくらいでございます。

一時は苦学生がよく俥をひいていたもんです。今で言えば昼間働いて、夜学へ行くという

わけなんでしょうが、噺家の俥は、これァ夜の商売ですから、夜働いて昼間は学校へ行く。俥をひいてその学資にあてるというわけです。

いつでしたか、ある若手の噺家の俥を引いていた苦学生の俥屋が、途中でよその俥とぶつかった。いいあんばいに怪我ァなかったが、むこうがなんとかかんとか文句を言ったら、ぽんと梶棒をついて、

「貴様はそう言うが、規則ではこうこうで、法律第何十何条に、こうこう書いてある」

って……その俥屋は法科へかよっていたらしいんですね、それで法律のことがくわしい。べらべらべらッと能弁でまくしたてたんで、むこうのやつァびっくりして煙《けむ》にまかれちまって、しまいには、

「すみません」

てんで、あやまった。

「以後、気をつけろッ」

って、どなっておいて、びっくりしてた噺家に、

「さ、どうぞ師匠、お乗りください」

「へえ、どうも恐れ入ります」

なに、そんなに恐れ入らなくたっていいんだけども……楽屋へ来て、

「いま途中でこうこうだった。びっくりしたよ。乗っかってるやつより、俥ひいてるやつのほうがよっぽど学問があるんだ」

ってんで、話をして大笑いしたことがありました。

俥屋で有名だったのは、三代目神田伯山（岸田福松）の俥をひいていた人で……これァ〝韋《い》駄天《だてん》〟というあだ名で、実にどうも、背は高いし、いい体格をしておりまして、その早いこと。うしろから来て、ぴゅウッ…と、こっちの俥が抜かれる。見ると、伯山さんなんで、

「ご苦労さまです」

「おゥ、ご苦労ッ」

てなことを言って、すゥッと行っちまうんですが、もうとても追っつけたもんじゃァない。競走したってかないっこない、これァどの俥ひきでも、ちゃんと知っていたくらい、有名な早い俥でした。

そういう俥に乗ってあるいたってえのも、まァ震災の前までですね。その後は、だんだん郊外のほうにも席ができてきますし、渋谷から浅草なんてえと、ずいぶん遠い。ですからお正月なんぞ、八軒、九軒になるてえと、人力車では、とてもじゃァないが間に合いません。今でいうハイヤーでまわったこともありましたけどね、これもそうは使いきれない。それでだんだん、省線とか市電とかでまわるようになりました。

着物

役者にしても芸者にしても、着物の着かたのうまい人とまずい人とある。寄席の芸人にも、やっぱり着こなしのうまいまずいがあります。

毎度お話に出ますが、音曲師の三好という人なんぞは、まことにどうも、粋《いき》な着物の着かたでしたねェ。こっちは子どもからやっとあがったくらいの年ごろでしたから、あんまりよくはわからなかったが、お召《めし》のこまッかい柄《がら》のものを着ましてね、うちが芸者家をしてえたかなんかで、それにごひいきのお客さまが大勢あったらしい、ふところもあったかいんで、いい身装《なり》をしていました。帯の締めかたからなにから、つまり、調和がうまいんですね、こういう着物の時にはこういう帯、そうして羽織はこうという具合で、五分《ごぶ》の隙《すき》もないというような……それでちょいと着物をじんじんばしょりにして、なんか踊るというような時でも、乙《おつ》な長襦袢《ながじゅばん》を見せて、すべてにこの、ぴたッと板についている……なかなかああはいくもんじゃァありません。

あたくしども子どもの時から、およそ洋服というものはあまり着ません、ずゥッと着物でございますが、それでいて、帯ひとつにしても、こうでなきゃァいけないんだなってことを、はっきりわかって締められるようになったのは、三十ぐらいの年になってからですね。それというのが、あたくしァ背が高いくせに、やせておなかがひっこんでますから、腰の骨がじゃまになるんで、上へ締めてみたり、下へ締めてみたり、いろいろしてみるんですが、どうもぴったりしない。ですからひとしきり、おなかへ芯《しん》を入れていたことがあります。芯てえとおかしいが、綿をガーゼで包みまして、おなかンとこへあてがって、その上から晒《さらし》の腹巻きをぐるぐる締める。そうすると、ぴったんこのおなかがいくらかふくらんで形がつくわけで、そんなことをして着物を着たこともあります。

噺家の着物は、普通よりはいくらか身巾《みはば》を広くしてあります。というのは、坐ったままいろいろ動きますから、すこし行儀が悪いてえと、身巾のせまい着物では、だんだんひざのところが割れてきちゃう……これがはじけちゃって、まン中がお客さまのほうから見えるなんというのは、はなはだ不体裁なことで……。だから、すこし身巾を広くしてある。しかし、上のほうがどう動いても、すそはきちんとしていなくちゃァいけない。噺をしてるあいだにすそのほうまで乱れてくるというのは、行儀が悪いからなんで、つまりからだの使いかたがへただから、そういう具合に着物が割れてきちゃうんです。

昔は、前座が着るものは、もめんにきまっていました。二子織《ふたこ》というやつですね、それよりほかには着られない。金がないからってこともありますが、それよりもまわりがうるさい。ちょいとぞろッとした着物を着ると、前座がそういうものを着ちゃいけねえってんで、楽屋のやかましいのに小言をいわれるんです。

二つ目から真打になれば、そりゃァ何を着てもいいが、なかなかふところのほうがねェ、いうことをきかない。これァ五代目の三升家小勝(加藤金之助)、長生きをして毒舌で人気があった、あの小勝《こかッ》つァんの話ですが、この人がまだ柳條といって、売れない時代、お囃子《はやし》のおまんさんてえ人と夫婦になってたことがある。このおまんさんてえ人は目が悪くなって、しまいにはまるっきり見えなくなってしまいましたが、お囃子でちゃんと定給《じょうきゅう》をもらってるから、柳條よりもみいりがいい、したがっておかみさんに寄りかかってくらしを立てているというわけで……。これが旅先で夫婦げんかをしましてね、その時に、柳條がたんかをきった。

「なにょゥ言やがンでえ、べらぼうめ。てめえと別れたってな、おれァ銘仙《めいせん》ぐらいは着ていられるんだァ」

ってんで威張《えば》ったそうで……銘仙という、これァ絹ものではあるが、ごく安いほうの紬《つむぎ》で、それを着るのが精いっぱい、それより高いものは着られない。夫婦げんかのたんかで、

「銘仙ぐらいは着てられらァ」

という、どうもあんまり景気のいいたんかじゃァない。晩年には、そりゃァちりめんでも羽二重でも着られる身分になりましたが、そのころは、それくらい貧乏だったんですね。

〝鼻〟の圓遊(竹内金太郎)ってえ人は、圓朝師匠が、黒羽二重の着物で、袖口から緋ぢりめんの襦袢がちらちらする……それがよくって噺家になろうとこころざしたといいます。また、四代目の圓生(立岩勝次郎)という人は、結城《ゆうき》が大変好きでよく似合ったそうで、〝弥太っぺ〟馬楽(本間弥太郎)って人は、それを見て、あァいいなと思って噺家になったってえますから、いろいろ人によって好みというものはありますもので。

結城ってものも、このごろはむやみに高くなってしまいました。何十万円とか、あるいは何百万円とかってんですけども、いくら高くっても、あれァよそゆきにはならない。儀式の時やなんかは着るべきもんでなく、やはりふだん着ですね。だから昔は、結城を買うと、はじめに寝巻きに着るんだってことをよく聞きました。新しいのはごつごつしてえて、寝巻きにするとしわだらけになっちまうけれども、かまわずに着ちゃって、それから水にくぐらせ

て、洗いはりってえものを一ぺんしてくるてえと、いくらか柔らかくなって、それからよそゆきにも着られるんだってえますがね。

今あたくしは、レコードを出すについて、いろいろ噺によって、着物をかえて写真をとりますが、なるほど結城を着た時のを見ると、線が固いんですねエ。だから、鳶頭《かしら》が出るとか、職人の出る噺の場合はいいんですが、女の出る場合なんぞにはいけません、いやにこう角立《かどだ》った線が出ましてねエ、どうも具合が悪い。そういう時は、あの、しとっとしたお召《めし》というもの、いちばんいいのってえますと、西陣《にしじん》ですが、そういったやわらかい着物ですと、やっぱり女らしい、ほんとにやわらかい線が出ます。写真で見ますと、それがはっきりわかりますね。

帯

噺家が締めるのは、角帯でございますが、これにもいろいろありますんで。

昔の前座なんぞが締めるのは、ごく悪いやつで、小倉《こくら》の帯ってえますが、もめんに類するもんでしょう。それからすこしよくなって、博多という、絹ものの帯になる。これも、本当にいいものになると、おッそろしく高くなります。聞いた話ですが、博多の献上のいい帯を締めてますと、水ンなかへとびこむとか、あやまって落ちた時に、帯がすぐ解けるんだそうです。もちろん長く水につかっていたんじゃァだめでしょうが、水にはいってすぐならば、海の水でもなんでも、やたすく解ける……そういう時に着物がからみついたらもう自由がきかなくなっちゃうから、すぐにほどける博多の帯を締めるのは、ひとつの護身用になるんだってことを聞きました。お殿さまやなんかが黒羽二重の着物を着るのも、ただのぜいたくだけじゃァないいんだそうです。ごく上等の羽二重ってものは、よく練った絹で、目がつんでますから、縫う時になかなか針がとおらないで、ぽつぽつ折れてしまう……そのくらいだから、羽二重の二枚着でその上に羽織を着ていると、刃物で切りつけても、いいかげんなことでは刃がとおらない……つまり、これも護身用なんだそうです。

角帯の巾ってえものは、せまいほうが上品なんだと思っていたら、そうでもないいんですってね。一朝おじさん(倉片省吾)の話ですと、一寸八分というのが昔はふつうだったんだそうで、

「巾の広いのは下品だって、昔ァそう言ったよ」

なんて言ってました。これァまァご一新前後のことなんでしょうが……。

帯の巾は、考えるに、その人の背の高さってものもありますね。あたくしみたいにひょろッと長いものは、本来なら、すこゥし広めのを締めたほうが釣りあいがいいんだろうと思いますが、あたくしァまたどういうわけだか、因果と巾の広い帯はきらいなんです。なんかこう、厚ぼったくなるような気がして、いやなんで、割合いに巾のせまい帯を締めますが、どうも好きずきで、しょうがないいんですねェ。

高座にあがる時ばかりでなく、ふだんでも角帯を締めますが、ふだんはこれもまァその人の好きずきで、へこ帯を締める人も、それァあります。三尺帯を締めるって人はあんまりありませんでしたけどね。

あたくしが子どもの時分に、白ちりめんのへこ帯ってものがはやったことがありました。まッ白なちりめんの、すこゥし広めの巾で、ごりごりしたようなへこ帯……絣《かすり》の着物にこれを締める。そうそう、ちょうど西郷さんのような、ああいったふうで、つまりなんてんですか、男性的というか、まァ偉そうに見えるってんでしょうかね。それからのちになると、今度ァ錦紗《きんしゃ》のへこ帯ってまして、薄ゥい地で、絞《しぼ》りみたいになっている、そんなものがはやったこともありました。

それにあの、懐中時計ですね、あいつの鎖を、このへこ帯へもってって、麗々しく巻きつけてンのやなんかもありました。あんまり粋《いき》じゃァない、どっちかってえばいなかくさいんですがねエ。うちの師匠なんぞも、よくその金ぐさりやなんかを帯ィ巻いてはさんでました。そこィ行くと、錦城斎典山(青山嶽次郎)という講釈の先生、この人なんぞァくさりとか、金の指輪なんてえものが大きらいで、時計には、ひもをつけてましたよ、組みひも。あれなら目立たない。ですから、芸人でもやっぱり、いろいろでしたねエ。

角帯の話にもどりまして、われわれは、やはり普通は〝貝の口〟という結びかたをしますが、きゅッと結んだその片っぽの手が長いとか短かいとか、それでどじになったり、粋になったりする。大阪のほうでは〝貝の口〟でなく、侍なんぞの役でよく見るような、平らになる結びかたですね、〝上方結《かみがたむす》び〟ってますけども、あたくしどもとは違うんです。

〝貝の口〟も、背後《うしろ》のまン中で結ぶのが本当なんでしょう。しかし、われわれのほうでは、それだとなんかすこしどじになるんですね。で、左のほうへちょいとずらして結ぶ。なぜ右のほうをあけるのかってえと、右には、たばこ入れというものを差すんでございます。もちろん、ふところへ入れるのもあります。おそらくはみんなたばこ入れを持っておりましたね。もちろん、きせるが筒へはいってるその筒と共ぎれで袋をこしらいて、侍の役やなんかがよく持っているが、そのなかにきざみのたばこがはいっているというやつ……あんなのをあつらえて持ったこともありました。でもまァ、たいていは腰へ差します。これは今でいうと、ひとつのアクセサリーなんでしょうね。ですからおなじ持つんなら、いいたばこ入れを腰ィ差して、人に見てもらいたいというやつで……。

楽屋でもって、ちょっと変わったたばこ入れを持ってると、

「お、ちょいと拝見を……」

なんてまして、さんざ見ておいて、

「なんだい、これァ……」

ってんで、悪く言ったりする。ですからねエ、やっぱり持つんなら、いいたばこ入れが欲しくなるんですけども、高いんですから、なかなかそういいものは買えませんよ。

長くさげてますと、あの筒がゆれるんで、つないである組ひものところがどうしてもいたんできます。両国の立花家のはいりくちンところに、信濃屋《しなのや》という袋物屋がありまして、ひもがいたんで切れそうになったやつをもってくと、その時分十銭くらいで、ちゃんと修繕してくれるんです。

「これ、お願いします」

「あゝ、よろしうがす」

って、やってくれるのはいいんですけどもねェ、

「どうです、これ、いい金物《かなもの》ですよ」

ってね、袋の留金の細工物ですね、ああいうものを出してくる。

「はァ……左様《さい》ですか」

「これァようがすよ。お買いなさいよ、安いんですから……二十五円です」

そんなもの買えったって、こっちァ十銭出して、やっとこさ組ひもを取りかえに行くだけなんですから、二十五円のものを出されたって買えっこありゃァしません。なんかもうきまりが悪くって、それから追いおい、そこィ行くのがいやんなっちゃった。

羽織

噺家は、前座のうちは羽織を着ることは許されない。二つ目になった時にはじめて、紋つきの羽織を着てあがってもいいということになります。

これァお店者《たなもん》やなんかでも、年季をちゃんとつとめて、はじめて羽織を許される。それまでは、

「おまえはまだ羽織を着る身分ではない」

って言われるんですね。

「羽織の一まいもひっかけて行かなきゃァ、あすこィは行かれない」

なんて、昔の噺ンなかでよく言いますが、なにかの礼式の場合なんかには、羽織というものは着て行かなきゃァならないもんで、それも紋付きが本当としてあります。

紋付きの羽織を着て行くってえことは、つまり、相手に対しての礼儀なんですね。ですから、噺家が高座へ着て出るにも、無地とか縞の羽織ってものは、失礼にあたる……やはり、本来は黒の紋付きでなければいけないもんでございましょう。

皿まわしのうまかった一柳斎柳一(渡辺国太郎)って人に聞きましたが、いいお座敷へ行くには黒もめんを着て行くのが本当なんだそうです。袴も仙台平《せんだいひら》みたいにぴかぴかするもんでなく、それに黒もめんの紋付きを着れば、これが先方を最も尊敬したことになる。それを、こっちが羽二重なんか着て行くのは、かえって大変に失礼なんだってことを聞きました。

昔は大真打《おおしんうち》でもなんでも、羽二重なんてものは着ません。斜子《ななこ》というものを着ておりました。これは絹ものではあるが、羽二重より一段下のものでございます。いちばん大看板《おおかんばん》の圓右とか圓蔵とかいう人が、みんなその斜子《ななこ》を着てえたもんで。もっともそれァ明治末までのことで、大正という時代になってからは、追いおい、そういうことも変わってまいりました。

これは前にもお話しいたしましたが、三代目の三遊亭圓橘(塚本伊勢吉)という人が、塩瀬羽二重ってのを着た。あたくしァはじめて見まして、なんていいもんなんだろうと思って、たずねましたら、塩瀬羽二重だって教えられた。ですから、それまでは羽二重なんて着てるのを、こっちァ見たこともなかったんですね。そのころからだんだん噺家の身装《なり》というものも変わってきました。

あたくしの若い時分には、羽織の丈《たけ》がおそろしく長うございましたね。横浜の柳枝さんなんてえ人は、大変背の高い人でしたけども、高座へあがってぬいだやつを、楽屋へひいて、だれでしたか背の小さい人が、ふざけてそいつを着たんで……そしたら裾が下へついちまうくらいなんですよ。

「それをもらえば、ちょうど、おまいの着物になるじゃねえか」

って、笑ったことがありましたが、そのくらい長かったんで。その後、あまり長いのは着なくなりまして、今はもう、そのころから見れば、ずいぶんと短かくなっております。

高座へあがるときは、そうやって羽織を着ますが、ふだんはってえと、羽織も着ましたけども、もっぱら、袢纏《はんてん》というものを着たもんです……おもにこの唐桟《とうざん》の袢纏ですね。唐桟には古渡《こわた》り、中渡《なかわた》り、それから新渡《しんと》とありまして、噺家が楽屋へ着てくるのは、古渡り唐桟てえますが、もちろん本物の古渡りなんてものは、それこそ坪(一寸四方)いくらってくらいの高いもんですから、まがいもの、つまり柄《がら》が古渡り唐桟の柄だというやつで。羽織と違って、衿を折りません。そのかわりてえのもなんですが、衿巾だけのきれをかけます。黒八《くろはち》といいまして、黒の八丈《はちじょう》(八丈島産の絹)で衿がかかってる。

昔は袢纏ばかりでなく、襦袢もみんなこの黒八の衿をかけたもんです。今はあたくしども、鼠《ねずみ》色とか茶とか色がわりの衿をかけますが、昔はみんな黒に限ったもんで。ですから、黒の着物を着ますと、衿のところが、下からずっと黒がそろう。これァまたいいもんでございます。

袢纏の衿で、ずっといいのになると、黒八よりもっと目のつんだ琥珀《こはく》というきれがあって、これがいちばんいいわけなんですが、今はもう、琥珀はもちろんのこと、八丈もなかなかないそうです。昔は袢纏の衿に欠かせなかったから、黒八とか琥珀ってものを織ったんでしょうが、今は使う人が少なくなって、店へおいといたって売れないから、だんだんなくなっちゃうんですね。

この袢纏の衿のかけかたってものを、あたくしは、坂東三津之丞という踊りのおッ師匠《しょ》さんに教《おす》わりました。つまり、袢纏の衿はどこまでかけたらいいかってえことなんですが、あれは、衿のいちばん下の先端までいっぱいにかけてしまうと、間ぬけンなる。といって、中途はんぱなところでおしまいにすると、なんかおかしい、どこまでかけたもんだろうという、大問題……なにもそんな大そうな事《こッ》ちゃァありませんが……。

これは沢村源之助という俳優……〝田圃《たんぼ》の太夫〟といわれた名女形、この人から三津之丞さんが聞いたんだそうですが、袢纏の衿のとッ先《つァき》のところを、衿巾だけ三角に折って、その折ったところを残してかける……つまり、とッ先《つァき》のところで衿巾だけの真四角が、かけずに残るようにするのが本当なんだそうです。

昔は女の人は、よそゆきにも袢纏を着たもんです。ふだんも着てるが、これだてえと、台所をしたりなんかして汚なくなってるから、ちょいとそれをぬいで、よそゆきの袢纏を着て出る……これはまァ略式の羽織みたいなもんですな。今はもう女の人もざらに羽織を着ますけども、昔は、女で羽織を着るなんてえことは、よっぽどの場合でなければなかった。男でも、お職人なんてのは、やっぱり袢纏を着たもんです。

それから、昔の噺家は、冬ンなりますとよくどてらを着てましたよ。外套ったってなかなか買えませんからね、どてらを着て楽屋へ来て、高座へあがる時はどてらをぬいで羽織を着てあがる。あたくしも以前はよく着ました。あたくしァ寒がりですからね、冬なんか俥ィ乗ってると寒いんで……幌《ほろ》をかけりゃァいいんだが、俥ィ乗ってるのを見せたいという欲があるし、といって寒さは寒し、それでどてらを着て、そのうえから羽織を着て、外套を着て、まだえりまきをするというさわぎ……。

あのゥこのあいだ亡くなった小圓朝さん(三代目・芳村幸太郎)が、よくどてらを着てました。あの人は、背がひくいのに巾の広い帯を締めたがる……それでよくどてらを着てましたね、幸《こう》ちゃんは。

あたくしが子どもの時分、ご一新前からずっといたような古い噺家がいまして、こういう人になりますと、羽織はたいていたたんで風呂敷《ふるしき》ィくるんで持ってあるくんです。風呂敷包みに羽織と扇子と足袋を入れたやつを首ッたまヽとこィ結わいてあるく。これァもう落っことしたって、あけて見りゃァすぐに噺家が落としたってことがわかる。

それで、なんかってえと尻ッぱしょりをするんですよ。おもてへ出ると、

「おウッ」

てんで、ぱッと尻をはしょると、下にぱっちてえものをはいてました。あれであるけば、ズボンであるくのとおんなしです。で、むこうへ着いたら尻ッぱしょりをおろす。そりゃァ

ねェ、遠道をするのに着物を長いまんま着てりゃァぱッぱッとあるけないし、また、ぱッぱッとやった日にゃァ着物もたまりません、「裾をはたいちゃう」と言って、裾がみんな切れちまいますから。

ですから、首ったまへ風呂敷包みを結わいて、尻ッぱしょりをするってえと、これァもうまぎれもなく、古い噺家のかっこうなんですねェ。

袴

袴はいつからつけてもいいというような規則は別にあるわけではございません。しかし、噺家ならばやはり真打になってからでしょうね。二つ目のあいだは、羽織を許されるってことがせいぜいでしょう。

袴ってものは昔はつけなかったようで、圓朝師匠あたりからはくようになったんではないかと思います。一般にはくようになったのは、第一次落語研究会のころからでしょう。とかく身装《なり》のこしらえがいけぞんざいな者があるが、落語研究会だけは、それではいけないから袴をつけるようにしようという……そう言っても、袴を持ってこないのがいるから、よんどころなく会で袴をこしらえて、楽屋へ備えつけておくようにしたもんでございます。

噺家は、着流しが本来なんだろうと思います。また、そのほうが粋《いき》ですよね。袴をはくと固苦しくなる。

昔は、お座敷を勤めるときには袴をはいて行って、寄席へ来ると、はいているのをわざわざぬいで、高座へあがったもんです。ただし、袴のないほうが、腰から下のしこなしがはっきり見えますから、このほうがむずかしい。ひとしきり、噺家がみんな袴をはいたことがありますが、お客さまに訊いてみると、やっぱりみんながみんなはいちゃうといやだっていう人が多いようです。

それと噺にもよるんですね。仙台平《せんだいひら》の突っぱらかった、けばけばしい袴ァはいて、『長屋の花見』なんぞやっても、聞いてるほうで、なんか身装《なり》とそぐわなくて、落ち着かないでしょう。逆にお奉行さまの出る噺の時は、縞ものや絣《かすり》のものを着てやるより、やはり紋付きで袴をはいたほうが、それにふさわしい。ですから、あたくしは、それを言うんです。われわれは、役者のように衣裳を着たり化粧をするわけにはいかないんだから、せめて自分の身装《なり》をそれにちなんだものにする……たとえば、『死神』なんぞは鼠色の着物にするとか、『夏の医者』の時は、白い上布の着物に絽の羽織を着るとかすれば、やってるほうの気分も噺のなかにとけこむし、見ていらっしゃるお客さまのほうにも、それが伝わるだろうと思うんですね。自分の着るものと、やる噺との調和というか、そういうことに噺家自身が無関心でいるようでは、いい芸というものはできませんよ。

しかしまァ袴をつけるにしましても、ふだんはきつけていないと、やはり具合が悪い……たまにつけますと、どうも、体にぴたッとつかないもんで……。ですから、しじゅう袴をつけてる人にはかなわない。以前は、絵を描くかたとか書家とか、あるいは新聞記者なんかで、いつもふだん袴をはいている人がいたもんですが、このごろはそういう人もみんな洋服になっちゃって、袴ってものをはかなくなった。だから袴の仕立てがちゃんと出来る人が、今はおそらくすくなくなりました。

　袴といいましても、いろんな仕立てかたがあります。なんでもひだがついていれば袴なんだというような、雑な考えではく人はいいけども、本当は、左右両方とも、まン中から二番目のひだのとッ先《つァき》が、ぴィんとあがるようになってなくちゃァいけないんだそうですね。今はそういう仕立てがなかなか出来ない。見本を持ってって、「このとおりやってください」って、縫ってもらって、やっぱりそのとおりには出来ないんです。

　あたくしは先《せん》には、日本橋の仲通りにある〝一本杉《いっぽんすぎ》〟という、お能のほうの衣裳の仕立てをやる、そこへたのんでたんですけども、今はもうありません。品物も思うようなものがはいらず、仕立ての職人もいなくなったってえようなことで、よしちゃったんでしょう。

　なかなか強情な人で、死んだ金馬さん(三代目・加藤専太郎)が袴をたのんだことがありましたが、むこうへ行って、生地はこれこれで、

「じゃァ寸法を……」

って寸法を取ろうとしたら、金馬さんが、

「あたしのは〝あんどん〟だから……」

と、こう言った。あんどんってえのは、行燈袴《あんどんばかま》のことなんで……。すると、

「あんどんはあたくしどもでは仕立てません。あれは袴じゃァないんで……」

「いいじゃァないか。あたしァあんどんでいいんだから……」

「いえ、あたしンところは袴屋なんですから、あんどんの仕立てはできません」

てんで、袴屋のほうでことわった……これも因業な話なんですけどもねェ。

袴ってものは、元来、侍のもんで、あのゥ〝馬乗り袴〟ってえまして、まン中に襠《まち》があって、つまり股が分れているのが本当で、襠の高いやつのほうが形がいいんです。ただ、普通の長い着物を着て、あれをはきますと、まン中が持ち上がりますから、うっかりするてえと片方にずれて、着物の裾が下へ出てきたりなんかする。ですから芝居の衣裳やなんかですと、侍の役で襠高《まちだか》の袴をはく時は、着物のうしろのすそが切ってあるやつを着ますね、袴ンなかで着物がつれないように……。まァとにかく、深い浅いはあっても、襠はあるべきもんなんですが、あんどんてえやつは、この襠のないやつで、袴としてはごくごくの略式のものなんですね。

だから、袴屋さんから言わせると、あれァ大きな前掛けみたいなもんで、袴のうちにははいらないから、そんなものは、うちじゃァいたしませんというわけなんです。

いつでしたか、その〝一本杉〟のあるじが、あつらえた袴ができたんで、うちへ持ってきて、

「師匠に一度おつけしましょう」

ってえますから、

「いいえ、ひとりでつけられますから、大丈夫ですよ」

「いえ、まァそうおっしゃらずに、一度おつけいたします」

ってえから、どうもうるさいな、とは思ったんですが、

「それじゃァおねがいします」

って頼んだらば、きちィんとつけてくれました。

「ここでこうお締めンなって、これをひとつぎゅッと、こう返しといて、ここでこうやる……」

と、ていねいに教えてくれました。そうすると、これがぴたッとして、形がくずれない。仙台平ってえのは絹のもんですから、どうやったって、いつのまにかゆるんでくるんですけれども、教わったとおりやると、ちっともゆるまない。なるほど昔から「餅屋は餅屋」と言いますが、やはり専門家に本式のことを教わらなくちゃァいけない。強情をはって、ひとりではけると言ったのァ大きに悪かったと思って、反省したことがあります。

袴の生地は仙台平のようにぴィんと突っぱらかったもののほかに、ごくふだんばきのものですと、小倉の袴とか、あるいは一時はセルの袴なんてえのがはやったことがあります。落語研究会でこしらえた袴は、セルでしたね。もちろん、圓右、小さん、圓蔵なんてえ師匠がたは、みんな自分の袴を持ってきますが、もっと下の人だと、袴を持ってこない人もいるから、それで備えつけたわけなんでしょうが、まァセルなんてえものはそう上等なもんじゃァない。それでよく悪口の材料になる。

二代目の談洲楼燕枝さん(町田銀次郎)が、圓右師匠といっしょに大阪へ行った時に、圓右さんがセルの袴をはいてたんですって。そうしたら、上方《かみがた》の噺家たちが楽屋で、

「圓右ともあろうものが、あんなセルの袴なんぞはいて……」

って、かげ口を言ってる。それを聞いた燕枝さんが、

「袴はセルでもね、芸が仙台平ならそれでいいじゃァねえか。仙台平の袴はいたって、芸がセルじゃァしょうがねえ」

って、にくまれ口だと思ったけども、そう言ってやったってことを、ご本人の燕枝さんから聞きました。

楽屋実語教

顔づけ

われわれのほうで、それぞれの寄席へ出る芸人の出番をきめることをば、〝顔づけ〟と申しております。

今は、一月《ひとつき》を上席《かみ》・中席《なか》・下席《しも》の三つに分けて興行をいたしますので、顔づけも月に三回、あたくしどもの落語協会のほうでは、二の日にやります。つまり、二日、十二日、二十二日ですね。落語協会の事務長をしております高橋栄次郎という人、これと、あと事務員が二人か三人で、顔づけをこしらえる。寄席の席亭と、落語協会の会長がこれに立ち会います。

まず、縦四十センチ、横五十センチぐらいの板がございまして、横に細い巾の木を入れて、上から六段ぐらいに仕切ってあります。その一段が一軒の寄席の分になります。昼夜の席は、二段を使いまして、上を昼席、下を夜席に使うわけで……。別に、その一段にちょうどはいるほどの長さの、小さい木の札《ふだ》で、席の名前を書いた札と、芸人の名前を書いた札がある、こいつを一軒ずつ、ずゥッと入れていくわけでございます。

各段のいちばん左に、席の名前を書いた札を入れます。これもやはり席の甲乙によりまして、つまり、お客のよけい来る、勢力のある席の札を上段に、それから順に下の段へ入れていきます。昔は今よりもずっと席の数も多うございましたから、顔づけの板というものも、もっと大きかったんでしょうと思います。

席名の札の次に入れるのが、その席の真打でございます。まず真打を全部きめて、それから順に芸人の名前を右のほうへ入れていく。今は、できあがったときに見て、出演の順になるように入れます。つまり、いちばん右のはじにはいってるのが最初《さら》にあがる人で、順に右から左のほうへ出演順になって、いちばん左が真打になるわけでございます。ただし、これはできあがった時にそうなってるってことで、名札を入れていく時には、席次の上の者から順に、入れる場所をきめています。順位の下の者をさきにきめて入れるわけにはいきません。席順……つまり噺家の位づけの順序というものは、看板順とか香盤順と申しまして、だれそれの次はだれというふうに、きちィんときまっておりまして、それァやかましいもんですから、その順番の上の人から順に札を入れて、それから今度は〝色物《いろもの》〟の人を入れます。

色物ってえのは、漫才とか曲芸とか、あるいは三味線をひいて音曲をやる人などで、これもあらまし席順がありますから、その順序にずゥッと入れて、そのあとで今度は二つ目の噺家を入れる。これがすっかりできあがると、あとはお囃子《はやし》ですね、下座《げざ》。それから、前座をこれへ割り当てて行く。

前座は、まァお師匠《しょ》さんがトリをとれば、そこへその人の弟子が配置されるんですが、お囃子のほうは、今は席数《せきかず》もすくないし、落語協会・芸術協会の二派になっていて、だれのお囃子とはきまっておりませんが、昔は、お囃子もやっぱりそれぞれの師匠についていたもんですから、前座と同じように、その師匠のトリ席に割りあてるわけで……。

下まわりのうちは、もちろんその顔づけの寄り合いなんかに、はいらせてはもらえません。あたくしも、はじめのうちは、どんなもんだか話にゃァ聞いたけども、見たこともありませんでした。

これァまだ柳・三遊の時分でしたが、何かの用で事務所へ行ったことがあって、その時にはじめて見ましたね。そうすると、そのころですから、席だって何軒も何軒もあって、そこィ札を入れていくんですが、やっぱり売れている人になると、〝顔づけ〟へ来て、

「師匠、もう一軒、ここをまわってください」

って言われて、

「だめだだめだ、そんなにはまわれない」

「そう言わないで……ここをまわってくださらないと困るから……」

「冗談言っちゃァいけない、そんなにまわった日にゃァ、こっちァとても間に合いッこァないんだから、この席はよそう」

とか、

「ここはまわるけどね、これはいやだよ、ここは行かないよ」

「そんなことを言わないでまわってください」

「だめだ、だめだ」

なんて……むこうで入れようッてえのに、しきりに当人がことわってる。なるほど大変なもんだなァと思いましたね。

それからまァ、あたくしも真打になり、のちに顔づけへも行かれるようにはなりましたが、他人《ひと》の札はともかく、自分の札を持って入れる時には、

「どの席へはいるのかなァ……」

と思って心配なもんです。やっぱりお客のくる席へ行きたいし、「逆なかけもち」と言いまして、足順の悪いかけもちをさせられると、実際困るんですが、しかし、自分のほうからこうしてくれなんてえことは、言える身分じゃァない。

「こっちからこっちィ行くようにしてくれるといいんだがなァ」

と、腹ン なかで思うだけで、いっさいそんな口出しはできません。

それからやっぱり真打であっても、この人は四軒なら四軒歩くが、この人は三軒しきゃ歩けないというように、おのずと区別がついてる。ところが、昔は〝五厘〟といいまして、まァ今の事務員ですが、この五厘でも三遊の五厘の圓之助なんてえ人は、どうもその、賄賂《わいろ》をとりましてね。お金を包んで、

「どうかひとつ、よろしくお願い申します」

ってえと、

「あゝあゝ」

なんてんで、その金を受けとって……そうすると、今まで二軒しきゃ歩かないやつが、急

にいい席を三軒まわれるようなことになる。それで、このくすりが切れる時分になるてえと、まただんだん悪くなってくる。また金をやるとよくする、というように……これァどうも、まことにけしからんもんで。

　もちろん、それ以上に抜けて、売れッ子になってしまえば、〝げしょ〟と言いまして、席亭のほうから、希望の芸人の名前をちゃんと紙に書いて、

「どうかひとつ、これだけの芸人を入れてもらいたい」

と言って、顔づけの寄り合いの時に持ってくる。これを〝げしょがはいる〟ってえまして、もう、そういう芸人になれば大したもんでございます。

　それから、ある席と特別の関係で、気に入られているというようなときに、

「じゃァ今度、うちへ入れといてやるから」

なんてんで、芸人へじかに席亭が言ってくれることがあります。そういう場合は、二つ目でも、だれそれをという名前を書いて、げしょを入れる。と、

「おゥおゥこれァげしょがはいってきたよ。じゃァここへ入れといてやろう」

　なんてんで、札を入れてくれるというわけで。

　それにまた、自分のお師匠《しょ》さんが、つきあいがよくって、ほかの師匠の弟子でも、

「あいつァ悪い席ばかりまわって、どうもかわいそうだから、これ、おれンとこィ使ってやろう」

　なんて言って、よその弟子を使ってやる。すると、むこうのお師匠さんも、こっちの弟

子を、

「じゃァあたしンとこィこの人を借りよう」

ってなことで、交互に弟子を使ってくれる。それで下まわりの者がうるおうということがあったもんで。

今はもう、公平な商売をしておりますから、わいわいろによってどうこうというようなことは決してありませんが、それでもやっぱり他人のことはよく見える。自分のこととなると、もうすこしなんとかしてくれてもよさそうなもんだという……これァもう人間ですから、だれしもある事《こッ》たろうとは思います。ですから昔の顔づけってえと、本当に火花を散らしてやったもんでございます。

とりわけ、初席というものは大事なもので、真打になって、たとえどんな席でも、初席のあるなしでは、その人の価値如何《いかん》が、大いに変わってまいります。いい真打になりますと、二軒バネ、多いときには三軒バネなんという……三軒バネというと、三つの席でトリをとるわけですから、これァふつうのかけもちとは違って、大変でございます。はじめの一軒は、すこし早めにあがって、あとへ色もの……丸一の曲芸かなんかでハネさして、二軒めへ行って、ここは自分でハネて、最後の三軒めへ行ってまたハネる。ですから三軒めのハネはかなりおそくなります。しかし、そんなことができるのは、もう大真打のなかでも、とくに人気のある人ぐらいで、大家《たいか》でも平生《へいぜい》人気のない人ですと、初席がとれない、やっととれても端のほうの悪い席ぐらいというわけですから、若手の真打などでは、二軒バネなんてえのは、とても望むべくもないことなんで。

初席のトリというものは、どの席はだれってえことが大体決まってるもんですから、これを変えるってえことは大変なことなんでございます。われわれのほうでは〝ぐらす〟と申しまして、

「あすこの初席はだれそれだけども、こいつをぐらして、今度はだれそれで打つ」

という……ところがそういうことをすると、ひとつ会《かい》のうちでは、どうしてもトラブルがおこりますから、なるべくはしないでいますが、やはりどんな時代でも、人気があり勢力のある人は、やろうと思えばやれる。また、席のほうでも、人気もあり芸もいいという人に打ってもらいたいから、そういう人から、

「どうだろう」

なんてえと、席亭のほうも、

「ぜひ、打ってください」

というので、席亭のほうから〝五厘〟へ、

「今の真打はもういけないから、来年の初席はだれそれにしてくれ」

というような頼みがくる。まァそうなるてえとしかたがない、今まで打っていた真打に、因果を含めて、

「これこれで、むこうでぜひだれそれでやってもらいたいと言うから、ひとつ……あなたのはまたどこか、ほかで取りますから……」

ってんで、あきらめさせるわけですね。まァたとえ客は来てても来なくっても、初席が一軒あるとないとでは、真打の格として大違いですから、師匠がたはそうして初席をとるってえことが、非常に大事なことで、初席のいざこざから、塩谷《えんや》判官じゃァないが刃傷沙汰になったというようなこともあったかもしれません。

初春《はる》の顔づけは、もちろん暮れのうちに……現在では、十二月の十六、七、八ぐらいの日にいたします。初席の次を〝二《に》の席《せき》〟といいまして、これもいっしょに暮れのうちにこしらえてしまう。というのは、初春《はる》は芸人はいそがしい。幹部の者も出てくるのは大変だし、事務員のほうもあれこれと用がある……というわけで、二の席までは、年内にやってしまうわけでございます。下席の顔づけは、一月の、あたくしどもの協会では十二日にやるということになります。

この顔づけには、席亭、事務員のほか、真打のなかでも幹部級のものが列席するわけですが、現在では、落語協会では、会長だけが出まして、他の真打は出ません。あたくしが会長をしていた時も、行くにゃァ行きますけども、ただ見てるだけで、絶対に口出しはしない。そういうものに口出しをされると、係の人が困るわけです。事務長はそれを専門にやってるわけですし、あたしたちにこしらえてみろと言われたら、さて、なかなかできないもんですよ。どうやっていいかわからない。やっぱり慣れた人は早いもんで、とんとんとんと、こしらえていきます。

香盤

噺家の席順はやかましいもんだってえことを申しましたが、落語協会なら協会に属する噺家の席順がずッと書いてあるもの……つまり席次順の名簿ですな、これをわれわれのほうでは〝香盤〟と申します。香盤というのは、どういう語源か、よくはわかりませんが、やはり芝居のほうから来たもんではないかと思います。

寄席のほうの香盤の順序というものは、まず入門の順で、先にはいったものが先に書いてあるという、これァまァあたりまいのことでございますが、前座から二つ目になる時に、多少はそこにでこぼこができまして、つまり、二つ目になるには、やはりその、はいった順になっていくというものではございませんから、そこでさきへ二つ目になった者が今度は上へ書かれるようになる。さらに、真打になると、たとえ一月でも半月でもさきになった人が上へ、あとからなったものはその次になる……という、これが順序でございます。

さて、そのさきへ行って、この香盤をとびこえるということは、よほどのことがなければ、できない。それァもう、とびぬけて芸がうまくなり、人気が出て、改名でもして、現在の位置ではいけないからもっと上げようと、他人《ひと》も認めたときは、〝香盤をとびこす〟と言いまして、すぽんと上へ行くこともあるにはあります。しかしまァ実地に人気があって、お客さまがその芸人をよろこべば、香盤なんぞはどっちでもかまわないわけで……香盤がいくら上だからといったって、それァ楽屋うちのことで、お客さまのご存じのことじゃァありませんし、芸人はやはり実力次第で、香盤ではこんなに下なのか、と思っても、実際、席《せき》に出るとその人のほうが役に立つという……これァ何の社会にもあるでしょうけれども、実地の権力というものは、芸人なら芸ができなきゃァだめ、人気がなきゃァだめってえことゝなります。しかしそれでもなかなか、この香盤というものを変更することは、今でもうるさいことで、何か特別の理由がなければ、席順……時には看板順ともいいますが、これを入れかえるということは、できないことでございます。

昔の三遊派の席順というもので、記録に残ったものをお目にかけます。これは、浮世節の名人・立花家橘之助(石田みよ)の日記のなかに記してあったのを、速記者の今村信雄という人が書き写したそうで、落語研究会の会報にのせたことがありまして、それからここへ転載をいたします。

明治二十二年の三遊派席順

昔　噺	上等	頭　取	三遊亭　圓　朝
同	上等	四代目	三遊亭　圓　生
同	中等	四代目	桂　　　文　楽
同	上等		三遊亭　圓　遊
同	上等		三遊亭　圓　橘
三都浮世節	上等		立花家　橘之助
常　磐　津	中等		岸の家　吾　妻　(今村氏註・後の仲太夫)

昔噺　中等　六代目　桂　文治
日本手品　中等　中村一登久
昔噺　中等　二代目　三遊亭圓馬
同　中等　三遊亭圓右
同　中等　三遊亭圓喬
同　中等　土橋亭里う馬
同　中等　三遊亭遊三
同　中等　へらへら坊萬橋
音曲　中等　三遊亭圓太郎
昔噺　中等　三遊亭圓丈
同　中等　三遊亭新朝
同　中等　三遊亭圓玉
音曲　中等　三笑亭可楽
昔噺　中等　五代目　朝寝坊むらく
同　中等　三遊亭圓楽（今村氏註・後、一朝）
日本手品　中等　養老瀧五郎
しんこ細工　中等　一徳斎美蝶
昔噺　中等　三遊亭鼻光

同　　中等　　　橘　家　小圓太（同註・後、金馬。又、小圓朝）
同　　中等　　　三遊亭　金　朝
同　　中等　　　柳　亭　左　楽（同註・故あって三遊に加入、此年歿す）
西洋手品　中等　萬国斎　併　呑

〔『落語研究』第10号（昭和30・11・19）〕

以下百名あまりも記してあったそうで、今村さんも全部写しておけばよかったが、四代目小さん師（平山菊松）が秘蔵していた橘之助日記の原本は、戦災で焼失してしまったという……まことに惜しいことでございます。

かけぶれ

ご案内のとおり、噺家のほうでは〝かけもち〟と申しまして、甲の席から乙の席へまわるというように一軒より多くの寄席を歩くことをかけもちという。前座のあいだは、ひとつのきまった席だけで、かけもちということはございませんが、二つ目になりまして、売れない時にはまず二軒ぐらい、それからややよくなって、三軒まわるようなことになります。四軒、五軒とまわるのは、やはり真打級で、売れる人ほどその数が多くなるわけでございます。

〝鼻〟の圓遊（竹内金太郎）といわれた師匠は、昼夜で十六軒かけもちをしたそうですが、これが今までの最高記録でございましょう。もちろん明治のなかばごろの当時ですから、人力車でまわるんで、どうしてそんなに歩けたかと思うようですが、それが歩けたわけなんです。というのは、ひとつにはそのころの寄席というものは、そうとんでもない郊外やなんかにはない。日本橋とか神田、芝、浅草、本所《ほんじょ》ゥというように、今から思えば、わずかの距離の範囲内で、たくさんの席がありました。

それに、この圓遊さんの場合は、この人がかけもちではいってくると、その時に高座へあがってた人が、噺の途中でもなんでもぽンと切って、すぐに圓遊にわたさなければならない。それをとやこう言えば自分《おのれ》がその席からはずされてしまう。わずかでもなんでも圓遊が出なければお客が承知しない。ふつうのお客も呼んだでしょうが、いつでも二、三十人の客が、圓遊の俥のあとを追っかけて歩いたそうで、圓遊がその席へはいるとその人たちも、木戸銭は払うんでしょう、さアッとはいって、圓遊が高座へあがると、わアッというさわぎで……一席すんでおりると、その人たちもすゥッと出て、また俥のあとを追っかけて次の席へ行く……だから圓遊があがってったあとは、まるで嵐が通りすぎたようなもんで、前後の人は実にやりにくかったってますが、それァそうでしょう。この十六軒もかけもちをした当時、圓遊さんの俥をひいてた人が血をはいた。びっくりして俥屋をやめて、噺家になったというくらいで、とにかく大変な人気のあった人でございます。

あたくしも八軒から九軒ぐらいまでかけもちをしたことがあります。しかし、あたくしどもの時代には、もう自動車も使えるし、市電や省線電車もありますから、いろんなものを使ってあるきましたが、やはり九軒というと、なかなか骨が折れたもんです。

それにただいまでは、席の数も昔から見ればまことにすくなくなりましたし、各席とも出番の時間割がきまっておりまして、ひとりの持ち時間は十五分なら十五分、ここを何時に出て、むこうへ何時にはいる、そこで多少余裕をみて、それからあがればちょうどいい……というように、きちィんと一目瞭然にわかるようになっている。

昔はそんな、時間までこまかくきめとくなんてえことはありゃァしません。ただ顔づけがきまると、〝かけぶれ〟というものを、あたくしどもはもらいます。まず自分の名前が書いてありまして、それに自分の出る席が、歩く順にずッと、三軒なら三軒の席名《せきめい》が書いてあります。

それでいちばんはじめに歩く席……これを〝振り出し〟と申します。これは双六《すごろく》の振り出しというようなところから出たことばじゃァないかと思いますが……この振り出しの席へまず行くわけなんで。すると、その席が振り出しになっている芸人がほかにもありますから、これがずッと集まってくる。だが、ここで誰が先にあがって、どう行くってえことは、まるきりきまっていないんですね、昔は。ですからそこへ集まった人どうしが相談してきめる……といったって、はじめのうちはまだお客さまだって、いくたりも来ていませんから、まずはじめに前座があがり、その次に、二つ目……これァ二つ目でもごく下まわりの者があがる。あとは、そのからだ(地位)の順を考えて、それに、われわれのほうでは〝色どり〟といいまして、噺家ばかりが続いたり、曲芸とか音曲とかの色物ばかりが並んでしまうと、やはり具合が悪い。ですから、いま楽屋にいる人が、あとどこへ行くのか、何軒まわるのか、それに色どり、いろんなことをにらみ合わして相談のうえ、

「じゃァここィあたしがあがる」

「じゃそのあとィあたしがあがろう」

というような相談づくで、ひと晩やってみる。と、その席へ二軒目にまわって来るべき人がおくれたために、振り出しで来てた人が、一生けんめい長くのばして、その、つないで、いたが、つなぎきれないで高座をおりてしまって、あとあがる人がいないから、前座の噺家がもういっぺんあがったというようなことがある。こういうときは、アナがあいたってえまして、

「ゆうべ、あすこの席はアナがあいたよ」

とか、それから逆に、ある席では、むやみにたくさんの人がかち合っちゃって困ったとかいうことになる。

それから、かけぶれはこういうふうについているが、これじゃァどうも自分が歩くのに大変だ、ひとつところを行ったり来たりしなくちゃァならない、この二軒目を三軒目にして、それからこっちを四軒目にして、こうやったほうが歩きいい……なァんてんで、自分で勝手に順番をつけて歩く人なんぞがあって、それがためにアナがあくというようなこともありました。

ですから初日の次の日には、かならず寄り合いがあったもんで……〝顔なおし〟ってまし

てね、

「じゃァおまいさん、あすこァ二軒目に行かずに四軒目にまわっとくれよ」

とか、あるいは、

「二軒目に行かないで、振り出しにしてくれ」

とかいうことで、二日目にそれでずゥッとまわってみる。そこで三日目にはじめてぴたッとものがおさまるという……近ごろでは、時間づけをきちんとして、そういうことのないようになっておりますが、以前はどうも、まことに成《な》り従《したが》いというか、そういうずぼらな商売のしかたをしておりましたもんで……。

く　い

その時分には、ちゃんとかけぶれどおり楽屋入りをして、いま高座へあがってる人のほか、楽屋に誰もいないから、このあとへあがれるんだなと思って、紋付きの羽織を着て待ちかまえていると、あとからすッとはいってきて、

「おゥ、おれァいそがしいから、このあとだよッ」

と、こう言われる。この人が地位の上の人だてえと、順ですからあたしが先へあがるなんてことは言えない。

「へえへえ」

ってんで、待つんです。で、その人があがって、そのあとへあがれるんだなと思ってると、

またはいってきて、

「あ、このあとおれだよ」

……そうすると、

「いえ、あたしが待っていたんだから、ここへあがります」

と言いたいところだが、そんな主張はできないわけなんです。昔は上の人の権力が絶対ですから……。

「おまい待ってえたのかい？　じゃァこのあとへおあがり」

とでも言われれば、これァあがれる。

「じゃァおまい、あげてやるから、長く演《や》っちゃいけないよ。ちょいッと演って、すぐ踊って、おりろ」

「へえ」

なんてんで……むこうのお声がかりがないとあがれない。あなたまかせというやつで……。ですから、正月の初席みたいに、出演者の数が多くてたてこんでる時には、楽屋にいても、高座へあがれることもあれば、あがれないこともある。えらい人がはいってくるてえと、そのほうをあげなくちゃァならないから、二つ目なんか全部はあがれないことがよくありました。

これァその、〝くい〟といいましてね、楽屋の〝出物帳〟という、その晩の演目をずッと順に書いておく帳面があるんですが、その帳面に、題名がなくて、芸名の上へ『小ばなし』

とだけ書いてあるのは、これァ高座へあがらないという証拠で……だけども帳面へついてれば、そのお給金は確保されるわけで、こいつを〝くい〟と、こう言うんですね。

初席なんてえと、もう目白押しですから、売れない者ばかりじゃァない、少々人気のある人でもあがれないくらいなんですから、前座もちゃァんと心得ていて、楽屋で待っていてもあがれない人がいると、いいかげんなところで、

「エエもういいでしょう。もう間に合わなくなるでしょう、あっちィ行かないと。じゃァここはようござんす、帳面へつけときますから……」

なんてんで、帳面へ名前を書いてくれて、あたまィ『小ばなし』と書く……これでもう、高座へはあがらなくても、お給金だけはもらえる。

「じゃ、さようなら」

ってんで、支度をして次の席へ行くわけなんです。

また初席でなくっても、昔は、大真打の人が、気が乗ってくると、トリではないんだが、ぼかァんと大きな長い噺をするなんてえことがありました。そこで時間がのびれば、まァ昔は十五、六人ぐらいの出演者のなかで、はみ出される者が出てくる道理で、かならずくいのものがひとりや二人はできる。

「おまえはもう今夜はいいよ、くってていいよ」

これァみんな慣れておりまして、少しもいやな顔はしなかったもんです。もちろん、ここであがりたいなと思ったのにあがれなくて残念なこともあります。でも、いやな顔をしたっ

てどうしようもないし、それにお給金はちゃんといただけるわけですから……。

また、お客さまのほうでも、今みたいにプログラムというようなものがあるわけでもなし、うまい人がうんと長くやってくれて、へたな者があがらない、そのほうが実質的には大変得《とく》なんですから、何とも言わなかったもんです。ところが、今のお客というものは、あの、プログラムに出てえる全員が出演しないと承知ができない……この人が、ってえ芸人が出ないからお客が苦情を言うんならわかりますが、うまいまずいよりも、ただ数がそれだけ、すっかり出そろわないと、文句をいうかたがあります。

ですから近ごろではなかなか、そういうことはできなくなりましたし、また芸人のほうも、下の者でもなんでも、番組に自分の名前が書いてあれば、どんなに時間がおくれてても、あとの人の迷惑になろうがどうしようが、そこへあがるもんだと思っている。

「あたくしァよしましょう」

ってことは、決して言いません。そうすると、終演の時間はきまっているしするから、まことに困る場合《ばやい》がある。そういう時は、芸の融通のきく人、長くも短かくもやれる人が、結局いちばん割をくうわけで……しかたがないからみんなの調節をしなくちゃならないってことゝなるわけです。それで、つまらん者が長くやって、看板の人が短かくなるという場合が、現在はいくらもあります。

昔は、そんなわけで、楽屋にいても高座へあがれないことがある。

しかしまた、いつなんどき、

「このあとにあがれ」

と言われるかわからないんで、ちゃんと準備をして待っていなくちゃならない。

現在でも予備といって、二つ目の噺家で、きまった出番はないが、アナがあいたり、出演者が病気になったりしたときのために、楽屋に詰めているのが予備の者なんですが、これらの二つ目の心がけの悪いことといったら、席にろくすっぽいないんですから……お給金だけはもらって、すゥッとどッかへいなくなっちまう。だから他人《ひと》の話もよく聞いていないわけで、はなはだ今の二つ目なんてものは、商売上不熱心なもんです。

われわれの若いころは、そんなことをしようもんなら、たちまちしくじってしまいます。それがあがれてもあがれなくても、いやでも応でも楽屋にはちゃんといなくちゃァいけない。それで、アナがあいたときは、そこへあがって演るわけです。初春《はる》なんぞでも、時にはぽかァんと大きなアナがあくことがあります。売れッ子やえらいお師匠さんがたは、かけもちの席の数も多いし、いそがしいからてえんで、さアッとあがって、短ッかくやって、つゥとおりてしまう……と、そのあとの人がかけもちのつごうで間に合わないことがある。そういうところへあがって、それであとの人が来れば、すぐおりなくちゃァならない。

だからどうも、戦々兢々として、お客にうけるうけないより、楽屋のほうを気にするという……昔ァそういうもんでしたね。また、楽屋のほうもそれだけやかましいんで……。お客にうけても、楽屋へおりてくると、いきなり小言を言われる。

「なんだ、あの噺は……あんな噺をやっちゃいけない」

とか、あるいは、

「おまいは長すぎる」

とか言われる。短かくおりてくりゃァきたで、

「それじゃァいけない、もっと長くやらなくちゃァいけない」

とか、

「もっと稽古をしろ」

とか、実にどうも、その時に応じて、むこうは勝手な小言をいう。言われるほうは大変で、そのご註文にちゃァんとあてはまるようにゃァなかなかできない。だから、お客よりもまず楽屋のほうへ気がねをして噺をするという……もっとも、それが修行のひとつなんでございます。


だんだん制度がゆるやかになったとか、世のなかが変わったとか言って、楽屋のほうもあんまりやかましくなくなってきましたが、芸のためには、これァよくないことじゃァないかと思いますねェ。

つなぐ

ただいまでは、出演者に故障があって、席を休むという場合に、代演というものをば出します。事務所へ電話をして、これこれのわけで今夜は席へ出られない、というと、じゃァだれそれを代わりにやろうてんで、その休みになる人とにらみ合わして、適当な人を代わりに

出します。そうすれば、席のほうでもおさまるというわけでございます。

ところが昔はその、だしぬけに休まれる。これを〝ぬく〟ってえまして、毎度これで困ったのは、圓喬（四代目・柴田清五郎）・圓右（初代・沢木勘次郎）のふたァりで……看板にちゃんと出ているんですが、来ると思っていると、これが〝お座敷〟が出来て、急にぬかれる。番組に圓喬・圓右ってえのがあると、その席の前座は、

「あァ……困ったな、またぬきゃァしねえかな」

ってんでね……おそい出番の時はまだいいんですが、このふたりの出番が早いところにあるとき……六時、七時ぐらいなところだてえと、困るんですね。お座敷ってのは、どうしても五時半から六時ごろが多い、それも一軒ならいいが、お座敷を二軒も勤めてくるてえと、もう七時半、八時ということになる。そこで間に合わないからってんで、次の席のほうへすウッと行かれてしまう。

そのほかの人もぬかないってことはありませんが、まァそうはありませんでした。

昔は、まァひとつには、今のように電話なんぞがそう普及もしていないし、天気の悪い日なぞは、もう不可抗力ですよ、乗り物が止まってしまったりなんかして、かけもちの人が楽屋へはいらないんで、しょうがないから前座がたびたび高座へあがるなんてえことが、昔はいくらもあったもんです。

圓右の弟子に圓中《えんちゅう》という噺家がありましたが、これァ実にどうもまずい人でした。二つ目にはなりましたけれども、もちろん売れませんから、かけもちなんてものもなく、席は一軒

だけ……すると、ある大雪の日のことで、なかなか芸人が楽屋へはいってこない。しょうがないから、この圓中があがって、やっとあとの人がきたところでおりて、ふたりばかりあがるてえと、またあとがこないためにアナがあいた。もう一度圓中があがって……とうとうひと晩に三回あがったてんですが、そのどうも噺のまずいことといったら、これを聞いていた定連《じょうれん》の人が、

「ああまずくやろうと思っても、なかなかやれるもんじゃァない、まずいなかでも実にとびぬけてまずい。それがひと晩に三回もあがったんだから、かわいそうだ……」

と言って、うしろ幕をこしらいて、総見物《そうけん》をしてくれたってんですね。

昔のお客さまというのは、実に粋《いき》な人がいたもんで、うまい芸人だからってんで、うしろ幕をもらったり総見物をしてもらったってえのは、いくらもありましょうが、

「ああもまずくやれるものか」

というんで総見物をしてもらったというのは、これァもうひと、つばなしになっております。

そういうふうに、アナがあいて、あとの人が来ない場合《ばやい》に、

「あの、め、んだいにお願いします」

なんと言う……これは噺をひきのばして長くやることで、〝めんだい〟というのは、おそばを長く置いとくと、のびてしまう、そこからきたもんだと思います。

そうやって引きのばして、あとの人が来るまで保《も》たせることを〝つなぐ〟と申します。

あたくしども高座へあがりまして、着ている羽織をぬいで、うしろへぱッとほうります。

〝羽織を引く〟といいまして、あとの人が来れば、楽屋でそうッと羽織を引いて取ってしまう。羽織がなくなれば、あとが来ましたという知らせで……。羽織が引けない場合は、まだあとが来ないんですから、引けるまでなんとかしてつないでなきゃァならないわけなんです。

このつなぎかたにもいろいろありまして、ひとつの噺が切れてしまって、まだあとがこない。「それでは」ってんで、まったく別の噺をする……これをわれわれのほうでは〝いもつなぎ〟と言って、こんなつなぎかたは、噺家として不名誉としてあります。ところが、ひとつの噺でめんだいにつなぐってことになると、平生しゃべらないことをば、そこへいろいろ入れて、その噺をのばしていくという……これァよほどその、うでがなければできない事《コツ》てございます。

また、噺にもよりますんで、あとが来ないだろうというんで覚悟をしてあがった場合はまだよろしいんですが、不意打ちにつなぎってことになりますと、非常に大変です。うでのない者だと、そんな時に三つも四つもいもつなぎに噺をして、それでもあとが来ないってんで、べそをかいておりちまうなんてえのは、はなはだみっともないことなんで……何の道でも修行というものは大変ですが、この〝だしぬけつなぎ〟なんてえものにぶつかった時に、平然として、あいだへいろいろその〝ひきごと〟なんぞを入れて、ひとつの噺でつなぎきるというのは、ふだんの修行がものをいうわけで、そういう時にはじめて、なるほどってんでその人の真価を認めるなんてえことが、よくありましたもので。

昔、うでのある前座なぞは、次の人がいないのに、わざと早くに羽織を引いて、前の人をおろしちまって、そこへあがって演る……と、これがうまいんで、お客や席亭に認められるというわけですね。

「あいつァあれだけうでがあるんだから、もう二つ目にしたらよかろう」

なんてんで、自分が出世をするために、わざわざアナをあけて、つなぎにあがったという、そういう話も聞いておりますが、これァよほど自信がなければできないことでございましょう。

三代目の圓馬師匠(橋本卯三郎)があがって、『たらちめ』をやりはじめたが、一席終る時分になっても、まだあとが来ないんで、しかたなくつなぎにかかって、うまァく『子ほめ』にはいった。これもすっかりやって終りかけたが、まだ来ないんで、今度は『浮世根問《うきよねどい》』へはいったというんですね。で、一時間以上もやって、ようやくあとが来たんですが、これがちゃァんと、全部つながって一席の噺のように聞こえたという。こういうところがうでのでございまして、つまり、そんなことをやろうと思って、計画をしていたんでもなんでもない、不意打ちにやられて、うまくその、噺の継ぎ目をわからせずに、サゲなんかもうまくぼかして、ずゥッと次の噺へはいってしまって、お客に気がつかれず、あきさせずに聞かせる……これが本当のつなぎのうでというんでしょうが、なかなかことばでちょいと言うようには、できないもんでございます。

この、噺をのばすのと正反対に、短ッかくやる、これを〝はしょる〟ってえまして、

「今日は時間がないから、すこしはしょっておくれよ」

なんてえことを申しますが、つなぐのもむずかしいが、はしょるのもなかなかむずかしい。ある不器用な噺家に、

「はしょってくれ」

と言ったら、間《ま》もなにもたずに、ただべらべらべらべら早くしゃべりました。つまりこの人は、いつものとおりのことばは全部しゃべらなければやれないんです。けれども、そういうのははしょるんじゃァなく、ただ回転を早くしているだけなんで……。

あたくしの先代《おやじ》なんぞ言ってましたが、そういう時は、噺を飛べばいい……つまり、一、二、三、四と、いつもの順序どおりに行くんでなく、一、三、五、六、八、という具合に、途中、飛んで行けばいい。しかし、その飛んだのを、飛んだと思わせないようにする。だから先代《おやじ》は、

「早くおりる時には、ゆっくりしゃべれ」

と言いましたね。いつもより、しゃべるテンポはおそくするわけで……ゆっくりしゃべっているようにして、ぽんぽん飛んで行く……ですから、ゆっくりしゃべっても、時間でみると、ずッと短かくなってえる……。

このはしょることのうまかったのは、初代圓右さんで、この噺がこんなに短かくできるかと思うようで……『芝浜』なんてえ噺を、十二、三分ぐらいで演ってしまうんです。で、二十分でもやれる、三十分にもなる、四十分にもなる……まことに自由自在、それが本当の噺家なんですな。

ところが、口ではそう言いますがね、なかなかそう器用にはいかない。短ッかくしたときは、やはりぼろが出る。しかし、それをぼろを出さないように、ずいぶん長くやったかなァと思わせて、実際の時間は短かく切ってしまう……それはやっぱりそれだけのうでがなければできるものではございません。

ばける

お客さまがどっさり来ることを、われわれのほうのことばで、〝かぶる〟あるいは〝ばける〟なんてえことを申します。

「今夜はどうも大変だ、馬鹿なかぶりかただよ」

と言えば、お客がうんと来たこと。その反対に楽屋で、

「どうだい、客は？」

「どうも……薄くッてしょうがないよ」

なんてえ時は、お客の入りがよくない時で、お客がすくないことをば〝薄い〟と、こう言う。

昔ァどうも、席によっては、客の薄いところがありました。

八丁堀にあった朝田亭という、これは実にどうも客の来ない席でしたねェ。あたくしの師匠がいちばん盛んなころ、その師匠のトリ席の時でも、あんまり客が来ない。昔からの席で、八丁堀ですから場所だってそう悪くはないんだが、やっぱり席亭の目さきがきかなかったせ

いじゃァないかと思います。なにしろ、はいると木戸口でぷゥ…んと石油のにおいがする……というのが、ランプのにおいなんです。大正五、六年ごろになってまだランプなんですからねェ……そのころは、どこの席だって、もう電気ですよ。

この朝田亭で、三遊亭新朝という人がトリの時に、あたしも前に出たことがありました。この新朝さんというのは、本名を桂卯之助といいまして、もとは大阪の桂鯛助という噺家のせがれで鯛吉といったのが、東京へ来て、三代目の蔵前の柳枝の弟子になって錦枝といい、のちに四代目の圓生の門人になって、圓次郎から五代目の新朝になりました。

この人は芝居噺をした人で、この朝田亭のトリの時も、道具を吊って芝居噺をやったんですが、なにかその、うすよごれたような道具なんですねェ。席が小ぎたなくて、道具が小ぎたない……きたなづくめなんですよ。例によって客がさっぱり来なくて、たしか八銭の〝立てんぼう〟ってえことがありました。〝立てんぼう〟ってますのはね、また別のところで寄席の給金のおはなしをしますが、本来ならば、楽屋へはいった金を、それぞれの芸人の給金高によって、真打の人が割るわけなんで。ところが、楽屋入りがすくなすぎて、本来の割りかたができないときに、頭数で平均に割ってしまって、だれもかれもそれだけしきゃもらえない、これを〝立てんぼう〟と称する……つまり頭割りですね。

そのころ市電が片道五銭、往復買うと一銭割引きンなって九銭になる。ですから電車賃を払って行きゃァ一銭あしが出るン。その時にあたしが、

「客の来ねえ席だ」

と言ったら、新朝さんが怒ったんですね、

「子どものくせになまいきなやつだ。あしたッからもう来なくてもいい」

って、そう言った。こっちもよせばいいのに、品川の師匠に言いつけたんですよ。そしたら師匠が、

「客が来ねえって、本当のことを言ったんだからいいじゃねえか……あァ行くな行くな」

ってね、師匠が甘いんですよ……まァそのくらい客の来ない席でした。

そういう、ふだんはあまり客が来ないような席で、なにかのかげんでその晩に限って客が来た……というようなことがあると、楽屋で、

「おやッ、どうしたんだい？　今夜は大変ばけたねェ」

と、こう言う。「お客が来た」ってえところを、〝ばけた〟と言うんです。

それからもうひとつ、このばけるということばは、〝芸がばける〟というふうにも使います。

つまり、どうもふだんあんまりおもしろくない噺ぶりで、

「この人ァもう、たいしてうまくァならないね」

なんて、みんなが思っていると、なにかの拍子に不意にこれが、ぱッと芸風が変わってよくなることがある。

「近ごろあいつァばけたねェ」

なんてえます。今まではまるきり違ってよくなる。これァ当人の心がまえもありましょ

うし、翻然として、悟るところがあって変わる……なににしても、芸人はそういうふうにばけるのは、これァ大変にいいことなんでございます。

おんなしようなことでは、芸人仲間で〝ばけもの〟ってのがあります。

これァつまり、たとえて言えば、戦後間もないころに、三遊亭歌笑（高水治男）という人が、一時大変な売れかたをしましたが、ああいうのを、まァばけものと言って、噺家としての身分は、ごく下ですが、異常な人気が出て、自分の師匠なんかより有名になって、どこへ出ても客がくる。芸がうまいのかってえと、なに、うまいわけじゃァない。ただもう、その人が出ると、お客はもう見ただけで、わァ…ッと笑って、一種の催眠術にかかったようなもんでしょう、ひとこと言やァおかしがる、というような……そういうようなのが〝ばけもの〟なんで。

この歌笑は、昭和二十五年ですか、銀座で進駐軍の自動車にぶつかって、亡くなりました。まだまだ人気がおとろえないころでしたけども、あれがずっといたらば、それだけの人気が保てたかどうか……。

昔からそういったばけものので、のちに人気がなくなって、今度じっくり聞かれるようになるてえと、いったいなんでこんなものがおかしかったろうと疑うような、そういう例はいくらもあります。

「この人ァなにかい？　これでいくらかよかったことがあンのかい？」

「冗談言っちゃいけない、昔ァこれが大変な人気だったんだ」

「へェえ、この芸でねェ……ふゥん」

なんてんで、楽屋で知らないやつが感心をしてえる……これァ品物とおんなしことで、流行時代には、あんなくだらないものが、と思うのがもう、とぶように売れて、あとからあとからいくらこしらいても間に合わないというような、そういうものが、芸人のなかにもあるわけでございます。

しかし、そこで違いが出てくるのが、やはり本人の心がけで、一時の人気がおとろえてしまうと、もう昔日のおもかげなし、ということになるんでは、これは本格の修行をした芸にはかなわないわけなんです。

中入り

寄席の休憩時間、これを〝中入り〟と申しますが、この中入りへ〝お〟の字をつけましてね、中入り前の噺が切れる(終る)とたんに、

「おなァかァいりィ……ィ」

てんで、楽屋のほうから声をかけまして、御簾《みす》……今は緞帳《どんちょう》ですが、これをおろして、休憩になります。ただし、本当は御簾をおろすもんじゃァないんですね。明治時代は、中入りに御簾をおろすことを、いやがりました。

このお中入りのあいだに、例の〝中売り〟というやつが、

「エェ……お茶ァようがすかな」

「エェ……お菓子はようがすか」

と言って、かついで売りにまいります。これァ昔はやはり女でなく男で、袢纏《はんてん》・股引《ももし》きで、まことにきりッとした姿でございます。おんなし中売りでも、そこにはうまいまずいがあって、うまい人は売り上げが多いという……妙なもんですな。その後はだんだん変わって、今はみんな女の中売りになってしまいましたが、昔はどの席でも男でした。

この中売りがよく売れたときには、むやみに中入りの時間をのばしちゃうなんてえのがありましてね、

「このうちァ中《なか》が長すぎて困るねェ」

なんて、そ言ってね。いつまでも、だらだらだらだら売ってる……。

また、興行本位で、売るのが本位ではないから、かりに十分《じっぷん》なら十分ときめて、売れてもなんでもぴしッと切っちまって、すぐに演芸を始めるという席もあるし、なかにゃァもうすこし長くやってくれったってできないところもある。なくなった人形町の末広なんてえのは、あまり長く休憩できなかった。中へ売りに行くわけじゃァなし、売店もあるが、すぐわきで見えてるとこだし、それでお客がすくないときたってえた日には、もうすこし中入りをゆっくりやってくれったってできない。そこィ行くと、新宿の末広は、売れたときは中入りが伸びがちですね。

そういうふうに席のほうのつごうで伸び縮みがあることもありますが、まァ大体において、楽屋と合意のうえでやるもんで、中売りのほうが区切りのついたところで、楽屋ィ声をかけ

ると、太鼓がはいって、休憩時間は終了、演芸再開ということになります。

芸人の出番から申しますと、中入りの前、これァ番組がそこでひと区切りつくわけですから、なかなかその重要なところなんで。今は〝中《なか》トリ〟なんてえことばを使うことがありますが、トリてえのは、いちばん最後、その興行の主任のことですから、〝中トリ〟と言えば、つまりまン中へあがるトリってわけで。だから以前は、ここに相当な看板の人でなければあがれなかったもんでございます。

「これは中入りの人だ」

と言いまして、もちろん真打級の人で、ま、原則として〝つるし看板〟に出ている〝真打〟〝中軸《なかじく》〟〝書き出し〟の三人のうち、順序で行けば〝書き出し〟の人が、この中入りをするのが本当のことで、さもなければ〝中軸〟へあがっている人がやるとか、場合によっては、色物《いろもの》でも、いいものだったらそれで中入りをすることもあります。それにまた、席亭の考えで、色物で中入りをしたほうが、中売りが売れるからといって、色物にするって場合もあるんですが、まァ落語の寄席であれば、本来は噺家でやらなきゃァいけない。それには、スケにはいっている人のなかで、いちばんえらい人が中入りをしてくれれば、申し分ないわけなんです。

ただ理屈はそうでも、なかなか思うとおりには行かない。みんな何軒もかけもちをしているんですから、このあと二軒やって、自分のトリ席へはいるんだから、とてもそんな、中入りはしちゃァ行かれないとか、じゃァまァしょうがないから、時間は早いけれども、とにかくこの師匠で中入りをしてもらおうとか、すこしおそくなるけれども、こっちの師匠にここへ駆けつけてもらって、それで中入りにしょうとか……やはり、すったもんだでねェ、いい座組《ざぐ》みができて、ふたをあけたらあけたで、また頭をいためたもんなんです。

まァそれほど、中入りというものは、昔は重きを置いたもんでございました。

それから中入り後のはじめの出番、これを〝くいつき〟と申します。どういうとこでそんな名前がついたんですかわかりませんが、ここは、いちばんやりにくいところです。中売りでおせんべいなんぞを買って、歯のいいかたが前のほうで、ばりばりばりばりばり、音をさしてたべると、かなり騒々しいもんで、そこへあがった者は大変やりにくい。

今は、いろんな関係で中入りが早くなっておりまして、そのあとへまだどっさり番組がありますが、昔は中入り後は原則として、〝くいつき〟〝ひざがわり〟〝真打〟と、三人きりしきゃ出なかったもので、そういう興行法になっておりました。で、くいつき、これは、のちには看板の人があがるとか、あるいは人気のある者があがるようになりましたが、以前はくいつきってえとあんまりえらくない者があがります。あたくしなんぞも、圓童から小圓蔵時代には、うちの師匠のトリ席で、ずっとこのくいつきへあがったもんですが、えらいお師匠《しょ》さんが中入りをして、休憩後に出るのが、ひょこひょこの二つ目なんですから、お客のほうでは迷惑そうな顔をしているし、まことにやりにくいが、しかし修行には、大変になったもんでございます。

真打の前に出るひざがわりは、原則として、噺だけではいけない。噺家なら噺をやったあとで音曲をやるとか、踊りを踊る……あるいは色物で、奇術、曲芸、百面相、そういったようなものを使いますが、このひざがわりにはちょうどいい、という人をわれわれのほうでは〝ひざがわり役者〟と申します。

ひざがわりというものは、あんまり堂々と客をうけさしちまっちゃァいけない。てえのは、そうするとあとへあがるお目当ての真打がやりにくいんですね。といって、まるッきりうけないってのァこれァだめなんで……その兼ね合いがまことにむずかしい。あくまでもワキであってシテではないんですから、シテである真打を引き立てるようにするのが役目なんです。ところが、真打の人がかけもちのつごうでおくれたりなんかしてつなぎをするとなれば、そんな容赦をしてたらお客はどんどん帰ってしまう。そうすると、これはひざがわりの責任になりますから、帰さないようにお客の胸ぐらをぐッとつかんで、倦きさせないように、引きつけておかなければならない。

ひざがわり役者としては、やはり音曲師が最高ですね。座ぶとんを敷いた、そのまんますッとおりる……と、入れちがいに、真打がさッと出て行ける、というところがいいわけなんです。音曲師の橘家三好(中田宗太郎)なんてえのは、〝すわり踊り〟がうまかった人で、座ぶとんをちゃんとふたつに折って前に置いて、そのうしろでおどる。『立ちまわりのかっぽれ』がお得意で、『かっぽれ』に合わせて、立ちまわりの型……げんこつを振り上げて打ちかかるとか、手をねじられるとか、そういう振りのものをおどって、最後のところで中腰《ちゅうごし》になって、片ッぽの裾をちょっとあげて引っこむ……その時に、折ったふとんをもとのように敷いて行く。ですから、前座が出て行ってふとんを敷き直す手数がはぶけるわけなんで。

また、『寄席育ち』でも申し上げましたが、三遊亭萬橘（三代目・吉沢国太郎）なんてえ人も、永年、あのずぼらな圓右師匠のひざがわりをつとめていましたんで、たとえ真打がおくれて来ようと、また早く来ようと自由自在。長い噺でなく、マクラの羅列のようなものでつないでいるわけなんですが、『風の神』なんてえ噺はこの人のほかにあまりやりませんでした。風の神がほうぼう歩いて、こいつはよさそうだと思うと、その人の頭ンなかへはいる、そうするとその人がカゼをひく、というような噺で……そういうものでつないでいて、いざとなれば、ぽォんと噺を切って、音曲にかかり、さッと真打に引き渡す、という……そのうでというものはたいしたもんでしたな。

今はもう、本当のひざがわり役者なんてえのは、ないといっていいくらいのもんで。いくらでもつなげて、そうして真打を引き立てて、ぱッとおりるなんという芸当のできるものはなくなってしまいました。

真打としてことに困るのは、あの〝しゃべり〟の漫才をひざがわりに使われることで、まことにどうも、やりにくい。ああいった、けたたましくしゃべりまくるものは、これァとてもひざがわりには向かないわけのもんなんですがねェ。

今はその、席亭がひざがわりのことなんぞで、自分の意見を主張することがありますが、本来ひざがわりをきめるのは、これァ昔から真打の権限でありまして、

「あたしァこの人をひざがわりにする」

ってえば、席亭の気に入ろうが入るまいが、真打の意見を通さなくちゃァならなかったんです。今はもう、そういうような、商売の法とか、しきたりというものも、追いおいにくずれてまいりました。

御簾うち

今はもうあまり知っている人もなくなりましたが、昔は、寄席の芸で〝御簾《みす》うち〟あるいは、〝蔭芝居《かげしばい》〟というものがありました。

浄瑠璃のほうにも〝御簾うち〟というものがありますが、これは、番組のいちばんはじめに、御簾をおろしたまンま語る、つまり前座ですね。ところがわれわれのほうで御簾うちといってやりますのは、高座の前へ御簾をおろして、そのなかでこの、芝居の一場面をば、幕あきからひとりで、女形なら女形、立役は立役の声で、そっくりせりふを言って、鳴物を入れ、自分でツケを打って、声と音で芝居のもようをそこへあらわすという……つまりラジオの舞台中継を聞いていると思えばよろしいわけで。

品川の師匠の弟子で、橘家圓太という人が、旅ィ行くてえと必ず、前座があがる前にこの御簾うちをやりました。

この人は、本名を岩出源次郎といいまして、声色の山本ひさしのおとっつァんにあたる。なかなか器用な人で、はじめは〝天狗連〟だったんでしょうね……まァ今でいえばアマチュアで、素人で落語が好きで、いろんなものをやっている、そのうちに品川の師匠の弟子になって、はじめはたしか〆蔵《しめぞう》といったと思います。それから圓太になった。噺のあとで、蛙とか犬の鳴き声、猫の鳴き声なんというものもやりましたが、どうも噺では具合がわるいんで、やはり品川の弟子で橘家八百蔵という人と組んで、圓太・八百蔵で〝ピン〟をやるようになりました。

〝ピン〟てえのは、「滑稽軽口ばなし」ってまして、ふたりの掛合いで軽口ばなしをやる……この〝軽口ばなし〟ってものも、今はなくなりましたが、漫才とはまた違うもんで。ふたァりが高座へ並んで坐りまして、なにか滑稽なやりとりをして、そのあとで必ず立って、芝居の物まねをしたもんです。よく出ますものが『忠臣蔵』の「五段目」あるいは「三段目」「七段目」……それから『黒船忠右衛門』という、黒船忠右衛門・獄門庄兵衛という侠客のでいり、そういった芝居の物まねをやるわけでございます。

こいつァなかなか洒落《しゃれ》たもんでしてね、芝居を知っていなければおもしろくもおかしくもないが、何から何まで知ってる人が聞くと、まちがったり、取ッ違ったことを言っているのがおかしいわけで……道化のほうをピンといいまして、こいつがまちがったことを言うと、もうひとりのほうがそれを注意して、

「それはこうだ」

と教《おせ》える。そのうちに両方が芝居のなかの人物になって、相手を斬るとか、あるいはなぐるという筋になる。そうするとなぐられたほうが怒っちゃって、

「こんな役ァおれァいやだから、そっちの役をやる……」

とかなんとか、そこにいろいろ滑稽なやりとりがあるという……ところが、今は歌舞伎を知ってるお客さまってものがだんだんすくなくなりまして、若いかたは、本物の歌舞伎を見たって何をやってるのかわからないってえくらいですから、ましてやその芝居の物まねをする〝軽口〟なんてえもののおもしろさは、まるッきりわからなくなっちゃったもんでしょう。

軽口ばなしはそのころ三遊派では、この圓太・八百蔵、柳派のほうでは、前にお話しした入舟米蔵(板橋啓次郎)が、瀧川鯉かん(矢島金太郎)という人と、鯉かん・米蔵のコンビでやっておりました。圓太・八百蔵は、当時人気があった曽我廼家五郎・十郎にならって、圓五郎・圓十郎という名前になったこともありましたが、そのうちに、八百蔵の圓十郎が亡くなりました。圓五郎のほうがひとり残って、ほかの人と組んでみたがうまくゆかず、噺家にもどって、名前ももどりの圓太になったと思います。のちに真打になって、圓玉という名前になりました。

この人が御簾うちというものをば、旅へ行くとよくやりました。やはり芝居のものでございますが、よくやっておりましたのが『都鳥廓白浪《みやこどりながれのしらなみ》』という、忍ぶの惣太とか吉田の松丸なぞが出る芝居……それから『白浪五人男』の「稲瀬川勢揃いの場」、もちろん鳴物を入れまして、幕明きから、あの五人男のつらねのせりふを全部言って、

「ならば手がらに、からめてみよぇェ」

ってんで、立ちまわりの形を見せて……いや、聞かせて……よろしく見得をきる。ツケもみんな自分で打ちまして、ちょォん、と柝《き》を入れて幕がしまるまでをやるわけなんです。

この圓玉って人は、震災前に亡くなったように思いますが、そのあとは御簾うちをやる人もなかったようで、今ではもう、こういうやりものは全くなくなってしまいました。

下座・鳴物

寄席のおはやしのことを〝下座《げざ》〟と言いますが、これも芝居のほうから出ましたことばで、お客さまのほうから見て、舞台の右のほうを〝上手《かみて》〟、左手のほうを〝下手《しもて》〟と言いまして、おはやしの係の者は、下手《しもて》の袖のほうにいるので〝下座〟と言ったもんでございます。それから出て、寄席のほうでも下座と言うんですが、近ごろでは下座ってことばは失礼だなんてえまして、〝おはやしさん〟なんてことをいう。けれども、そのもとを聞いてみれば、決してそんな失礼なことはないんでございます。

〝下座さん〟といえば、これァ女の人で、三味線をひく。ほかに、鳴物としては、大太鼓《おおだいこ》……これを〝おおど〟と申します。それに締太鼓《しめだいこ》、それから〝よすけ〟とか〝ちゃんぎり〟とも言います鉦《かね》、こういうものはみんな、寄席に備えつけてある、それを前座とか二つ目の噺家が用いるわけで……。

今は、東京でもみんな〝出ばやし〟というものがありまして、真打になりますと、だれそれは何と、曲目がきまっていて、三味線がはいったおはやしに連れて、噺家が高座へあがりますが、昔は東京では出ばやしというものはなかったもんで、これは大正になってから、大阪のほうからはいってきたもんでございます。

大阪のほうでは、出入りのおはやしばかりでなく、噺のなかで鳴物を使うのが、どっさりございます。上方噺《かみがた》というものは、まず大半といってもいいくらい、鳴物がはいる。

東京で鳴物がはいるものというと、まず芝居噺とか音曲噺で、普通の落とし噺では、なかにおはやしがはいるというものはほとんどございません。

芝居噺なんぞでも、東京のほうは、内容はおもに人情噺でございまして、そのおしまいのほうが、芝居がかりになる……そして鳴物を使って、立ちまわりがあるとか、殺しがあるとかいうようなもので……。ところが、上方の芝居噺というのは、まったく芝居そのものの、まねというか、脚本朗読みたいなもので、本当の芝居のとおりにせりふを言って、それへ鳴物がはいり、立ちまわりがはいるという……ですから、おなじく〝芝居噺〟という名前で呼んでいても、上方と江戸では、全然その行きかたが違っております。

普通の噺でも、上方噺というものは、なにかしら鳴物がはいる。たとえば、

「この男が、おもてへ出ますと、夜《よ》はしんと更《ふ》けて……」

と言うと、ぼォ……ん……と鐘の音、ツテツン、チンチン……という三味線がはいる。で、あたりを見まわして、

「おォお怖《こ》わ……」

と言う……そういったような演《や》りかたでございます。

お茶屋の場面でも、芸者が来て、

「さァこれから大さわぎで……」

ってえと、楽屋のほうで、チャチャチャンチャン、チャラチャラチャラチャン……という、『さわぎ』の三味線に太鼓がはいる。これァつまり擬音ですな。そういう鳴物を入れてやるから、大変にいい、という人もありますが、しかし鳴物を入れるがために、噺がその、しばられるという欠点があると、あたくしは思います。

と申しますのは、上方のほうでは、鳴物のはいる噺の場合《ばやい》、〝ツケ帳〟というものがあって、「このことばで何の鳴物、このきっかけでこの曲」という帳面がちゃァんとできています。だから、違うことばで演ると、おはやしのほうでまごついてしまうんですね。さっきの例で申しあげれば、

「……おもてへ出ますと、夜《よ》はしんと更《ふ》けて……」

と言わなきゃァ鳴物にかかってくれません。

「……おもてへ出たが、まッくらで……」

と言うと、ぼォんと鐘も鳴らないし、三味線もはいらないわけなんで……。だから、必ずきまったことばで言わなければならない。そういう、鳴物のはいるきっかけになるところが、ひとつの噺のなかに幾カ所もありますから、だれがやっても千篇一律になってしまうおそれがあります。

そこィ行くと東京の噺は、表現のしかたは自由自在で、その人がこうやったほうがいいと思って、それで効果があれば、そっちのほうがいいわけで……従来やってる噺でも、どうにでも変えられるという自由さがあるんですが、上方の噺は鳴物でしばられてしまって、そう

いう自由がないように思います。

それですから、噺へ鳴物を入れるということは、慎重に考えるべきことで、新しい噺なぞで、たまにそういうことを用いてみるのは、見た目を変えるためにはいいが、しじゅうやるべきものでないと思います。

もちろん、どうしても鳴物を使わなけりゃァならない噺もあります。たとえば『掛取万歳』『芝居風呂』なぞは、鳴物を入れなければどうにもならないもので、そういう特殊の噺は別として、入れても入れなくてもいいという噺では、入れないほうがいい。そのほうが本当に自分の思うようにやれるという点ですぐれているし、現実に鳴物を入れる以上の効果をことばだけであげられる、というのが本当の話芸であると思います。

それから、〝音曲噺〟というものがあります。

これは、噺の〝落ち〟が音曲になっているもの、あるいは、噺のなかに唄がはいっている、つまり昔は唄を専門に唄う音曲師というものがありまして、これが普通の噺家と違った唄の多い噺をする、これを音曲噺といって〝素噺家《すばなしか》〟はやるもんじゃァない。昔はそこらの区別がちゃんとついておりました。

今、『替わり目』という噺を、素噺の人でもみんなやっておりますが、あれはもともと音曲噺でございます。昔のやりかたですと、酔っぱらいがうどん屋を呼んで、お燗《かん》をさして、うどん屋をおどかして帰してしまう。そこへ新内の流しが来るんで、それを呼びこんで唄をうたって騒いでいるところへ、女房が帰ってきて、

「おや、どうしたの？……これァお燗がついているが、火もないのにどうしてお燗をつけたの？」

「実はうどん屋を呼んで、お燗をつけさした」

「あらそう、じゃァあたしにうどんを買っといてくれたの？」

「うどんなんぞ買やァしねえ……おどかして帰《けえ》した」

「なぜそんなことをするんだよ、かわいそうじゃァないか……まだそこいらにいるかもしれないから……」

と、見ると……むこうに行灯《あんどん》が見えるので、

「うどん屋さん、うどん屋さァん……」

「おい、うどん屋、あすこのうちで呼んでるよ」

ってえと、うどん屋が、

「あァ……いけません、いま時分行くと、お銚子の替わり目でございます」

というのがサゲなんでございます。これァその、新内の流しを呼びこむところで、いろいろ唄をうたう。

それから、今あたくしがやっております『庖丁』という噺も、あれはやっぱり音曲師がやったもんで……そういう、なかに唄のはいる噺は、多くがそうでございます。『浮《う》かれ三番《さんば》』『とろろん』『植木のおばけ』とか、昔は音曲噺もどっさりありましたが、みんな音曲師がやるべき噺として、素噺家はやらなかったもんです。今では、音曲師というものがなくなっ

てしまいましたので、本来の音曲噺も聞かれなくなってしまいました。さびしい気もいたします。

　そこでまた鳴物のお話に戻りますが、素噺ではその心配がありませんが、鳴物のはいる噺で、楽屋のほうがへまにやられた日にゃァもう、全然噺がだめになってしまいます。

〝きっかけをはずす〟ってえまして、『掛取万歳』のような噺で、よくその、きっかけを間違うのは、前に一度、

「お掛け取りさまのお入《い》ィりィ……」

と言う。すると掛け取りのほうが、

「どこだい、変なことを言ってるのは……ははァ、八公《はちこう》のうちだな。おれが芝居が好きだから、芝居で言いわけをしようてんだな。よし、それじゃァこっちも芝居で催促をしてやろう」

　これから支度にかかる……風呂敷《ふるしき》を肩ィかけて、矢立《やたて》を抜いて、たもとィ手を入れて、こう……しゃッちょこばってるから、八公が、

「おいおい、かたちをつけてるよ……(一調子、声をはりあげて)お入ィりィ…ッ」

てェんてェん……と太鼓がはいって『中《ちゅう》の舞《まい》』で出てくる……というはこびになるン。

ところがその、へたな下座だったり、楽屋の者が慣れていないてえと、はじめの、

「お掛け取りさまのお入ィりィ……」

って時に、てェん、てェん……なんて太鼓がはいって、『中の舞』をひき出してしまうこ

とがあるんです。そうすると、噺のつじつまがどうしても合わなくなっちまう。

あるいはまた、きっかけがきても三味線をひかない……いやもう、そんな時、やってる者の苦しさなんてえものはありませんね。「あァもう噺家をよしたい」と思うぐらい……。ですから、鳴物のはいる噺のときは、高座でやってる人よりも、むしろ楽屋のほうで気をよけい使わなくちゃならないんでございます。

昔は、下座の人もみんな芸が好きでなった人たちですから、それだけの熱意もあり、自分も本当にうまくひきたい、そして舞台の芸をうまくやらせたいという気持ちがあるんですね。ですから小言を言っても、真剣に聞いて、悪いところはなおす。それから稽古をしなおしてきて、

「どうかもう一ぺんやってください」

と言う。あたくしが踊りを踊ってた時分でも、ひとつ演目《もの》ばかり踊っていると、

「なんか変わったものを踊ってください……知らない曲《もの》はお稽古をしてきますから……」

と、こう言う。そういうふうに熱意がありますから、三味線を使ったほうが、下座の人はよろこぶ。なんにも三味線を使うところがなかったとしても、お給金だけはあげなくちゃならないからと思って出すと、大変に恐縮がりまして、

「三味線もろくすっぽひかないで、お給金をいただいちゃァなんだか申しわけがありません」

と言ったもんで。

それにくらべて今の人はねェ……どうも困ったもんで、なるべく三味線をひくようなことをやってもらいたくない、という顔をしてえますな。それで、ペンともツンともひかずに、給金だけもらやァよろこんで帰って行くという人が多い……それだけ違ってきたわけですねェ。

そのうえ、今の寄席の下座というものは、勘が悪いというか、不注意な人があって、きっかけなんぞをよくはずす。芝居噺なんてえものはきっかけをはずされたら、からきしだめンなってしまいます。また高座でやってる者にとって、こんな無様《ぶざま》なものはないし、実に癪《しゃく》にさわるものなんで。

今は鳴物を打てる者もすくなくなってしまいましたから、ほかの人が何か鳴物のはいるものをやってる時に、前座がやってまずいなと思うてえと、あたくしがとんでって、撥《ばち》を引ったくってたたいたり、ツケを打ってやったりすることもある。

本当の芸人だったらば、楽屋で何かへまなことをしているのを、そばでだまって見てはいられないもんです。手伝ってくれと言われなくったって、自分が手伝って、すこしでも舞台をうまくやらせたいという、そういう心もちになるのが、あたくしァあたりまえじゃァなかろうかと思いますね。

追い出し

寄席の番組で、いちばんおしまいに出るのが、その興行のトリでございます。東京ではこれを〝トリ〟と申しますが、上方のほうでは〝どっさり〟という。

大阪のしきたりは、東京とはまた違うところがございまして、このどっさりはおしまいからひとつ前に出て、ここで噺をじゅうぶんにやる、そのあとへ、一座の元老株の芸人が出ておしまい、ということになってえる。これをむこうで〝追い出し〟と申します。

この追い出しについて、大阪にこういう話がございます。

南地の紅梅亭という席で、当時、噺もうまいし、人気絶頂の桂文三《ぶんざ》という人が、そのどっさりに出て、そのあとへ、これァもう元老でございました曽呂利新左衛門という人があがっておしまいになる、という番組で……。文三が一席、うんと熱を入れてやったあとへ、新左衛門が顔を出す、と、いっぱいはいっていたお客が、ぞろぞろぞろぞろ……三百何十人かのお客だったのが、たったの二、三十人にへってしまうんだそうです。ところが新左衛門は、あくまでも落ちついて高座へ出て、お客がいくら立っても、せかずあわてず、軽い小ばなしを三つほどしゃべって、

「へ、お時間でございます」

と言って、はねる。

こんなことが毎晩続くんで、その席亭……関西では席主《せきしゅ》と言いますが、原田という人で、まことにどうも大看板《おおかんばん》の曽呂利さんに気の毒だと思って、

「お師匠《しょ》はん、ほんまにお気の毒だすさかい、明晩から休んでいただいて結構でございます」

と、ことわって、表看板の曽呂利新左衛門の名をけずったところが、おかしなもんで、その晩からお客ががた落ちになって、しかも文三の噺の途中で、どんどんお客が帰るってんですね。

しかたがないから、あわててあとへ、軽口ですね、二人で掛合いをする、あれを出したが、どうもいけない。文三も、

「わしのあとへ、あの軽口では、しっくりやれんさかい、曽呂利のお師匠《しょ》はんに、もういっぺん頼んでおくれ」

と言うんで、席主の原田も、今度は平身低頭、

「どうぞひとつ、お師匠《しょ》はんにもういっぺんお願いをしたいので……」

とたのむと、

「よっしゃ、そっちさえよけりゃ出てあげるで」

と、引き受けてくれたんで、また曽呂利の看板を出してみると、お客がどっとはいる。それで、新左衛門が高座へあがると、やっぱりお客はぞろぞろ帰って行く……。この時に、

「なるほど、大看板のえらさというものが、はじめてわかりました」

と、感心をしたということでございます。

文楽座なぞの義太夫でも、紋下《もんした》の太夫は、決して最後には語りません。ちょうどお客がここで聞こうという気分になったところへ出て、みっちりと語る。そのあと、おしまいに出ますのは、若手で人気があるとか、中堅どころでしっかりしているとかいう人で、紋下は、最

後に語るということは、決してないものでございます。

お料理でいっても、腹いっぱい食っちまったあとへ、肝腎のいいお料理が出てきても、これじゃァあんまりうまくはない。やはりうまいと思って食べるところへいいお料理が出て、あとは果物とか、ケーキ、コーヒーというようなものが出てきますが、芸を聞くにもそれとおんなしようなことがあるもんで。

東京の寄席では、なんでもかんでも、トリというものは、いちばんしまいにあがることになっていますが、これァ本当のところはどうかと思いますね。いちばんおめあての真打が最後にあがりますと、お客さまは、もうくたびれてる、あるいは帰りの電車が気になったりなんかして……そこへいちばんいいものを出すてえのは、むだなことなんですね。これは、どうも上方のやりかたのほうがいいんじゃァないかと思います。

東京でも、やはりごく若い真打がトリをとる場合なぞは、そのあとへ、太神楽《だいかぐら》の曲芸とか、かっぽれのおどりとかを出して、陽気にはねるということがありまして、これを〝追い出し〟ということは、上方とおんなしでございます。

寄席経済学

木戸銭

あたくしももう七十年という年月を、寄席で暮らしてきて、そのあいだに、いろいろなものが変わってまいりましたが、この寄席の入場料、木戸銭の高というものも、今日では、上野の鈴本あたりで千円をこえるという……昔からみるてえと、もうおそろしいほどの変わりようでございます。

どうも、あいだのことは記憶がもうろうとして、さだかには思い出せませんが、子どものころのことは、まことに鮮明で、あたくしがまだ豊竹豆仮名太夫で義太夫を語っておりましたころ、木戸銭が十銭だったことをおぼえております。

それから、圓童で噺家になりましたころで、十二銭または十三銭……これが明治の四十年代ですね。それから十五銭になって、しばらく変わらなかったと思います。そのあとは、十七銭、十八銭てえのはなくて、いきなり二十銭になったようにおぼえていますが、これが、演芸会社が出来たころでしょうかねェ……まず、大正のなかごろのことだと思います。震災前くらいになりますと、たしか人形町の鈴本が、いちばん高くて五十銭という木戸銭で、ほかの席では、四十銭、三十銭というようなところもありましたが、もうこのころは、端数はつかなかったもんで……。それからあとのことになりますと、いつごろいくらぐらいの木戸銭であったかってえことは、あまりはっきりおぼえてはおりません。もちろん、いろいろな記録を調べれば、わかるんでしょうけれども……。

ずっとまた昔の、あたくしのおぼえないころのことになりますと、これは『明治の寄席芸人』のなかに、『文芸倶楽部』の記事を引用いたしておきましたが、それには、

「……明治二十九年ごろまでは木戸が大人一人につき四銭であったから……」

とありまして、その後、三十一年、三十二年、三十三年の三年間に、五銭、六銭、七銭まであがったということが書いてございます。

それよりさらに前になりますと、明治初年にはもっと安くて、一銭五厘とか二銭とかいう値段だったんでしょう。普通の席で、三銭ぐらいのときに、圓朝師匠(出淵次郎吉)が出る席だけは四銭取った、なんという話を、あたくしが子どものころに聞いたこともありました。

それが何年ごろのことなのかはよくわかりませんでしたが、岡本綺堂先生が書かれたもののなかに、次のような文がありましたので、やはり、明治二十年代のことだろうと思います。

寄席の木戸銭は、普通三銭五厘、安いのは三銭ないし二銭五厘、圓朝の出演する席だけが四銭の木戸銭を取ると言われていたが、日清戦争ごろから次第に騰貴して、一般に四銭となり、五銭となり、以後十年間に八銭または十銭までにあがった。ほかに座ぶとんの代が五厘、たばこ盆が五厘、これもだんだんに騰貴して一銭となり、二銭となった

ので、日露戦争ごろにおける一夕の寄席の入費は、木戸銭とふとんとたばこ盆あわせて、一人十四、五銭となった。中入りには、番茶と菓子と鮨を売りに来る。茶はどびん一個が一銭、菓子は駄菓子や塩せんべいのたぐいで、一個五厘、鮨は細長い箱に入れて、六個三銭であったが、鮨を売ることは、早くすたれた。〔岡本綺堂「明治時代の寄席」〕

これを今日の物価と比較してごらんになるのもおなぐさみかと存じます。

さて、この木戸銭のあがりを、寄席と楽屋とで分配をするわけでございますが、あたくしども知っては、この分けかたは、七《しち》・三《さん》でございまして、七分を楽屋へ入れて、三分を寄席が取ることになっておりました。ですから、何かの噺のなかで、頭髪《あたま》を七・三に分けて……なんてえところで、「席の歩《ぶ》みてえだ」なんという……楽屋落ちの洒落《しゃれ》を言うと、お客さまのなかでも、わけを知ってる人はよろこんだりなんかしたもんでした。

独演会なんぞになりますと、普通の興行とは違ったもんなんで、あれは二《に》分《ぶ》八《はち》分という歩になる。これは、独演会をするような人は、お客さまを自分ひとりで呼べる力があり、事実それだけお客が来るんですから、

「七・三の普通の歩《ぶ》では、おれはいやだ」

と言ったんでしょうね。それで八分を楽屋へ入れて、席は二分しきゃ取れないということになったんでしょう。

ところが今はもう、芸人のほうの勢いが弱くて、七・三のところが、戦後になって四《し》分《ぶ》六《ろく》になり、五《ご》分《ぶ》五《ご》分《ぶ》になった。あるいは〝逆歩《さかぶ》〟と言いましてね、席のほうがよけい取ってる

場合すらあります。もちろん全部、席のほうへおまかせで、

「エェ楽屋入りはこれだけです」

というものを持って来ますと、だまってこっちは受けとるという……はなはだ今のところは情《なさけ》ない商売で。そういうことになったってえのも、すこゥし前の幹部がだらしがなかったから、そういうことで押《お》ッつけられてしまったんです。その当時の幹部がもっとしっかりしていたらば、今のようなことにはならなかったわけなんでしょうが。

そこで、かりに七・三の歩《ぶ》ならば、木戸銭のあがりの七割を寄席から楽屋へ入れるわけなんですが、このときに〝げんしろう〟てえものがあるんです。これァつまり、入場者の数をごまかすんで。まァ十銭の木戸で三百人の客があれば、三十円のあがりがあるから、その七割なら二十一円が楽屋入りになるはずなんですけれども、そこをなんとかかんとか言って、三百人の客があったんじゃァなくて、二百五十人分しか木戸銭がはいらなかったような勘定にして、楽屋入りをごまかす、これが〝げんしろう〟でございます。

もっとも芸人のほうだって、永年営業をしていますから、高座から客席を見れば、お客さまがどのくらいはいっているかは、ぴたりとわかる。われわれのほうでは、百人のことを〝一《いッ》ソク〟と、こう申します。〝二ソク〟〝三ゾク〟と言って、二百、三百ってえことは決して言いません。

「今夜は〝二ソク五十〟はいったな」

というような具合で、舞台からにらめばわかるんですが、そこはまた、〝ビラ下〟なんと

言って、宣伝のビラを張ってもらったところへは割引券を出したり、あるいは、ご招待やなんかで、ただの客……これを〝青田〟なんてえことも言います……また、定連《じょうれん》みたいに、月ぎめで入場料を払っている人もいるから、寄席のほうでは、なんとかかんとか言って、げんしろうをするわけなんです。

まァあたくしも、自分で青山三光亭をやっていたこともあるんでわかるんですが、寄席というものは、このげんしろうをしなければ、まずそんなにもうかるもんじゃァないんですね。ですから、前に申しあげた、浅草の並木の初席で、仏壇があるのを見て、圓喬師(四代目・柴田清五郎)が、

「これァげんしろうでげすな」

と言ったのもそうなんで、そうでもしなけりゃァ、そんな立派な仏壇ができるわけはないんです。

給金づけ

あたくしが噺家に転向しましたころの、給金というものをば、やはり子ども時代のことですから大変はっきりおぼえております。

当時、あたくしの貰っておりました給金は、「三厘」でした。これァつまり、客一人についての高でございまして、客が〝一ソク〟ならば、三十銭になるわけです。この三厘というのは、二つ目としては、三遊派では最下級の給金で、三厘以下はなかった。前座と、下座の

給金というものは別で、これは〝定給《じょうきゅう》〟と申しまして、客の数にはかかわりなく、一晩二十銭ぐらい貰う……これを〝さげ銭《せん》〟といいました。明治の末ごろにはさげ銭の額も五十銭くらいになりました。

　ですから三厘というのが給金としては最低でございます。もっとも、柳派のほうでは、当時、二厘五毛という給金があったそうですが、三遊では、あたくしがおぼえましては、三厘がいちばんすそでございました。

　この三厘から三厘五毛というところが二つ目で、真打級になりますと、まァトリは取れなくとも、とにかく真打の看板はあげたことがある、あるいは昔はトリを取ったというような、あまり売れない下のほうの真打で四厘。

　当時、いちばん高給だったのが、橘家圓喬、これァ大看板でございますが、この人が、一銭。これが噺家では最高の給金でございます。

　それから同じく並んで一銭の給金を取っていましたのが立花家橘之助(石田みよ)。この人は女ではありますが、まことに前後にない名人で、圓喬師よりもずっと先に看板をあげていますから、本来ならば、圓喬の上なんですけれども、それァやはり落語の席なんで、色物の人が第一の看板というわけには行かないから、圓喬の次になってはいましたが、お給金は、最高の一銭。

　それから、初代の圓右(沢木勘次郎)が九厘。

　その次に、三遊亭遊三(初代・小島長重)、これが八厘。

あたくしの師匠の四代目橘家圓蔵（松本栄吉）は、七厘。

この時分、あたくしの師匠は、もう人気のうえでは押しも押されもしない。けれどもお給金のほうで、それだけ差がついているというのは、ほかの人にくらべて年数がすくなかったわけなんですね。師匠からあたくしが聞いたんでは、

「圓喬とか圓右は、おれがまだ素人《しろうと》の時分に、もう真打で、おれがビラを掛けたことがある」

と、よく言ってました。〝ビラを掛ける〟ってえのは、ご祝儀をやることなんで……ですから、むこうがもう真打のころに、こっちはまだお客として聞いていた。それからのちに、明治二十年に、四代目の圓生の門にはいって、前座から二つ目、真打になり、明治三十八年、落語研究会ができたときには、三遊派からわずかに五人という、そのなかへあたくしの師匠もはいったわけで……それだけ早く出世をした。ところが給金のほうはそう急にはどんどんあげられない。したがって、圓喬、圓右と人気の上では並ぶようなところになっても、給金のほうで差があるということも、ふしぎではないわけなんでありまして、明治四十年代には、まず、そんなような給金づけでございました。

『淀五郎』という噺のなかにも、

「……芸人というものは〝一文あがり〟の商売でございまして、お給金が一文違っても、坐りどころが違うという、なかなかやかましいもんで……」

ということばがありますが、まことにそのとおりで、前に〝香盤〟ということを申し上げ

ましたが、この香盤の席順、看板順というものは、つまるところ、給金の順なんでございます。ですから、大変に芸がよくなって人気もあがってくる、どの席でも「あの人を」「あの人を」というようになってくれば、看板も、お給金も引き上げられるようになりますが、それだってなかなか一足とびにということはできません。やはりよほどのことでなければ、給金というものもなかなか動きませんもので。

さてそこで、実際の興行でわれわれがいただく給金というものがどうなっているかと申しますと、楽屋入りではいってきた金を、その興行の出演者に、申し上げた給金高のワリに分配をするわけでございます。まずその出演者全員の給金高を足します。かりに三厘取る者が五人、五厘取る者が三人居れば、これを全部寄せると三銭になる。そこへ楽屋入りが十五円あれば、これを三銭で割ると五百……五ソクということになる。これを、

「五ソクのワリが出る」

と言いまして、各人が自分の給金高の五百人分が貰える……と、こういうことになるわけで。

もっとも、これは理屈をごく簡単にして申しあげたものでございまして、実際はもっといろいろなことがはいりますので、複雑なことになる。

まず第一に、その興行の真打は〝倍給〟というものをとります。つまり、給金づけが八厘の人が真打の場合は、これを一銭六厘の勘定にして、ワリを立てるわけで。

昔はこの真打のいかんによって、お客の来る、来ないがわかれるということがある。

「あァこんな看板じゃァ客は来ない」

なんてことをよく言いましたが、やはり、真打というものは、芝居でいえばその一座の座頭《ざがしら》でございますから、それがお客を呼ぶ。以前は、真打には〝トリ噺〟ってものがちゃんとあって、たとえ落とし噺にしても、トリの時にやる噺は長丁場のものをちゃんとやらなくちゃァならない。それに多くはこの、続きものですね、長い人情噺を毎晩続けてトリに演《や》る。ですからその演目《やりもの》によって、

「今度はだれそれがこういう演目《もの》をやるから……」

ってんで、それでお客がふえるということがあります。時間にしても、スケの者よりはずっと長く、倍ぐらいの時間はやるもんで……まァスケの高座が十五分とか二十分のものであったならば、トリの時は、三十分、四十分はしゃべる。ですから、本当にそれだけのはたらきをちゃんとするし、お客を呼ぶという責任もあるし、なるほど倍給を取っても、これァあたりまいの話なんでございます。

今では、トリといっても、ただおしまいへあがるというだけで、スケのときの噺とおんなしように、スケの時に十五分でやるものを、トリでもやっぱり十五分やってはいねてしまう……それでは真打の役をなしていないわけですから、倍給を取るのは高いと思われてもしょうがないが、昔のトリというものは、やはりそれだけの価値があったわけなんで。

そのほか、ワリを立てるときに、よく〝つみ上がる〟とか〝つみ下がる〟ということを申します。これは、たとえば、その時の座組みで、お給金の高い人が大ぜいはいっているてえ

と、同じ数だけ客がはいっていても、芸人ひとりあたまのワリはすくなくなる。ふつうなら一ソクのワリが出るところが、八十になったり、七十になったりする、という具合で……こういうときには、ワリが〝つみ下がる〟と、こう言います。反対に、楽屋入りの割に給金の出がすくなければ、〝つみ上がる〟といって、一ソクのところが、二ソクになり、三ゾクになるというわけでございます。

ワ　リ

申し上げたように、あたくしが圓童のころの給金が三厘。一ソクのワリとして三十銭。この場合に、最高給の一銭の圓喬師で一円ですから、まァいちばん下の者にくらべて、三倍ぐらいの給金をとっていることになるわけでございます。

今でも、給金のひらきというものは、われわれのほうでは、そうはございません。現在、あたくしの給金と、二つ目の下の者とをくらべて、やはりそうですねェ、三倍とちょっとぐらいのひらきでしょうか。

ほかの社会にくらべると、あたくしは、これァ上の者のほうがすくなすぎると思います。下っぱの者が十人、二十人と数でかたまったところで、荷物を運ぶんじゃないんで、芸の力においては、えらい懸隔がある。ひとりの名前で大勢のお客を呼べる大看板には、下の者の五十倍、七十倍の値うちがあると、あたくしは思います。しかし給金には、そんなにひらきがございません。せいぜい三倍ぐらいのもので、やはり、明治の末ごろの例と、ほとんど変わらないわけでございます。

昔は、この〝ワリ〟に御の字をつけまして、

「御《お》ワリを頂戴した」

なんと申しましたが、新聞紙《しんぶんがみ》一枚を十六に切って、その一枚にお金をくるんで、上へ名前を書いて、裏へ客数を書く、これをその興行の真打がこさえる。こいつを取りに行って、みんなに渡すのは、前座の役目なんでございます。

昔の前座というものは、実にどうも大変で、寄席がはねると、まず師匠をうちまで送る。そうして師匠がもう寝るという時までおりまして、それから自分のうちへ帰る……ったって、その時分のことですから、遠くってもなんでも歩いて帰る。ですからうちへ着くのが夜明け近くなるなんてえことがいくらもありましたもんで。あくる日は、まだ師匠が寝ているうちに師匠のうちへ行って、掃除の手つだいをする。師匠が起きて、食事がすむのを待って、噺の稽古をしてもらう。そうして、勤める席が遠いところだてえと、もうすぐ出かけなくちゃアならない。この時に、師匠がワリをこしらいてあるのを持って、席へ行って楽屋の人たちに渡すのも前座の役なんで……多い時には相当な金額をあずかりますから、その責任というものは大変です。だから了見の悪いやつは、このワリを持ってドロンをしちまうなんてえのもありましたし、また、心がけのいい人でも、万一これを落としたり、なくしたりすれば、それァみんな自分の責任になる。ですからねェ、修行ちゅうの前座というものは、さぞかしつらかったろうと思いますね。明治も中ごろになると、電車というものができました。三十

七、八年ごろになると、市内電車というものがあちこちに敷設《しけ》る。で、
「もう前座も昔のような苦労はなくなった」

と、言ったぐらいのもんで……それからみると、今の前座なんてえものは、まったく遊んでいるようなもんです。

さて、明治の末期から大正のはじめごろまでは、ワリというものは毎晩これを立てることになっていましたから、毎日毎日これをやらなくてはならない。これァどうも大変なんで、のちにこれは「二日ずつにしてはどうだ」ということになって、二日ずつ、または三日にいっぺんてえこともありましたが、三日にいっぺんだてえと、すこし具合が悪い。そうなると下まわりの者やなんかで困る人も出てくる。やはり二日に一回というぐらいがちょうどいいところだというので、現在は二日間ずつ、ひと興行は十日間ですから、その間に五回のワリをもらうということになっております。

昔、毎日ワリを出していたころでも、これが出ない日がある。お客が来ない場合は〝ワリが立たない〟と言いまして、やむを得ず二日分がいっしょになることがありますんで。ところが、下まわりの時分はみんなこのワリをもらうということをあてにして寄席へ行くわけで、その席でお給金をもらって、それで電車賃を払って次の席へ行こうというんですが、その電車賃がない。

「エェ……実はワリが出来なかったんで、あしたの晩いっしょです」

なんてえと、がっかりしましてねェ、さァどうにもならない。電車に乗れないから、次の

席までてくてく歩いて行ったなんという……こういうことはわれわれでもおぼえがあります。あたくしの先代《おやじ》(五代目圓生・村田源治)なぞは、そういうところは大変に思いやりのあった人で、どんなに苦しい時でも、またいそがしくっても、夜明かしをしてでも、ワリはちゃんと割って、あくる日にはきっと渡すということにしておりました。あたしが手つだっていて、

「ひと晩ぐらい、いいだろう」

なんてえと、

「馬鹿なことを言え、それをあてに来る者もあるんだから、一日でもおくれちゃァならないッ」

てんで、大そう先代《おやじ》におこられました。

ラクワリ

〝ラクワリ〟と申します、これは千秋楽の日のワリのことで、十日間の興行だったらば、十日がラクで、翌日の十一日が次の〝しばい(興行)〟の初日になる。そうすると、また違った顔づけになるわけですから、ラクの日のワリだけは、違う席へ持ってって届けたりしなきゃァならない。だから、ラクワリというものだけは、あくる日に渡せないこともあったわけなんで。うちの先代《おやじ》などは、ラクワリでも、必ずあくる日の晩に届けるようにしておりました。

ところが、このラクワリをくれないので有名だったのが、四代目の柳亭左楽(福田太郎吉)

という人で……この人は〝おっとせい〟というあだ名がありました。変わった人で、舌がよくまわらないのか、「紫ちりめん」なんてえことがうまく言えない、「もらさきちりめん」と言ったそうで。それにものおぼえが悪かったんでしょう、噺の数を十……二、三しきゃ知らない。そのころは十五日興行ですから、毎晩違う噺をすべきところが、それだけ噺の数がない。どうしても二つか三つはむしッ返しをしなくちゃァならない。どうしてそうおぼえなかったのかと思うようですが、それでいて高座へあがるてえと、「おっとせ……い」「おっとせ……い」ってんで、もう坐ったばかりでお客さまがよろこぶという……持って生まれた味があり、ひとつの人徳《にんとく》なんでしょう。噺はそれほどうまくはないが、なんとなくおっとせいに似てえて、聞いていて実におかしいってんで、左楽が出ると、

「いつもおんなし噺ばかりだけども、まァいいや、行こうじゃねえか」

というようなことでお客が来る。当時は噺家で意地の悪いやつがあって、

「どうだい、ひとつ左楽を驚かしてやろうじゃァねえか」

ってんで、ある晩申し合わせて、前に出る者がみんな左楽の知ってる噺をやっちゃった。そこは昔の噺家ですから、ふだんやらないやつでも、そういうことになると達者ですから、さァッとやっちゃったところへ、トリの左楽がはいってきました。

「おい、帳面を持ってきな」

「へいッ」

てんで前座が、その日の出ものがずゥッと書いてある、〝楽屋帳〟とか〝出物帳《でものちょう》〟とか申

しますが、この帳面を出した。こいつをじィッと見ていたが、

「なんだいこれァ、おれの噺はみんなやっちゃった、これじゃァやるものがねえじゃァねえか……」

べそをかいて、そのまま帰っちゃったという……これァひとつばなしになっておりますが、お客は木戸銭を払ってきたのに、真打の左楽が出ないんですから席へ苦情がくる。そこで、だれが怒られたかってえと、前で左楽の噺をやっちまった噺家のほうが呼びつけられて、小言を言われたんで。

「おまいたちは、なぜそういうことをする……」

ってんですけどもね、考えてみりゃァこれはおかしいわけで、前の者がどんな噺をしようが、ちゃんとそれをよけて噺をするのが真打……それだけの高い給金をもらい、それだけの位置にいれば、前で噺をやられちゃったらもう出すものがないってんじゃァそのねうちがない。ところが、あべこべに下の者のほうがお目玉をくったというのは、やはり長いものには巻かれろってえやつで、まァ当時の左楽というものは、それほど人気があったということでございましょう。

柳派ではまず第一の大看板ですから、かならず左楽のトリ席というものはある。と、このラクワリというものをくれないってんですね。もともと、この人はけちでも有名で、いろんな話が残っていますが、いっこうにラクワリをよこさないんで、前座に、

「あのゥラクワリをまだもらわないから、師匠にそう言っとくれ」

で、前座が左楽に、そのことを言うと、

「なんだ？　ラクワリをくれって、あいつが？　うゥ……ん、どうもしみったれなやつだ」

って……しみったれってことはありませんよ。これァ自分が勤めた分のお給金で、もらうべきもんなんですから、それを催促するのはあたりまえのことで、出さないほうがよっぽどしみったれなんですが、

「あいつはラクワリを催促しやがって、しみったれなやつだ」

と、こういう。左楽だって、この人には払わなきゃならないというところは、ちゃんと払ったんでしょうが、下のほうで苦情の言えない者のラクワリは、つまり没収なんですね、役得にとっちまうという、まことにどうもひどいもんで……。

ですから、これは『寄席育ち』でも申し上げましたが、その時分、洒落《しゃれ》の会というのがありまして、噺家や席亭などが集まって、月に一回ぐらいずつ催す、その席上で、「百人一首《ひゃくにんし》」という題が出た。その時に、「千早ふる」の歌の下の句のもじりで、
　左楽でないにワリくれぬとは(からくれないに水くくるとは)……

というのが〝天〟に抜けた(最高点をとった)という……これも有名な話でございます。

この人は、死ぬ前にとうとう気が違ったそうですが、気が違っても、なにかワリのことばかり言って、

「一ソク五十はいったんだから、一ソク二十に上げときゃァだれも文句をいうめえ……」

なんて、そんなうわごとみたいなことを言って死んだといいます。ふしぎな人もあるもん

で……。しかし、落語界の名物男で、生涯大看板で終ったというのは、実に幸福な人だと思います。

がまん

申しあげましたように、噺家の給金というものは、前座のうちは定給《じょうきゅう》で、すくなくはあるが一定の額は保証されますけれども、二つ目になるとワリになりますから、かけもちの席数もすくなくそれも客の薄い席ばかりってえことになると、お給金よりも足代のほうがかかったりして、収入のうえではむしろ苦しい。もちろん人気が出てきて、顔づけのところで申しあげたように、あちこちの席からげいしょがはいってきて、客のどっさり来る席を何軒もまわるようになってしまえばよろしいわけなんですが、そうなるまでの二つ目というものは、ずいぶん苦しかったもんでございます。

ところが、二つ目からいよいよ真打になって、楽になるかってえと、逆になお苦しくなる。と申しますのは、今度は、トリをとった時に、ワリというものをば、自分の責任で割らなければならなくなるわけなんです。それも古くからの真打の人が割るものならば、七十とか八十のワリを出せばいい、というようなところで、なりたての若い真打が、それとおなじようなワリを出すと、これァ評判が悪い。いくら自分がトリだからって、トリひとりで興行はできるもんじゃァありません。まして若い真打なら、前へ出てくれるスケの師匠たちが一生けんめいやってくれなけりゃァ、その興行はこけてしまう。

ですから、自分のしばいに出てくれている人のうけをよくしようと思えば、あたりまいのワリを出していたんではいけないわけで……そこでどうするかってえますと、〝がまん〟と言いましてね、自分の給金……これは倍給をとるべきところですが、これを一文も取らない。また時によれば、そのうえに自分のほうから金を足しまえをして、そうして、七十か八十のところでも、一ソクつまり百人分のワリを出すようにする。これを〝がまんをする〟と、こう言うんで。

そうすれば、それァみんな商売人ですから、高座から見れば、お客はどのくらい、楽屋入りがどのくらいだろうなんということは、たいていわかっていますから、七、八十だな、と思ってもらったワリを、ひょいッと見ると、一ソク出ている。

「おゥお、これァ真打がなかなかがまんをしているね」

なんてんで悪い気はしない。それにまた、席亭のほうでも、それを聞けば、

「やつも大分苦しいのにがまんをしていいワリを出してる……かわいそうだから、じゃァ今度ァもっといい時期に、おれンとこでまた打ってやろう」

なんということになる。いい時期ってえますと、三、四、五月、あるいは九、十、十一月というような、時候がよく、お客さまのどっさりはいる時期……そういう月に一流の席で若手を打ってくれる。

それにはやはりがまんをしなくッちゃいけない。はじめッから金をほしがるようなことでは、とてもだめでございます。ですから、着物でもなんでも質へ置いて、しまいにはもう簞

笥から火鉢までも売ってしまって、みんなワリへつぎ足すなんという……ずいぶん、若手の真打というものは苦労をしたもんです。それでまた、それだけの苦労ではいけない。同時に芸のほうも、お客にうけるようにならなければだめなんですから、財政に犠牲をはらい、芸をみがく……その両方を一生けんめい努力しているうちに、おいおい人気も出、トリもどんどん続いてとれるようになってくる。そうしてはじめて、自分の地位というものが固まってゆくというわけで。ですから、一人前の噺家になるためには、今よりも昔のほうが、よっぽど苦労しなくちゃならなかったもんでございます。

今は、ワリというものは、落語協会で申しますと、真打が割ることはございません。〝事務所ワリ〟と申しまして、みんな事務所の事務員が割っております。真打もいっさいこれにタッチしない。それはどういうわけかってえますと、今はその、税金というものがありまして、最初《はな》から一割切る(天引きする)とかなんとかいって、そんなことがなかなかめんどうくさい。大体、噺家であんまりそろばんの達者なのはいけないとしてありまして……あたくしなんぞはもう、典型的な噺家で、数字のことになると頭が痛くなってくる……そのくらいですから、めんどうになると、専門の事務員にまかせたほうがいいってことになってきたわけですね。

そういったようなことで、昔は若い者が金のことを言えば、

「金がほしけりゃァもっと芸を勉強しろい」

てんで、すぐに小言を言われるから、決して金のことは言えず、もう貧乏があたりまいで、

そのなかで芸の勉強をしなければならなかったんですが、今はもう、若手がどんどん金を貯蓄して、家をこしらえて……というような時代になってきましたから、まァその調子で芸もうまくなっていけばいいわけなんですけれども、なかなかそうは問屋がおろさないんじゃァないかと……ちょっと憎まれ口をきいてみましたが、どんなもんでしょうか。

五厘

昔は、今の事務員にあたる者をば、〝五厘〟と申しました。明治の中ごろ、三遊・柳の二派に分かれている時代、双方に五厘というものがありました。

柳派のほうでは大与志、三遊では圓之助という、これがそのころの五厘で、圓之助のほうは、あたくしも子どもの時分に見て存じておりますが、背のひくい、ずんぐりむっくりしたおじいさんでした。圓朝師匠の弟子だったんですが、どうも噺がうまくない。これァとても噺家としては成功しそうもないが、事務的な頭がよくはたらくんで、圓朝師匠から、

「おまい五厘になったらどうだ」

と言われて、三遊派の五厘になったということを聞きました。女房がいちという名前で、これもやはり事務の手腕があったものとみえて、亭主の手つだいをして、五厘のはたらきをしておりましたもんで。〝鼻〟の圓遊さん(竹内金太郎)の噺のなかには、

「……なんとかして、なァおいち」

ってんで、おいちってえのがよく出てきましたが、これは、五厘の圓之助の女房の名前を

使った、つまり、楽屋おちでございます。

そこで、この五厘の仕事というものは、まず、興行先の席をとってくるというのが、第一の役目でございます。今は、東京都内の席の数もすくないし、今月上席《かみせき》を落語協会が打てば、その次の中席《なかせき》は芸術協会が打つ、というようにきまってしまっているから、協会の事務員なんてえものも、たいした用はありませんが、昔は、席の数が今とくらべものにならないくらい多い。また、落語だけを打つことにきまっている席もありましたけれども、義太夫を打つ席もあれば、浪花節だとか、そのほかのものを打つ場合もある。そういう席と五厘が交渉をして、その席で興行することをきめてくる、これを〝席を取る〟と、こういう。

席のほうで、

「今度はうちは義太夫を打とうと思っている」

「いや、そんなことを言わずに、あたくしのほうを打っていただきたい。そのかわりに、真打は、今大へんに人気のあるだれそれにしましょう、スケもよくして、顔ぶれをよくしますから、ぜひ打ってもらいたい」

と言って、ねばって交渉をすると、

「じゃァまァあの人のトリで、前に出る顔ぶれもよくしてくれるんならば、ひとつ落語で打ちましょうか」

というようなことで、そうやってあっちの席、こっちの席を五厘のうでで取ってくる。こいつがぼんやりしていれば、興行をする席がとれないわけですから、まことに大事な役なんです。

それでこの五厘というものは、大そう高給を取ったもんで、しかもそれが一軒だけじゃァなくて、十軒も十五軒もあれば、全部の席から、やはり歩合いで給金を取るんですから、どんな大看板よりも収入が多い……だから、柳派の大与志なんてえ人は、おかかえの俥でほうぼう歩いていたといいます。

そのかわり五厘は、何人何人の芸人がいるから、何軒の席を取らなければとてもやっていかれないと、責任をもって、その一派の切りもりをする、ま、大きく言えば、噺家のほうの大蔵省なんです。

そうやって、取ってきた席の出演者の顔ぶれをきめる顔づけでも、五厘がこれをとりしきる。したがって、五厘のお覚えをよくしておかないと、いい席がまわってこないなんてえことがある。また、そのために、圓之助がわいろを取ったりなんかしたってえことは、前にも申しあげました。

大体五厘というのは、人のかすりを取るようなもんで、あまり冥利のいい商売ではございません。

圓之助には、徳太郎というせがれがあって、これが噺家になりました。四代目圓喬の弟子になって、小圓太という名前で出ておりましたが、ごく陰気な噺で、あまりぱっとしない。〝盲〟小せんさん（初代・鈴木万次郎）あたりと、ちょうど年が同じぐらいで、あたくしも小せんさんからこの人の話を聞きましたが、

「あいつァどうも、五厘のせがれだから金もあるし、ふだんからなにかこう気どって、威《え》張《ば》ってやがって、いやなやつだった」

なんて言っていました。おやじの圓之助が亡くなってから、悪徳をなしたむくいか、ずいぶん困ったらしい。のちに柳家三語楼の弟子になりまして、三太夫という名前で、もう舞台へはあがらす、楽屋のほうをはたらいておりました。三語楼が『噺家の女郎買い』という噺をしましたが、あの噺のなかに「徳ちゃん」てえのが出てくる、それが、この三太夫になりました圓之助のせがれのことでございます。

この圓之助のせがれのことでは、もうひとつ、あたくしが一朝おじさんから聞いた話があります。

四代目圓喬師の一座で九州の巡業にまわった時のことだそうで。あまり成績がよくない旅で、次の興行地へ行くのに夜汽車にのりましたが、圓喬師だけは当時の二等車に乗る、今のグリーン車ですね。ほかの者はもちろん三等車です。この時に一座でいっしょだったのが、圓朝師匠の古いお弟子で、みんなが「おじさん」といっていました一朝さん(そのころは圓楽)と、のちに三語楼になった右圓喬、それにこの徳ちゃんの小圓太。この三人が夜汽車に乗っていると、いなかの土建屋の親方みたいなのが、酌婦とでもいうような女を三人ばかり連れて、途中から乗りこんで来た。酒がはいっているかして、これがあたりかまわず、きゃァきゃァふざけちらすんで、みんな寝ようと思っても寝ることができない。ほかの客も迷惑そうな顔をしている。

はらにすえかねたもんですから、右圓喬が、

「何を言ってやがンでえ」

ってんで、スッと左の腕をたくしあげて、刺青《ほりもの》を見せたんですね。ひとつ驚かしてやろうッてんで……。

この人は若い時に刺青をした。けんかの時に「なにをッ」てんで、片肌をぬぐとこれが見えるというやつで……ところが、この刺青たるや、左の腕だけしきゃないんですね。後年、三語楼となって出世してから、困っておりました。舞台へあがってお客に見えては具合が悪いってんで、手甲《てっこう》ですね、あの、よく曲芸師なぞがやっております、絹でこしらえた、手首から肘《ひじ》のところまであるやつ、こいつを夏の暑い時でもなんでもつけておりました。

さて、右圓喬が、すッとこの左腕の刺青を見せたんですが、相手はさらに驚かない。そうしてむこうもワイシャツの腕をたくしあげた。これを見ると、やっぱり刺青がある。

「ちエッ、しゃくにさわるな、ちきしょうめ……おい、おじさん、ひとつ刺青を見せてやってくンねえ」

一朝さんてえのも、やっぱり刺青をほっていましたが、この人のは二の腕から肩、ふともまで、ずゥッとみごとにほってある。ところが、背中のほうは、金が足りなくなったんで、すじぼりだけでよしちゃったんですね。だから背中はあんまり見せられないんだが、

「よしッ」

てんで、スッとゆかたをぬぐてえと、むこうもワイシャツをぬいだ。するとこれァもう背

中からなにから朱入りでべったり……みごとにほってある。

この時に、この徳ちゃんの小圓太が、よっぽどしゃくにさわったんでしょう、よせばいいのに、

「何を言ってやがンでえ、この百姓めッ」

てんで、たいそうないきおいで、ぱッと立ち上がったんですが、この人は早くから頭が禿《は》げておりまして、毛がない。これがつッと立ったとたんに、網棚のところへ、がちィんと禿げ頭をぶつけたんです。

「痛《い》てててッ……うゥん」

てんで、そこへしゃがみこんじまった。これァさすがにどうも、よほどおかしかったと見えて、右圓喬も一朝も、ぷッ…とふき出した。するとむこうの人も、

「わははははッ……」

てんで大笑いをした……こいつァどうもしょうがない。威勢よく立ち上がったら、網棚へやかんをぶつけてひびが入《い》っちまった。

「どうしたい、おい、大丈夫《でえじょうぶ》か?」

「……あァ痛てえ……あァ痛てえ……」

ってんですがね、世の中にこんな気のきかねえけんかてえものはない。

この小圓太が、三遊派の五厘をしていた圓之助のせがれでございます。

圓之助以後は、五厘といいましても、ほとんど以前のような勢力のある者はなくなりまし

た。そのうちに、三遊・柳の二派でやってきた落語界にも、いろいろの離合集散がございまして、大正六年に演芸会社というものができるようになりますと、自分で席を取ってくるのなんのということは、ますますできなくなり、まァ、事務員というような地位の者はありましたが、五厘らしい五厘は、三遊の圓之助、柳の大与志が最後と申してよろしいかと思います。

滑稽鹿芝居

鹿芝居縁起

つい先ごろも、NHK主催の東京落語会の二百回記念ということで、『滑稽俄安宅新関《こっけいにわかあたかのしんせき》』という噺家芝居の催しがございました。あたくしにも出演しろというお話だったんですが、正月の七草にひいた風邪がもとで、どうも体の調子が本ものでありませんので、おことわりしました。昭和五十一年二月十三日、霞が関のイイノホールでございます。三遊亭圓馬さん(四代目・森田彦太郎)が関守・富樫《とがし》で大奮闘のほか、林家正蔵(八代目・岡本義)、古今亭今輔(五代目・鈴木五郎)、柳家小さん(五代目・小林盛夫)、金原亭馬生(十代目・美濃部清)などが出演いたしました。

これは近年では、しばらくぶりの噺家芝居でございましたが、この噺家芝居……俗に鹿芝居と申しますものは、大変古くからありましたもので、関根黙庵さんの『講談落語今昔譚』には、明治十四年十二月二十日から二十六日までの七日間、春木座において、初代燕枝(長島伝次郎)と六代目文治(桂文治)のきもいりで催したのが、落語家芝居のはじまりとしてあります。

ところが、戦争ちゅうに亡くなった入船亭扇橋（八代目・進藤大治郎）という人が書きました「回顧五十年」というものには、次のように出ております。

古くは嘉永年間、二十六夜待に、芝伊皿子坂の伊皿子《いさらご》亭《てい》で、江戸じゅうの落語家が芝居をした。『檀浦兜軍記《だんのうらかぶとぐんき》』で、初代の船遊亭扇橋が重忠、初代の柳橋が岩永、初代の扇歌が阿古屋、初代の柳枝が榛沢《はんざわ》六郎であったという。これは毎年、この二十六夜には高台の伊皿子亭で催された。

〔入船亭扇橋「回顧五十年」『痴遊雑誌』3巻5号（昭和12・5）〕

さらに次のように書いてあります。

それからずっとのちで、明治七年七月上席、日本橋土手倉の席で、一日から十日まで落語家芝居を興行した時に、金原亭馬生の弟子で金原亭馬勇という男、質店のお染の役がついた。するともう幕あきに間もないのに楽屋入りをしないので、みんなが心配しているところへ、楽屋口へ駕籠がついて、その駕籠のなかから馬勇がお染の姿であらわれてびっくりした。（下略）

〔同前〕

これは馬勇の女房が女髪結をしていて、これに自分のお染を見せたいんだが、あいにくお得意のお嬢さんの婚礼で、席のほうへ見にくることができない。それで、自分のうちですっかりお染のこしらえをして、女房に見せて、その足で楽屋入りをしたということがわかったんで、馬勇は楽屋じゅうへそばを買わされたという話が残っているそうです。

そのあとが、

明治十二年に、本所東両国の中村楼で、大道具を飾って落語家芝居が催された。三遊亭圓朝、談洲楼燕枝、和国太夫、田辺南龍、桂文治等を大名題として、狂言は『曽我の石段』『だんまり』『双蝶々《ふたつちょうちょう》の角力場《すもうば》』『六歌仙』。(下略)

〔同前〕

とありまして、その次が明治十四年十二月の春木座の芝居だという。

ですから、嘉永年間というのがいちばん古い記録かと思っておりましたら、さらに古い時代のことが、『文芸倶楽部』にのっておりました。

こういうことは徳川時代に、大名の宴会の余興にもあったとみえ、天保の昔、金原亭馬生という芝居噺の元祖が、ある大名屋敷で本業の余興に素人芝居を演じたが、さて舞台と高座とは勝手が違い、馬生はついに卒倒して、失敗をきたした。当時の同業者林家正蔵が「つたなくもおのが業《わざ》なら恥かかず、おためにならぬ対面の幕」と、皮肉な狂歌をよんだという話もある。

〔猪隈入道「落語家劇鈍痴気論」『文芸倶楽部』15巻4号(明治42・4)〕

馬生も正蔵も、もちろん初代でございます。正蔵の狂歌からみると『曽我の対面』をやったものらしい。初代馬生という人は、初代圓生の高弟でございまして、四代目坂東三津五郎の実兄で、道具入芝居噺の元祖としてありますから、芝居は相当に心得ていたんでしょうが、それでもやはり失敗をしたという……ことほどさように、鹿芝居には失敗がつきものなんでございます。

しかし、これら古いところの芝居は、みんな寄席であるとか、お座敷、あるいは料亭というようなところでやった記録ですから、大きな劇場で、落語家の芝居をやりましたのは、やはり明治十四年十二月の春木座がはじめてと言っていいのかもしれません。

この芝居につきましては『続々歌舞伎年代記』にも、記載が見えますが、その大略をば、やはり先の『文芸倶楽部』の記事でごらんいただきましょう。

その趣向は、中絶した顔見世番附を再興して、一番目は、団洲と宗十郎《すえひろや》と軋轢《あつれき》のあった、曽我の討入りで、大名題が『陽気曽我《ようきそが》借座明物《かりざのあけもの》』、二番目の弁天小僧の名題も『五《ご》人男声音白浪《にんおとここわねのしらなみ》』、浄瑠璃に『山上親睦会《やまのうえしんぼくかい》』という並べかた。一座は多く柳派で、三遊がわでは、圓遊、圓太郎、萬橘くらいなものであった。

この時、三遊へ交渉したに違いないが、さすがは圓朝、体裁よく謝絶したから、落語の素養ある弟子は遠慮して一座へ加わらなかった。当時の圓遊や萬橘、圓太郎は、ケレン芸で、落語の破戒者と、圓朝は、弟子ながら思っていたから、彼らの出演は、放棄して黙許の姿。

だが、そのころには洒落気《しゃれけ》があって、芸名も、

中村聞語楼《きくごろう》(文治)　市川猿遊(圓遊)　坂東萬橘(ヘラヘラ坊)
岩井のん四郎(南龍)　市川猿太郎(圓太郎)　市川柳柴《りゅうし》(柳枝)
市川団柳楼《だんりゅうろう》(燕枝)

いずれも仮名《けみょう》で、役者かたぎに演じ、文治は菊五郎《ごだいめ》と宗十郎《すえひろや》をあてこみ、燕枝は首を振って、団十郎《ほりこし》を似せる。この餅つき芝居が非常に当たったところより、落語家がしばしば素劇《すげき》を演じることとなり、落語芝居の名詞が残るようになった。〔同前〕

このの ち、柳派のほうで、とりわけ初代の燕枝という人を中心に、たびたび鹿芝居が催されるようになったものでございます。

初出演市村座

あたくしがはじめて鹿芝居に出ましたのは、これは『寄席育ち』でも申しあげましたが、市村座で『靭猿《うつぼざる》』が出た時で、あたくしは、お猿で出たわけでございます。まだ義太夫を語っているころで、たしか九つ《ここの》の時でしたな。ですから明治四十一年のことで。

この時の『靭《うつぼ》猿』の配役が、

猿まわし　桂　小南（初代・若田秀吉）
色　奴　三升　紋弥（溝口利三郎）
女大名　雷門　歌六《うたろく》（のち六代目助六・青木鏡太郎）

桂小南は踊りのうまい人でしたし、三升紋弥ものちに踊りの師匠になったくらいの人で、当時はまだうまいというほどではないが、まことに色気のある美男でございました。二人と

も大阪から来た人で、どちらも色男の踊り手で人気があった。楽屋で、振付けや稽古をつけに来てくれた役者の人が、

「まァちょいとした芝居でやっても、こんなもんでしょう」

なんて言ってましたが、つまり、本職の芝居にしても、それほどみっともなくはなかろうということなんです。歌六も、やはり踊りッ子で人気の出だしたころですが、地がおもしろい顔でございまして、まことに女大名にはうってつけなんで。これにあたくしがお猿で出たというわけでございます。

この時の芝居では、この『靭猿』は切りの浄瑠璃で、その前にまだいろいろだしものがありました。

たしか、いちばんはなが『お目見得だんまり』だったと思います。噺家芝居じゃァよくこの『お目見得だんまり』ってえものをやりましたが、あれァ本当はなかなかむずかしいものらしいんですね。この一座にはこういう役者が出るという、ひとつの顔見世で、いろんな扮装をした者が大勢出てきます。草刈り鎌を持ってかごをかついだ女が出るかと思うてえと、武者修行みたいなのが出る、あるいは色若衆みたいなのが出てくる……それぞれの役者にふさわしい扮装《こしらい》で出るわけでございますが、そのなかで、大百《だいびゃく》というかつらをかぶったのが辻堂から出てきて、その柱へ手をかけて、片足を柱へからんで〝柱巻き〟の見得というものを切ります。これはその一座の座頭《ざがしら》の役ときまっているもんだそうで……それから幕切れになりますと、源氏の白旗なんぞが出てきて、こいつをずウッと長くのばしたやつへ、おのおの

みんなが手をかけて見得になる。大百の役者だけは花道へ行って、幕がしまります。これから鳴物がはいって、この大百が幕外《まくそと》で六方《ろっぽう》をふみながら花道を引っこむという、これが『お目見得だんまり』。

この『だんまり』てえものは、せりふはないし、すじなんかもあってないようなもんですが、そのあいだあいだで、みんなそろって見得を切る。絵面《えめん》の見得といいまして、みんなが絵になるような形をして、そこでそろってカラ…ンときまらなくちゃァいけない。こいつがちっともきまらないんですね、素人芝居ってものは。勝手に歩いて、勝手なところへ行っちゃってるから、肝心の見得の時にその位置にいないし、変なことになっちまう。みんながただ、のそのそ、のそのそ舞台を歩いてるようで、客席のほうから見てると、実にまぬけでおかしいんですよ。いちばんしまいの源氏の旗を出すてえところも、実際は小道具の旗だってそんなに長いものじゃァありません、やはりいいかげんの長さなんで、市村座あたりですと間口の広い舞台ですからねェ、なにも必ずみんながみんなこの旗に手をかけなくてもいい、手をかけたつもりで、その位置へきちッときまって、カランと見得になれば、それでいいわけなんですよ。そこが素人芝居で、稽古の時に、

「旗へつかまるんですよ」

っていわれてるから、なんでも旗ィつかまらなくちゃいけないもんだと思って、しまいの見得ンとこになるてえと、まんなかの旗のところへ、ちょこちょこちょこッと、みんなかたまってきて、全部が旗へつかまるんで、それが実におかしな形になっちまうんで……。

この時は、あたくしの師匠の四代目圓蔵(松本栄吉)が大百《だいびゃく》で幕外の六方をふみましたが、うちの師匠は六方は大変にうもうございました。手をこう、かまえる時に、ちょッちょッちょッと角度をつけましてね……どうしてああいうところがうまいんだろうと思ったら、若い時に人形遣《にんぎょうつか》いをやったことがあるんですね。ほんのわずかのあいだですけれども、人形の足を遣って旅まわりをしたってえ話を聞きました。だから人形の動きというものを、多少でも見ておぼえていたんでしょう。やはり芸というものは、どんなことでも無駄にならないってえますが、心あればかならず身にもつき、なにかの時に応用ができるんですね。

あたくしの師匠は、六方はうまかったけども、ほかのことになると芝居はあんまりうまくありませんでした。やはりこの時に、落語からとったものをというんで、『鰍沢《かじかざわ》』が出ました。配役が、

旅人栄吉　　　　橘　家　圓　蔵　(四代目・松本栄吉)
熊の膏薬売り伝三郎　三遊亭　圓　右　(初代・沢木勘次郎)
月の輪おくま　　三遊亭　小圓朝　(二代目・芳村忠次郎)

これァ『鰍沢』の旅人の名前は、本当は新助なんですが、うちの師匠の本名が栄吉なんで、しゃれて役名も栄吉としたわけなんです。その栄吉がおくまのうちを逃げ出す、あとからおくまが鉄砲を持って追っかける。ここで舞台は浅黄幕《あさぎまく》ンなりまして、大薩摩《おおざつま》になる。杵屋清《きよし》といいましたかね、おとっつァんが盲人で、たしかしらくという名前で寄席へ出て長唄をやっていた、その人のせがれ、これが大薩摩で、それから浅黄幕をちょォんと切っておとす

と、鰍沢の激流の場面になって、栄吉が丸太に乗っかって流れてくる。上からおくまが、どんと鉄砲をうつ。栄吉がやっと川から這《は》いあがって、なんとかせりふがあって、ちょォんと幕になるという芝居なんです。

このなかで、圓右師匠の伝三郎が卵酒をのんで、苦しんで血をはくところで、風船を吹いたことをおぼえております。当時、細長ァいゴムの風船がありました。ぷゥと吹くてえと先のほうからふくらがってくるというやつ……伝三郎が、かァ…ッと口から赤いものを吐くんで、血だと思って見ていると、こいつをぷゥと吹く。と、だんだんふくらがってくるんで、お客がどォッと笑いました。

この『鰍沢』で、うちの師匠は旅人で、やっぱり卵酒をのんで、となりの部屋で寝ているうちに体がしびれてくる……障子屋台《しょうじやたい》をあけて、長ァい顔を出して、

「おゥ…お、苦しい……」

って言うと、お客がどッと笑うんですね。どうも、ちっとも苦しそうじゃァない……なにかおどけているようで、あたくしも見ていて、どうもうちの師匠は芝居はあんまりうまくないなと思いました。

それよりのちに、やはり市村座だったと思いますが、『こんにゃく問答』を芝居にした、これも大変おもしろうございました。配役が、

こんにゃく屋六兵衛　　三遊亭　圓右
八五郎坊主　　　　　　橘　家　圓蔵

雲　水　　　桂　文楽（のち桂やまと・金坂巳之助）
権　助　　　柳亭左楽（五代目・中山千太郎）

芝居のことですから噺よりにぎやかにしなくちゃいけないってんで、となりに道楽寺《どうらくじ》という寺があることになっていまして、ここの和尚《おしょう》が〝おほほン〟の仙山《せんざん》という講釈師……やせた人で、もう年よりでしたが、講談のなかで〝おほほン〟という口《くち》ぐせがあるんで、あだ名を〝おほほン〟の仙山といいました。そこの権助が、のちに六代目の橘家圓太郎になった、三遊亭小遊三という人で。芝居は、はじめのうちはうちの師匠の八五郎と、左楽の権助がやりとりをしているところへ、文楽の旅僧が来る。こいつを、

「きょうはだめだ。和尚がいねえから」

ってんで帰しちまう。あとへ圓右さんのこんにゃく屋が来るという、ここいらは噺のとおりです。

「あの旅僧はあとでまた来るというんだけども、弱ったことゝなった。なにしろこの寺は貧乏で、いろんなものを売っちまって、なんにもねえんだ」

と話しているところへ、となりの道楽寺の〝おほほン〟の仙山が、自分のとこの権助を連れてはいってくるという……で、こっちの寺には御本尊もないんで、なんとかごまかさなくちゃァいけないといってると、道楽寺の権助が、

「それじゃァおれが本尊になるべえ」

ってんで、こいつが達磨《だるま》さまになるんですがね。この小遊三ってえ人は、本名を鈴木定太

郎といいまして、鼻があぐらァかいて、見るからにおもしろい顔で、そのころ大変人気がありました。これが黒い羽織があるからってんで、ずゥッとあたまからこれをかぶって、袖口ンところから顔を出して、ちょいとひげを書くてえと、なるほど達磨さまのようになる。これァもう、見ただけでお客がひっくり返って笑いました。

そこへ、ちょっとごあいさつをしたいという客がありますってんで、橘家圓喬(四代目・柴田清五郎)が紋付きの羽織はかまで、ずッと出てくる。みんな衣裳のまんま舞台に並び、圓喬師がまんなかへはいりまして、

「エェこのたびの芝居……」

と言って、口上になるんでしたが、この圓喬さんの口上というものがまた、よろしかったもんで。いろいろその時の芝居の楽屋話なぞをば、うまくおりこみまして、

「ここにおりますこの圓蔵なぞは、六方はなかなかうまいもので……。これが品川に住んでおりまして……」

ちょうどあの、京浜急行線の北品川という駅がありますが、あすこンとこが当時、電車の終点になっていて、線路がそこでおしまいになっていました。

「……あすこにこの、電車の線路がありますから、あれを花道のかわりにして、毎晩六方の稽古をしておりまして……」

なんてえと、そこでお客がわァッと笑う。そんな口上を言いまして、圓喬師がひっこむと、舞台に残った者が、

「じゃァ文度にかかろうじゃァないか」

ってんで、ふたたび芝居になるというわけでございます。

〝やまと〟の文楽の旅僧なぞも、大変にようござんした。まァ噺家芝居としては、なかなか、今やってもあれだけの役者はそろいますまい。せりふなども、みんな実にあざやかなもんでございました。

落語芝居『茶の湯』

落語をもとにした鹿芝居ってものは、ほかにもあったんでしょうが、あたくしが見たのは、この市村座の時ぐらいでしたねェ。

ひとから聞きましたのでは、その市村座のすこし前に、『茶の湯』という落語を芝居にして演《や》ったことがあるそうで、この時は、隠居がうちの師匠で、小僧の定吉が盲の小せんさん(初代・鈴木万次郎)。

すると、あたくしの師匠ってものは、能弁でございまして、噺でもそうですが、警句がとんとん口をついて出る人ですから、小僧としゃべるったって、せりふにもない好き勝手なことをいう……小僧のほうが小せんさんですから、これも調子を合わしていろんなことをいう。この二人のやりとりでお客をどうどう笑わして、十五分から二十分くらい……その日の調子で幕が長くなったり短かくなったりする。お客にうんと受けるとなかなか芝居が進行しないんだそうです。のちに小せんさんが、

「あの時ァ実におもしろかった」

って、そう言ってましたがね。

そこへ隠居によばれて茶の湯のお客になってくるのが、鳶頭《かしら》の圓右さん、これァ柄《がら》にあってるからよかったでしょうし、豆腐屋のあるじの三代目小さん、これァもうむずむずしてえて、これもおもしろい。それから二代目の小圓朝ってえ人は、きちィんとした人ですから、なるほど手習いの師匠でもするような人柄で、まことに適材適所ですね。

この連中が、お茶の湯だといって椋《むく》の皮の汁に青ぎなこを入れたやつをのまされ、さつまいもをうらごしにして、燈《とも》し油でてりをつけた菓子をくわされるんで、たまらなくなって雪隠《ちん》《せっ》に立つ。そこで道具が半まわしになりまして、畑の遠見《とおみ》。食いかけの菓子をたもとに入れてきたやつを、むこうの田んぼに、ぽォんとほうるてえと、百姓が鍬《くわ》をかついでのこのこ出てくる、そのほっぺたへぽかッとぶつかるてえやつで……。この百姓が初代の圓左。

「あァッ……」

てんで、びっくりしてその菓子をつまんで、ひょいッとむこうの隠居のうちを見こんでおいて、

「あァまた」

ちょォん……と、析《き》のかしら、

「茶の湯か」

ってんで菓子を捨てる……これが幕切れになるわけです。この百姓なんぞも実にそのせりい、

ふといい、呼吸《いき》がうまかったってえことを聞きました。

この芝居のことは、あたくしァ盲の小せんさんから話を聞いたわけなんですけども、ずっとのちになって、三芳屋という落語の連記本をたくさん出した本屋がありますが、そこから出た『柳家小三治新落語集』という本を見ましたらば、この『茶の湯』を芝居の台本にしたものが、のっていました。

この柳家小三治というのは、本名を浦出祭次郎といいまして、のちに柳家つばめとなりました。三代目の小さん師匠の娘むこになった人ですが、なかなか学問もあったらしくて、この人が『茶の湯』の台本を作ったものらしいんですね。その前書きをここへ写してみましょう。

これは、去る四十一年の春、新富座にて、三遊・柳合同の鼠劇《ねずみげき》(白と黒との合の子じゃそうな)、なかへ落語劇としてごらんに入れ、すこぶる大好評を博せしもの。昼夜兼行の大急ぎに、脚本体《きゃくほんてい》のなぐり書き、茶の湯の苦味は薄くとも、まんざら白湯《さゆ》でもござるまい。ママ一ぷくと素人手前《しろうとでまえ》、さようにごらんくださるべし。

してみると、これは四十一年の春ですから、あたくしの市村座初出演とおんなし年なんですね。ただ、劇場は、こっちが新富座になっております。ご参考までに、配役と、脚本のごく一部をここへのせておきます。

茶の湯（喜劇脚本）

役人替名

一 隠居慾右衛門 圓蔵（四代目・松本栄吉）
一 丁稚《でっち》定吉 小せん（〝盲〟・鈴木万次郎）
一 下女おきよ ……
一 道具屋金兵衛 小三治（後つばめ・浦出祭次郎）
一 豆腐屋六兵衛 小さん（三代目・豊島銀之助）
一 女房おかつ 金馬（二代目・碓井米吉）
一 長屋女房お百 ……
一 鳶頭清蔵 圓右（初代・沢木勘次郎）
一 子分 多勢
一 手習師匠清垣角の進 小圓朝（二代目・芳村忠次郎）
一 手習子 多勢
一 百姓畑作 圓左（初代・小泉熊山）
以上

隠宅茶席の場

本舞台常足の二重。上手、床の間・違い棚。まんなか瓦斯《マ》燈口《マ》。下手、茶壁にて見切り、三方回《まわ》り縁《えん》の上手、雪隠窓つき。続いて建仁寺垣。このうしろ一面に畑の遠見。ところどころに立ち木。ずっと下手、切戸口。二重へ炉を切り、茶道具一式をかざりある。すべて茶がかったる好み、茶席の態《てい》。

上手に隠居慾右衛門、下手に丁稚《でっち》定吉すまいいる。このもよう『宇治茶』にて幕あく。

慾右衛門「そうして三軒の長屋のものは、みんな来ると言ったかの」

定吉「へい。ありがとう存じます。さっそくあがると申しました」

慾右衛門「むゥ……そう手がるく請けあうようすでは、こりゃ本物を知っているかも知れねえな」

定吉「もしお流儀はと聞きましたら、例の店《たな》だてでございますかね」

慾右衛門「まさかおれの口からその場で店だてとも言いにくいが、なんかうまいくふうはないかしらんて」

定吉「ご隠居さま、いいくふうがございます。もしお流儀と聞きましたら、金だらいをたたいて、火事だ、火事だとどなりましょう」

慾右衛門「む、こりゃうまいくふうだ。なんでも貴様でなけりゃァいかねえよ」

ト、この時、下手切戸口より、前幕の三人出てきたり、定吉捨てぜりふにて案内をし、上手よきところへすわる。

角の進「今日は、はからずおまねぎにあずかり、千万かたじけのうござる」

ト、このせりふを六兵衛・清蔵、まねをするおかしみよろしく、
慾右衛門「これはこれはお師匠さん、よくおいでくだすった。豆腐屋の親方、おいそがしいところを……いや、頭《かしら》、よくおいでだ」
清蔵「へえ、今日《こんち》は覚悟をして」
慾右衛門「なに、覚悟」
清蔵「へえ、なに、とかく不順な陽気でごぜえますよ、へえ」
慾右衛門「いや、とにかくお茶の湯をはじめましょう」
ト、立前《たてまえ》にかかる。隠居は三人が本物を知っているかと気味悪く思い、ぶるぶるふるえている。三人も同じ思いにてふるえている。やがて茶を立て三人へすすめる。のむことよろしく、おかしみの仕うち、いろいろある。
慾右衛門「さァさァよろしければ、なんばいでも」
角の進「いやもう結構、いえなに、たくさんでござる……豆腐屋さん、いかがでござる。ご遠慮なく」
六兵衛「いえもう、決してご遠慮はいたしません……頭《かしら》、おまえさんいかがです」
清蔵「冗談言っちゃァいけねえ、こんなまずいもの……なに、もうたくさんでごぜえます」
慾右衛門「さァさァどうぞお菓子をたくさんおあがりください」
ト、めいめい菓子を食う。またおかしみの仕うちよろしく、とど、清蔵たまらなくな

り、口よりはきだし、そっと紙へ包み、立ちかかる。
慾右衛門「頭、どちらへ」
清蔵「いえなに、ちょっと、雪隠《せっちん》へめえりやす」
ト、鳴子にて、道具半まわりになる。清蔵、縁がわの上手へ行き、どこへ捨てようかと思い入れあって、勢いよく垣の外へ投げる。
ト、百姓畑作、農業をしている横面へぴッしゃり。畑作おどろいて、これを取り、清蔵のほうをひょいと見る。清蔵あわてて顔を引ッこます。
六兵衛、角の進、上手をうかがう。下手に定吉、金だらいを持ち、うかがいいる。
慾右衛門、釜のふたにてやけどをする。
このもよう三方一所に、清蔵が顔を引っこませるのを析のかしら、
畑作「また茶の湯か」
ト、捨てる。時の鐘、はやり唄にて

―幕―

鹿芝居迷優伝(1)

この『茶の湯』にも出ていますが、三代目の小さんという師匠、この人なんぞはもう、噺家芝居にはなくてはならない、実にいい役者でしたねェ。

なにしろ、やる役がみんな、『玄治店』の与三郎とか、『菊畑』の虎蔵とか、『十種香』の八重垣姫とか、つまり、十五代目羽左衛門がやったような、いい男の役でなくっちゃア当人

もやりたがらない。それでいて、鼻はあぐらをかいているし、与三郎といったって、どうやってみても与三郎の顔にはならない……与太郎の顔だ……ほっかぶりを取って、顔を見せるとたんにお客がどッと笑うんですから、よほどひどい顔ですよね。

それで、どういうわけですかこの人は、せりふを言っても噺をしているとおりでございまして、与三郎が、

「しがねえ恋のなさけがあだ……」

なァんてえところでも、まるッきり落語の、

「どうしたい八《はッ》つァん、まァこっちィおあがり」

「へえ、エエご隠居さん、きょうはちょいッとねェ、ききてえことがあってきたんですがね」

っていう、その口調とちっとも違わないんですね。だからどうも、せりふを言うと、そのひとことひとことでお客さまがどゥッと笑う。

『菊畑』の虎蔵なんぞを演った時も、あの、六方《ろっぽう》をふんで奥へ忍んで行くところがありますが、その時の、恰好《かたち》なんてえものは、実にどうも不思議千万……それで、当人はやっぱりやりたがるんですから、一生けんめいで、決してふざけたりなんかするんじゃァないんです。幇間衆《ほうかんしゅう》がよく芝居をしましたが、見ていますとね、これァよく悪ふざけをするんでいけない。噺家芝居でもそうです。芝居がよくできないのはしかたがないが、できないところをふざけたりなんかするてえのは、もってのほかのことでございます。当人はあっぱれ名優のつもりで、ほろりと泣かせようとか、ここんとこでうまくやって見物をうならせようとか、い

きおいこんでやって、それでその芯からまずいというところに、本当のおかしみがある。

初代の三遊亭遊三（小島長重）という人の芝居は、あたくしァ見ておりませんが、この人も大した迷優だったそうで。背の高い、ぬゥッとした人で、やはり芝居は好きでやりたがるんだが、やるてえとこれも実にその、へたなんだそうですねェ。これもほかでお話ししたかもしれませんが、遊三さんの芝居を、おかみさんが見に行ったら、お客がわァわァ笑ってる。終って、遊三さんがうちへ帰ってくると、おかみさんが涙ぐんで、前へ手をついて、

「どうぞ、旦那さまにご離縁がいただきたい」

と言う……この妻君は、武家の娘だったそうで……遊三さんがびっくりして、どうしたんだって聞いたら、

「今日《こんにち》、芝居を拝見しましたが、あなたさまが何か言うたび、動くたびに、お客さまがわァわァといってお笑いになる。あたくしはもう、面目なくて、いても立ってもおられませんでした。ああいうことをなさるのならば、あたくしは、いっそ離縁されたほうがましでございます」

ってんで、これァまじめに掛け合われたんで、遊三さんも弱ったという、これもひとつばない、なしに残っているくらいでございます。

この遊三さんが『扇屋熊谷《おおぎやくまがい》』で、熊谷直実をやりました。おしまいのところで敦盛《あつもり》との立ちまわりがあるわけですが、こいつを遊三さんがちっともおぼえない。もちろん本職の役者がひとり指南番についていて、この人がなかなかの芸好きですから、ああもこうもってんで、噛

んでふくめるように教《おせ》えるんだが、おぼえたかと思うとすぐに忘れてしまうというあんばいで……そのうちに初日になってしまった。この教えた人が、黒衣《くろ》を着て後見をいたします。

「大丈夫ですよ、師匠、あたしがうしろで教えるから、そのとおりやればいいんですから……」

「どうかひとつ、たのむよ」

ってんで、幕があいて、やってるうちに、遊三のほうは夢中ンなって、立ちまわりがわからなくなってくる。と、後見がうしろから、

「そこで抜くんです、師匠ッ」

「え？」

「刀を抜くんだ……抜いたらすぐにそれッ、山型に切って、入れかわらなきゃだめ……ちエッ、あァ、そうじゃァない……エエじれッてえ」

ってんで、黒衣《くろんぼ》が前へ出てきて、熊谷の刀を引ったくって、敦盛と立ちまわりンなった。そのそばへ熊谷の遊三さんが、突ったってぼうゥッと見てえたってんで……この時ァどうも、お客がひっくり返ったってえますが……世のなかに、黒衣《くろんぼ》と敦盛が立ちまわりをするなんてえ芝居は、およそあるもんじゃァない。まァそういうところが、本当の噺家の芝居らしいところでございましょう。

そうかと思いますと、五代目の小勝《こかッ》つァん(加藤金之助)とか、本名を村松新三郎といいまして、圓新から里う馬になった……あたくしども〝くろ〟の里う馬といった、この人なんぞ

は、芝居は大そううまかったもんです。

この里う馬さんは、木戸芸者といって、昔、芝居の木戸の前で役者の声色をやったという経歴のある人ですから、いろんな人の舞台も見ているし、心得があったんでしょうが、うまかったですねェ。

あたくしが十七くらいの時でしたかな、なんでも先代《おやじ》がアメリカへ行ってるあいだのことでしたが、市村座で噺家芝居がありました。この時に本名題《ほんなだい》を『傾城反魂香《けいせいはんごんこう》』という『吃《ども》又《また》』が出まして、吃の又平が三代目の圓馬(橋本卯三郎)、女房おとくが初代圓右で、里う馬が又平の師匠の土佐ノ将監《しょうげん》をつとめました。あたくしもこれには修理之助《しゅりのすけ》に出ました。小圓蔵時分ですね。雅楽之助《うたのすけ》が圓平といいまして、蜃気楼龍玉《しんきろうりゅうぎょく》のせがれで、のちに小圓遊になって死んだ、本名を斎藤文太郎、この人でした。

この時の土佐ノ将監は大変によござんしたねェ。又平の圓馬さんも、おとくの圓右さんも、芝居はうまい人ですから、これだけそろうと大したもんで。

それからこの里う馬さんで、もうひとつおぼえていますのは、赤穂義士の『太平記忠臣講釈』で七太夫になったことがありますが、駆けだして行くところの恰好《かたち》なんてえものは、〝歌六《かろく》ばり〟ってえましてね、歌六といっても、今はもう知ってる人がすくなくなりましたが、先の吉右衛門のおとッつァんの中村歌六のことで、名優でございます。その〝歌六ばり〟でなかなかどうして、せりふはうまいし、間《ま》がいいし、やることはちゃんとして、本職の役者だって、ああいう役をやらして、里う馬さんばりにやれる人はちょいとないくらい、それァ大したもんでした。

五代目の三升家小勝、この人も、若いころ役者になったことがあるんだそうで、芝居をやらしたらうまいもんでした。三代目小さんが与三郎をやったときに、お富をやりましたのが、この小勝《こかツ》つァん。もちろんおかしな顔ですけども、こしらえてしまえばなんとか見られる。しぐさは、女になればちゃんと女のようにやりましたし、出てきたときにはちょっとおかしいなと思うが、見ているうちにさほどでもないということになる。

『関取千両幟』なぞでは、六代目貞山(桝井長四郎)の稲川で、鉄ヶ嶽から稲川の女房おとわに替わったりしたこともありまして、多少ながらでも商売人のめしを食った人は、ずぶの素人とは違うなと思わせるところがありました。

鹿芝居迷優伝(2)

しかしまァ、噺家芝居では、芝居のうまいという人よりも、小さん・遊三のように、一生けんめいやっていておかしいという人のほうが、やはり立役者《たてやくしゃ》でございます。

その後では、あたくしの先代《おやじ》なんぞも、これァたくまずしておかしいところがありました。

『播州皿屋敷』という芝居で、先代《おやじ》が青山鉄山《てっさん》をやりました。お菊は浦出のつばめさん。鉄山がお菊をなぶり殺しにするところで、先代《おやじ》がすわってて、立とうとしたらば、しびれが切れて、立てなくなっちゃったんですね。その当時はもうずいぶんふとってましたんで、長くすわってたら青山鉄山、しびれが切れちゃった。びっくりして、後見が三人ぐらい出てって、やっとこさ立たしたんですが、あと歩けない。しょうがないから、三人でもってかかえるようにして、ひょこひょこ前のほうへ出てきた。そこで斬られたお菊が、当意即妙で、

「自分《おのれ》がしびれが切れて立てぬようなやつに、殺されるとは口惜《くちお》しいィ……」

と言ったんで、お客がひっくり返って笑った。

東宝小劇場という、いまも東宝名人会をやっております、あすこで先代《おやじ》の宮城野《みやぎの》、六代目貞山の信夫《しのぶ》で『碁太平記白石噺』をやりました。あたくしの先代《おやじ》は、女の出てくる噺がうまかった人ですから、女形をやったって、ちゃんとした女形の声でやるんです。当人は、ふざけているわけでもなんでもない。まじめにやって、それでいてなんとも言えないんですね、そのおかしさが。義太夫を語る人なんぞァとうとう十日間のあいだ、芝居を見ませんでしたとさ。見るともうふき出しちゃって、あと語れなくなるから、なるべく芝居を見ないようにして語るって……そんなあなた、義太夫が芝居を見ないで語るなんてわからない話はないんだが、見るてえとあとが続けられない。毎日見てりゃァそんなことはあるまいと思うんですが、それでもいけない、やっぱりおかしいんですね。それァもうなんとも言えない、腹の底からこみあげてくるようなおかしさで……。

この時は、前の有楽座で古川ロッパ一座の喜劇がかかっていました。ところが、こっちの芝居が終って、お客さまが帰るときに、まだおなかをかかえて、

「あァおかしかった。ロッパの喜劇も見たけども、あれよりよっぽどおかしい」

って言ってるんですがね、むこうは喜劇、こっちァ悲劇……『宮城野信夫』ってえのは、

姉妹《きょうだい》の親が殺されて、これから二人でその仇討ちをしようという、どんなことをしても涙の流れる芝居、それが喜劇よりもずっとおかしかったというんですからねェ。

先代《おやじ》の圓生は、ふだんはまことにこわい顔をしておりまして、なんでこの人が噺家なんかになったんだろうと思うくらい、むつッ…としていました。ところがやっぱり、真に噺家に生まれついているところが、たしかに先代《おやじ》にはあったんですね。噺でも普通になんか言ってるときに、たくまずしておかしさがにじみ出てくる。ふだんでも、くすとも笑わずに冗談を言ったりなんかする。

これもやはり東宝小劇場で、余興に『扇屋熊谷』をやったことがありました。先代《おやじ》が熊谷直実で、姉輪《あねわ》が大島伯鶴(二代目・大島保利)、扇屋上総《かずさ》が先代の丸一小仙、あたくしも出ておりまして、小萩じつは敦盛をつとめました。この時なぞも、先代《おやじ》の熊谷が出てきまして、何とか言ってるうちにせりふを忘れちゃって、どうしてもあとが出てこない。うしろからせりふをつけてるんですけども、当人もあがってるから、よく聞こえないらしいんで……お客はわァわァ笑う……そうしたら、先代《おやじ》が思わず右手でもってこう頭をかいたんですがね……かつらの上から頭をかいた、それがまたおかしいってんで、わァッとお客がどよめいちゃって、五分間ぐらい芝居が立ち往生したことがあります。そういうところは、やはりたくまずしておかしいんですね。

この時に姉輪になりました大島伯鶴という人、この人もなかなか熱心で、立ちまわりなぞ一生けんめいにやるんですが、伯鶴さんの立ちまわりってえと、まわりの役になる人がみんないやがる。どういうわけかというと、この人は強度の近眼なんです。めがねをはずしちゃうとまるっきり見えない。それが車輪になって、棒を使うところでは、かァッてんで、本当に力を入れて振りまわすから、うっかりそばへ寄ると、ひっぱたかれるんですね。

いつでしたか『瓦罐寺《がんじ》』……本名題を『水滸伝雪挑《すいこでんゆきのだんまり》』という芝居で、伯鶴さんの魯智深《ろちしん》に、錦城斎典山さん（青山嶽次郎）が九紋龍《くもんりゅう》史進をやったことがありました。雪をどんどん降らして、そのなかで九紋龍史進と魯智深の立ちまわりがあるという場面なんですが、魯智深がそばィくると、九紋龍のほうは、こう、逃げて歩いている……いやどうも、弱い九紋龍があったもんですが、それもそうでしょう、そばへ行くてえと、本当にひっぱたかれるんですから。

組み打ちになるてえと、もう夢中ですから、典山さんを本当に組み敷いて、ふとった伯鶴さんが上からぎゅゥッと押さえつけた。下になった九紋龍が、

「おゥ……痛《い》てててて。おい、よせよ……よせよ……」

ってんですがね、「よせよ」ってえ芝居はありませんよ。これなんぞも、見ていて実におかしかったことをおぼえております。

伯鶴さんはこの魯智深が好きだったと見えまして、その後にもう一ぺんやったことがありました。その時の九紋龍はだれがやったか、忘れてしまいましたが、前のほうで坊主が出てきますね、腹へり坊主なんてえのが……あれを、なくなった三代目の金馬（加藤専太郎）なんぞがやった。金馬さんがまだ歌当と言った前座のころです。この坊主たちがひっこんだあと

へ今度は山賊が出る。これがひとりは新遊といいまして、のちに柳條から燕路になって、戦後になくなった人、もうひとりは、当時、圓右さんの弟子で右左喜といった人、これァ酒のためにとうとう出世できず、のちには志ん上という名で、鶴本の志ん生さん(四代目・鶴本勝太郎)の弟子になっておりました。新遊のほうは、もと玉太夫といって義太夫語り、右左喜のほうも非常に調子のいい人で、なかなかせりふまわしはうまかった。このふたりが調子をはってせりふを言ってると、市村座の舞台でりんりんとひびき渡る……これァ大したもんだと思って見てえました。山賊が、

「さりとて女に預けおかれず、なくてならねえ宝だが、はてさてじゃまなものだなァ」

そこへ、伯鶴さんの花和尚《かおしょう》魯智深が、

「じゃまならおれが、もらってやろォう」

ってんで出てくるわけで……これも講談できたえた声で、まだ若い時分でしたから、うしろからひとッ調子あげてどなったところは、どんないい役者かと思う……出てくるてえと、ふとっていて押し出しはいいし、大変りっぱなんです。ところが動くてえともう、どうにもしょうがない。だらしがねえってないんです。

これも、鹿芝居では迷優のひとりでございました。

半　畳

本当の芝居でも、お客が半畳《はんじょう》を入れるということがありますが、われわれのほうの芝居に

なりますと、よく半畳がはいります。しかし、この半畳にもうまいのがありましてね。二代目の圓遊(吉田由之助)が『車引《くるまびき》』の梅王をやりました。〝乗り地〟と申しまして、義太夫に乗ってせりふを言う、そのあとで、

「桜丸……」

と、本舞台から花道のほうへ、つかつかつかつかッと歩いて行って、

「来いこい、来ォいィ……」

と言う、これがきっかけで、てけてッてッてッてッ、すけてッて……という『大拍子《だいびょうし》』の鳴物になりまして、ここは〝飛び六方〟ってんですか、片足でもって、とんとんとんとんと、むこうへとぶ。また足を替えて、とんとんとん……これは荒事《あらごと》で、子どもっぽい気分を見せるところなんだそうですね。子どもが石けりなんぞをして、ぽんぽんぽんぽんと飛んで歩く……ああいう所作《しょさ》を芝居にとり入れたもんだそうですが、あの〝飛び六方〟ってえものは、重い衣裳を着て、長い刀を差してますから、むずかしいもんで。とんとんと飛ぶと、はずみがついてしまう。

圓遊さんも、なれないから、思わずはずみがついて、ぴょこぴょこぴょこぴょこッと、とんでったんですね。そしたら、見てた見物が声をかけて、

「起上《おきや》がり小法師《こぼし》ッ……」

ってましたが、これァうまいなァと思いましたね。

初代の三遊亭圓歌(泉清太郎)が、『忠臣蔵』「七段目」の平右衛門をやりました。三人侍が

由良之助を斬ろうというところへ、留めにはいって、

「のんだ酒なら酔わずばなるめえ、醒《さ》めてのうえのご分別《ふんべつ》。もしィ」

と言うと、

「無礼者めッ」

ってんで、刀のこじりを取っているのを振り払われるんで、平右衛門は二重屋台から、とんと、平舞台へおりて、ぐるッと振り向いて、とォんと腰を落として、

「平《ひら》に……」

と、手を合わしておがむ……こゝンところを、この初代の圓歌ってえ人は、噺をしても、ごくごくくさい芸風ですから、芝居にしても、ちゃんとやることはやるんですが、大変に大《おお》時代《じだい》になって、大車輪《だいしゃりん》でやる。

「……さめてのうえのご分別。もォ……しィ……」

「無礼者めッ」

と払われて、とォんと下へおりる。手を合わして、

「ひらァにィ……ィ」

てんで、これよりはくさくできねえってほどにやったんで……。そしたら、正面から、

「尾上松之助ッ」

てえ声がかかった。これァ尾上松之助ってものをご存知なければ、この半畳はわからないかも知れませんが、〝目玉の松《まッ》ちゃん〟といいまして、映画と言わず活動写真と言ったころ

の大変なスターで、時代劇といえばもう、この尾上松之助のものばっかりだった。忍術を使うものやなんかをよくやりましたが、大時代なちゃんばらで、人を斬ると、かァッてんで目をむいてにらんだりする。圓歌さんの平右衛門があまりにもくさいんで、これを思い出したんですね。これァ実にどうも、うまい悪口だったと思います。

三代目の神田伯山(岸田福松)、この人が『曽我の夜討』でもって、曽我の十郎をやったことがあります。

この芝居は〝十番斬り〟ってって、大立ちまわりの場面がある。十郎が手負いになって、はぐれてしまった五郎をさがしながらの立ちまわりで、

「五郎ォ……」

と呼ぶと、

「やァ…ッ」

てんで、軍兵がかかる。こいつを斬って、ぽォんとむこうへとんぼを返らしといて、

「……やァ…いィ……」

と呼ぶ。それからまた立ちまわりがあって、十郎が、

「時致《ときむね》……」

「やァ…ッ」

とかかる。こいつをまた斬って、とんぼを返らせて、

「……やァ…いィ……」

と呼ぶ。「五郎やァい、時致やァい」と、弟を呼びながら立ちまわりをするという……これァ十郎の見せ場なんで。ところが伯山てえ人は、ふだん侠客ものばッかりよんでる……

「清水の次郎長が……」

という、あの調子なんですから、ゆっくり間《ま》を置いて、

「五郎……やァ…いイ……」

なんてことは言えないんです。さッと斬っちまっといて、巻き舌でもって、

「五郎やいッ」

って、そう言ったン。そうしたら、前にいたお客が、

「横丁の湯ィ入《へえ》ってらァ」

こいつァどうも、実におかしうござんしたね。

この三代目伯山が、『丸橋忠弥』をやりました時に、ぬいぐるみの犬になったのが、初代の市川左団次の忠弥の犬をつとめた役者で、この人がお師匠《しょ》さんになって、いろいろ教えてくれたんですが、『慶安太平記』の丸橋忠弥ってものは、初代の左団次へ書きおろしたもので、その犬をずっとつとめてきた人が教えるんですから、これァ確かなもんで……。

幕があいて、お堀端の場になりました。この犬がわんわんとほえるんで、忠弥が石をぶつけるんですが、そこで犬がほえながら、忠弥にしぐさを教えてるんで……これァよほどおもしろかった。

「わんわんわんわん……ッ」

って、ほえながら、伯山さんに、

「先生もっとこっちだよ。先生、もっとこっちィくるんだよ……わんわんわんわんわん。だめだめ、そこィ行っちゃァだめだ。もっとこっちだ……わんわんわん」

てんで、犬の教えるとおりにやってるン。どうも役者が犬に教わりながらやってるようじゃァしょうがねえってね、楽屋で大笑いをしたことがあります。

それから、これァあたくしが『双蝶々《ふたつちょうちょう》』の濡髪《ぬれがみ》長五郎をやりました時のことで。放駒《はなれごま》長吉は、戦後になくなった先代の神田山陽(初代・石村利兵衛)。これァやはりふとってましたから、ふだんはむこうのほうが大変大きいんです。ところが、芝居のこしらえというものはおそろしいもんだと思いましたね。〝肉〟といいまして、ふとってみせるために、衣裳の下へ着るものがある。山陽さんのほうはあんまり厚い〝肉〟は着ないが、こっちはやせているから〝肉〟をどっさり着ます。そうすると、あたくしァ大体、背は五尺七寸ありますから、大変大きく見えるようになった。それに芝居で使う角力《すもう》取りの下駄というものは、ずいぶん背の高いもんで、〝のめりの下駄〟ってえまして、前《まえ》ッ面《つら》が斜めに削ってあって、のめるようにできてるやつ、あれをはくんですが、聞いてみたら高さが六寸あるそうです。すると、六尺三寸の背ってことになるわけで、角力だってそれだけありゃァ大したもんですから、われながら大変にりっぱになったなと思いました。

さて、それで角力場《すもうば》のところで、与五郎が、

「こりゃどうしたら、よかろうなァ」

と言って、ふところへ右の手を入れて、じっと思案にくれる。これがきっかけで、〽さァさ、まいらんしょ……という、『米山』の唄になって、濡髪が出て行く。この時の与五郎をやりましたのは、神田伯龍(五代目・戸塚岩太郎)でございます。

きっかけで、あたくしがぬゥッと出て行きました。とたんに見物から声がかかって、

「文楽の人形ッ」

ってました。馬鹿にしてやがると思ってねェ……しかしまた、敵ながらあっぱれな半畳だと思いましたよ。

あたくしァ顔がちいさい、そこィ厚い肉を着たから、まわりがふくれちゃって、背は高いし、なるほど文楽の人形みたいですよ。悪口を言っても、そういうあくの抜けた、敵ながらあっぱれと思わせるような悪口でなくちゃァいけません。

もっとも、そういう気のきいた半畳ばかりじゃァありません。なかには間の抜けた半畳を入れる人もある。これァ圓右師匠ですが、ある時の芝居で、相手をさァッと斬った。そこでまぬけなお客が、

「大根《だいこ》ォ……」

ってんで声をかけた。これァ役者に対しては、大根というのは最低の揶揄《やゆ》のことばなんで……、

「イョ大根ォ……」

と言った。そしたら間髪を入れず、圓右さんが、

「だまれ見物、噺家だァ。雉子《きじ》も鳴かざァ射《う》たれめえに……」と、あとのせりふへすッとつなげた。もう、「大根」といったやつァ面目玉をふみつぶしちまったという……実に、そういうとこの頓智というものは、圓右ってえ人はうまかったもんでございます。

頓智鹿芝居

やはり圓右師匠が『八犬伝』の芝居をやりまして、前の幕で立役《たちやく》で出て、次の幕には女形の浜路《はまじ》という娘になって出る……これァすっかり白ぬりですから、楽屋へひっこんでくると、急いで立役の化粧をおとして、白ぬりに変わるというわけなんで。ところがどうしたんですか、前の幕がすんだところで、当人がひょいッと湯へはいっちゃったんですって。これが三日めのことなんで、もう大丈夫、支度ができたろうって時間になったら、すゥッと幕をあけちゃった。

幕はあいたが、そこへ出てくるべき、肝心の浜路が湯へはいってる。

「どうしたんです？　浜路の出ですよッ」

「あッそうだッ」

ってんで、びっくりして湯からとびあがって出たが、なにしろこれァちょいとってわけにゃァいかない。すっかり白くぬって、顔をこしらえて、衣裳をつけなくちゃならないんですから……。舞台はもうあいちゃってそこへ百姓が三人出ているんですけども、この百姓のせ

りふなんてものは、ごく短ッかくて、すぐにひっこむことになっている。しょうがないから、後見がとんでって、

「実は今、浜路の圓右さんがお湯ィはいっちゃって、ちょいと支度に時間がかかるから、つないでください」

って、そう言ったんですね。と、この百姓に出ていた人は、名前は聞きませんでしたが、みんな古い、売れない二つ目の噺家なんですが、噺は達者な人たちだから、よろしいってんで心得た。そこで、

「まァ田吾作、聞けや。おらが村になァ、こんだなことがあっただよ。むじなを退治《てえじ》て、殿さまからえれえごほうびのゥいたでえたっちィ話があるだ」

「あァ？　そりゃァおもしろそうだ。どんな話だ」

「実ァその……」

てんで、これァ『宿屋の仇討』という落語のなかにある話……こいつをしゃべる。これが切れてしまうと、

「うん、そう言やァおらが村にも、こうだな話があって……」

と、みんな落語の種をそこへひっぱり出してきてやるわけなんですが、そこは噺家どうしだから、うまいとこでぽんぽん合づちを打つし、話もおもしろいから、お客さまにうける……そうやって、二十分もつないでると、やっと浜路の支度がすっかりできて、後見が、

「へ、もう結構でございます」

「うん……じゃァあんまり長話ィしてもなンねえから、そンじゃァ帰《けえ》りますべえか」てんで、すウッとひっこんだという……これァ役者にはとてもできない事《コッ》て、噺家だからこそでございます。

『忠臣蔵』「三段目」でも、若狭之助が出てこなくって、師直と伴内とふたァりで、やっぱりつないだってえ話もありますし、噺家芝居は、そういう時にはまことに調法なもんで。

調法だといっても、それができるだけのうでの人でなければ、そこで詰まっちまってどうにもなりません。やはり永年修行も積み、芸のできた者は、そんな時でもおどろかない、すぐにさっとひらめくというやつで。

これはあたくしの先代《おやじ》のことでございますが、たしか大正十年の秋でしたと思いますな、有楽座で芝居をしたことがあります。この当時は、有楽座といってもただいまのところではございません。今、日劇と朝日新聞がある、あの裏のところにありました。この時は、あたくしの師匠が『太功記』「十段目」の光秀をやり、そのほか幹部総出演……あたくしみたいな若手真打のぴょこぴょこには、とてもいい役はやらしてくれない。そんならいっそ休もうってんで、あたくしァこの芝居は出ませんでした。

この時に『高時』が出ました。配役を申しあげますと、

北條高時　一龍斎　貞　山（六代目・桝井長四郎）
愛妾衣笠《きぬがさ》　三升家　小　勝（五代目・加藤金之助）
城入道《じょうのにゅうどう》　三遊亭　圓　窓（のち五代目圓生・村田源治）

大仏陸奥守《おさらぎむつのかみ》　錦城斎　典　山（三代目・青山嶽次郎）

それに天狗が大変でした。幹部総出演というので、圓右・圓蔵・小圓朝・小さん・金馬（二代目・碓井米吉）・三語楼（山口慶二）・馬生（のち四代目志ん生・鶴本勝太郎）という、錚々たるところが、出るわけです。

ところが、あの〝天狗舞い〟になりまして、天狗がすッと宙を飛んだりなんかする、こりゃとても素人にはできません。しかも年寄りが多いんですから、自分で歩くんだっておぼつかないのに、飛んだりしたらひっくり返る。そういうところは商売人がやるんですが、〝天狗舞い〟をおどるところや、高時の衿がみへ手をかけて見得になるところは、小さんとか圓右、圓蔵というところがやる。と、このおどるのが、ちっともそろわないんですね。でこぼこになっちまう。大体みんな踊りの地《じ》のない人ですからなかなかおぼえません。あたくしァ脇で見ていて、おもしろ半分にちょいと立って稽古をしたら、すぐにおぼえちまったが、これが因果で、まずうちの師匠が教えてくれってえますから、品川まで稽古に行く。と、圓右師匠が、

「おれッとこも、ひとつ頼むよ」

ってんで、しょうがないから、同朋町《どうぼう》という……上野広小路のそばの圓右さんのうちへ行く。と、三代目小さんも、

「おれッとこにも来てくれ」

ってえから、下谷桜木町へ行って稽古しなくちゃならない。かけもちで教えてあるいて、

あたくしァいそがしい思いをして、おどろきました。

舞台では、天狗が高時をさんざっぱら翻弄して、高時が倒れてしまう、と、天狗はすゥッと引っこむ。そこへ衣笠がぼんぼりを持って出ます。大仏陸奥守、城入道もそこへ出てきて、うちの先代《おやじ》の城入道が、

「君にはなんと思《おぼ》しめすか、今宵まいりし法師どもは、ありゃみな天狗にござります」

と言うと、高時が愕然とする……というところ。これを、二日目でしたか、うちの先代《おやじ》が、

「……今宵まいりし天狗どもは……」

法師どもは、と言うべきところを、天狗どもは、と言っちゃった。

「ありゃみな天狗にござります」

と言えなくなっちゃったんですよねェ。どうするかと思っていたら、

「ありゃみな烏天狗《からすてんぐ》にござります」

と言った。お客は、わァッてんで、わき返って笑いました。なるほどみんな、ちゃ、ちゃ、ちなる、よぼよぼした天狗ですから、せいぜい烏天狗ぐらいなもんなんで……。

この時ちょうど、名人と言われた尾上松助……あの〝蝙蝠安《こうもりやす》〟のうまかった松助さんが見に来ていて、

「いやどうも、実におそれ入りました。役者にはなかなか、ああいう頓智なことは言えない……烏天狗ってのは、実におもしろい」

ってんで、大そうほめました。

それから、やはり震災前の松竹座で、『かちかち山』の芝居が出たことがあります。おとぎばなしの、狸と兎の『かちかち山』ですね。あれを芝居に仕組んでやったわけでございます。圓右師匠が一時演芸会社を抜けて、睦会のほうへ行ったことがありますが、そのころの睦会でやった芝居で、あたくしどもは、切符を買って総見物《そうけん》で見に行きました。

狸が圓右さん、兎が五代目の左楽さん、おばあさんが、前にお話の出た〝くろ〟の里う馬さんという配役で、狸がつかまってしばられている。この狸がおばあさんをだまして縄をほどかしたうえで殺し、それを狸汁だといってじいさんに食わせる。逃げようとして、花道のところで兎と出合う。狸が顔をかくして、すゥッと行こうとすると、兎がその腰のところをつかむ、そこでちょっと立ちまわりがあって、とど、狸の持っていた〝火の用心〟と書いた煙草入れを、兎がすッと抜きとる。狸はそのまま花道をはいってしまう。

次の幕は、いよいよ泥舟のところで、ここで狸と兎の言い争いになって、おばあさんを殺したろうというと、狸が、

「いいや知らねえ、おぼえはねえ」

「おぼえねえとは言わせねえ。先月二十八日の夜《よ》、その時取ったるこの煙草入れ」

と言って、煙草入れを見せる。そこで狸がびっくりして、

「ぷゥッ」

「さアさアさア」

と、詰め寄せになって、これから立ちまわりになるという段どりなんですね。

あたくしどもの連中《れんじゅう》、七、八十人ずゥッと並んで見物していると、舞台では大車輪でやっております。すると、五代目左楽の兎が、

「や、おぼえねえとは言わせねえ。先月二十八日の夜《よ》、その時取ったる……」

って、腰にさげているはずの煙草入れをさぐってみると、持って出るのを忘れたんですね、肝心の煙草入れがないッ。その時に左楽さんが、いちだんと大きな声で、

「忘れてきたァ…ッ」

と言った。いや、この時のおかしさてえものは……見物はもちろん腹ァかかえて笑いましたが、舞台の者もみんな笑っちゃって、あとのせりふが出てこないんです。

そういうとっさの場合に思い切って、忘れてきたとは、なかなか言えないもんですよ。それを、ひとッ調子張りあげて、

「忘れてきたァ…ッ」

と言ったってえのは、あっぱれなもんで。この左楽さんてえ人は、睦会の統領で、震災後に出来た落語協会で会長になって、東京の噺家を全部一手におさえた。やはりものに蛻《もぬけ》る人ってものは、どこか芸勘《げいかん》が違うんだなァと思って、感心したことがございます。

鹿芝居と失敗

噺家芝居では、失敗をするとかえってご愛嬌で、お客さまがよろこぶくらいですから、ま、失敗はあってもよろしいんですが、笑いにもなんにもならないような失敗は、これァどうに

もしょうがないわけなんです。前に、市村座の『吃又《どもまた》』で、〃くろ〃の里う馬さんの土佐ノ将監がよかったということを申しあげましたが、この時に、将監の家の女中を鈴木定太郎の小遊三がやっておりまして、圓右さんのおとくが、さんざんしゃべって、のどがかわいて、

「卒爾《そつじ》ながら茶々ひとつ……」

って女中に言う。それから竹本になって、

「へ、お茶」

と言って、お盆を出すんですね。いつも湯のみがちゃんとお盆の上にのってるわけなんですが、三日目だか四日目だかに、持ってきたのを見ると、お盆の上へ湯のみが伏せてある。それを小遊三が、そのまんま、

「へ、お茶」

ってんで出したんです。そしたら圓右師匠が、小さい声で、

「まぬけな野郎だなァ」

って言いましたけどもね、なるほど、まぬけに違いない。たとえ噺家芝居にしても、芸の心得がないわけで。茶わんが伏さっていたら、お客に見えないように背中を向けて、ちょいと上向きになおして出せばいいんですが、伏せてあるまま出されたら、これァどうにもしょうがない。やはり、ちょっとしたところで、機転がきくかきかないで、えらい違いでございます。

あたくしと〃えへへ〃の柳枝(七代目・渡辺金太郎)で、『宮城野《みやぎの》信夫《しのぶ》』をやったことがあり

ます。これは、震災後の浅草の松竹座でございます。そのころの松竹座は、二代目左団次の一座が出たりして、なかなか大歌舞伎をかけた劇場で、あたくしはもう圓蔵になっておりましたから、たぶん大正十四年の夏ごろだと思います。柳枝はまだ痴楽といっておりました。震災後の景気がまだよかったころでしたから、先代《おやじ》とあたくしの名披露目《なびろめ》をやりました、芝の〝いけす〟といううちで、切符を三百枚ぐらい売ってくれたことをおぼえています。

この時に、二代目の談洲楼燕枝(町田銀次郎)、これも大変芝居の好きな人で、初日のあく前に、あたくしに、

「おまいさん、今度、宮城野をやるんだろ?」

ってますから、

「へえ」

「あのゥ、よく注意をしないといけないのはね、ほんとの姉妹《きょうだい》か、そのしるしを、と言ってお守りを仏壇から出す時に、後見がうっかりして、お守りを入れとくのを忘れるとね、えらいまごつくから、これァ毎日注意しなくちゃいけないよ。おれも一ぺんやって、困ったことがあったから……」

って言ってくれたんで……はァなるほど、いいことを教《おせ》えてくれたと思いまして、

「はい左様《さい》ですか。ありがとうございます」

それから毎日、幕のあく前に、後見に、

「お守り、はいってますね?」

「へ、はいっております」

ところが、ちょうど三日目になって、あたくしがお守りを出して、左の手へつかんで持ってきた……すると、信夫の役の痴楽が、自分のお守りを持って出るのを忘れたんですね。小さな声で、

「お守りを忘れてきた、忘れてきた」

とこう言うんですよ。せりふで、むこうから守りを見せろと言っておいて、自分のほうが忘れてきちまった。これァしょうがないン。あたくしは、自分のを左手に持って、むこうの差し出すお守りを右手に持って、両方を見くらべて、

「ああ、この守りを持っていやるからは、妹じゃ、妹じゃ」

というせりふになるわけですが、むこうは忘れてきちゃったから、何もない右の手をにぎりしめて出している……それから、あたくしが、自分のお守りを持っている左の手を、むこうのにぎりしめてる手のひらへ持ってって、ぽんと伏せた。そうしといて、あたくしのお守りを持ったまんま、こっちへ取ったようにして、

「このお守りを持っていやるからは、妹じゃ妹じゃ」

と言ってごまかしました。それでお客さまのほうは気がつかなかった。

楽屋へはいってきたら、痴楽が、

「どうもすみませんでした。うっかりしてねェ、忘れていっちゃったン」

「いや、あたしァね、談洲楼の師匠から「守りを忘れると、君、困るよ。どうにも芝居に

ならないよ」と言われてるからね、毎日あたしァ後見に念を押してるんだ」

「あァなるほど……どうもすみませんでした」

って……それァ舞台の上で、忘れてくることもあるでしょう、そういう時に、相手のほうでも、なんとかできることなら、してやらなくちゃァいけない。それが芸をやる者の心がけだと思います。

ついででございますから申しあげますが、あたくしは終戦の時に、満洲の大連におりまして、一時、芝居の一座にはいっていたことがありました。その時に、『転々長英』という芝居で、あたくしが坊主頭の医者で、そこへ牢《ろう》から逃げた高野長英がたずねてくる。まァとにかく一ぱいのもうというわけで、女房に、

「酒を持ってこい」

「はい」

ってんで持ってきたが、出すとたんに、とっくりをばたァんと倒しちゃったんです。そこで、あたくしァ、

「おまえは粗忽でしかたがない。困ったもんだ。すぐつけ替えてきなさい」

ってんで、突っ返したから、それを持ってひっ込んで、あたくしと長英とで捨てぜりふを言ってるあいだにそのとっくりを立てなおして、

「まことにどうも粗相をいたしました」

と、持って来ました。それで、そのあとは自然に芝居が続いたんですが、倒したとっくり

をそのままで、酒をついでのめば、お客から見ておかしい。ちょっと気転をきかせれば、そこが救えるわけで、まァ芝居では、そういうことはよくあるわけでございます。

大連の芝居

お話が出ましたので、この大連の芝居の一座にあたくしがはいっていたときのことを申しあげます。

これは羽衣座《はごろもざ》という劇団で、その座頭《ざがしら》といったような人が、前田一夫といいまして、もとは新派にいたという……たしか新派の都築文男《つづきふみお》という女形のお弟子さんで、

「喜多村緑郎先生にもすこし付いたことがあります」

なんて言ってました。それが大連で相当鳴らした芸者と夫婦になって、むこうへ落ち着き、なんでも箸をこしらえて売る商売で、手びろくやっていたのが、終戦のがちゃがちゃでだめになったんで、この羽衣座で芝居をすることになった。ですから、芝居をさせてもなかなか器用で、座頭《ざがしら》というような役割は、この人がみんなつとめておりました。

あたくしがこの羽衣座へ出ましたのは、常磐座《ときわざ》という映画館を持ってた小泉さんてえ人に頼まれましてね、あたしァ芝居の経験がないからだめですよってことわったんですけども、むこうでは、圓生という名前が……落語ではみんな知ってるわけですから、その名前がほしいってんですね。それで一躍、幹部……ったって、たいしたもんじゃァありませんけども、それでもまァ幹部のほうへ入れてくれました。

あたくしがいちばんはじめにやったのが、たしか長谷川伸先生の『瞼の母』でしたかね、あの、板前《いたまえ》の役で出ました。主役の番場《ばんば》の忠太郎は、もちろんその前田一夫がやるわけで。それから、『婦系図《おんなけいず》』「湯島の境内」で、あたくしァ声色屋をやったり……座員といったって、大勢いるわけじゃァないし、その時々でふえたりへったりする。前田一夫のほかに、地元の床屋さんで、おかみさんがやっぱり昔新派の女優をしてたという、ご夫婦がいて、それとあたくしくらいが幹部。そのうちに、今、リーガル天才・秀才といって漫才をやっています、あの天才のほうですね、あの人が奉天でやはり劇団にいたんですが、むこうがだんだん状況が悪くなって大連へやってきた、この人をこの羽衣座へ入れたこともありました。この天才が坊ちゃんの役で、夏目漱石の『坊ちゃん』をやって、あたくしも野だいこで出たことがあります。

前に東京で噺家芝居に出たことはあるけれども、本当の芝居に出た経験はないわけで……鹿芝居の時はねェ、顔やなんかは、みんなあなたまかせで、突き出してりゃァ商売人がちゃんとこしらいてくれる。ところが今度はそうはいかない、羽二重《はぶたい》といって、頭ィかぶって月《さか》代《やき》ッところの地毛《じげ》をかくすきれがありますが、あれの合わせかたからなにから、みんな自分でおぼえてやらなくちゃならない。一ン日《ち》か二日は教《おせ》えてくれましたけども、あとは自分でやらなきゃだめですよッてんで、おッぽなされちゃったから、こっちァほかの人よりもずっと早く楽屋入りをして、一生けんめい自分でやるんですがね、慣れない仕事ですからねェ……眉《まみえ》を描くったって、描いてるうちにだんだん太くなっちゃって、どうにもしょうがないから、またすっかり落としちゃって、塗りなおして描く、というようなわけで、時間がかかるんですよ。

なにしろねェ、冬なんぞは零下二十なん度という寒いところへ、火の気といえば、あのゥ、ニクロム線の電熱器、あれがひとつッきりしかない。そんなもんでいくらも暖かくなるもんじゃァありませんよ。ですから、顔へおしろいを刷毛でもって、すゥッとひきますとね、ぱアッと煙《けむ》が……あの、たばこをのんで煙をはくときみたいに、顔から煙が出るんですよ。顔が体温でいくらか暖かいとこへ、水をすッとひくんで、あのゥ寒いときに息をはくと白くなるのとおんなしわけで、ぱアッと煙《けむ》になるんですね。はじめはもう、なんだろうと思ってびっくりしたくらい……冬はどうも実に大変なところで。

それでおかしかったのは、前にもお話しした『転々長英』という芝居をした時のことで。寒い最中で、おもては雪が降ってる。あたしが坊主の医者になって、その前田一夫が高野長英です。ふたァりで向かいあって三十分くらい……せりふの長い芝居でしたね、ふたァりで長々としゃべるんですよ。高野長英のほうは袴をはいて、あぐらをかいてるんですが、そのうちに、ひょいと見ると、袴の前のほうが色が変わってる……変だなと思ってよォく見たら、なんか濡れてるようなんですね。それから、

「なんだか前が濡れてるよ」

って小さい声で言ったら、

「……小便《しょんべん》しちゃったんだ」

あれはその、あんまり寒いのと栄養失調ですね。いやどうも、高野長英、すわり小便《しょんべん》だって……おかしいけども、当人は笑《わら》い事《ごッ》ちゃァないんですよ。

その寒い冬のさなかに、役者のなかにははだしでくる人がある。え〻、下駄が買えないんですね。下駄どころじゃァない、それより先に口ィはいるもんがほしい……本当に、その日その日が食えないんですからねェ。

しかし、そうやって芝居をしていると、やはり客は見にくるわけで……ほかになんにもないんですから。

で、劇場はひとつッきりしかない。大連にはもちろん、たくさん映画館や劇場はあったんですが、これはみんなソ連と中国政府のほうに接収されちまって、帝国館といってました映画館、これだけを、日本人が使ってもいいというわけなんで。これを、やはり共産党系の人がおさえて、組合劇場という名前になりました。

ですから演目《だしもの》も、やはり左がかったもんでないといけないんですね。それで、『はりつけ茂左衛門』だとか、あれは、藤森成吉という人の作でしたかね。『転々長英』もそうですね。だけども、お客の呼べるものもなけりゃァ採算はとれないから、あいだへ新派のものや、股旅ものを入れたりしてやる。

それでも羽衣座は、いいあんばいに、昼夜一週間ぐらいは興行をする。それ以上長くはできないってえのは、劇場はひとつしかないのに、劇団が三十いくつもあったんですから、そのなかでひとつの劇団に一週間もとられたら、ほかの連中はもう大変で……ですけれども、そこはやはり、客の来ないものをやったってしょうがないから、それだけの成績のないところはやらしてもらえない。

いつか、合同でやったことがありました。むこうは何か新劇の劇団なんです。こっちには、新劇の人もいたんですが、ま、座頭格《ざがしらかく》の前田一夫が新派ですから、そういう色あいで、髷《まげ》ものの芝居をやっても、まごつかない。ところがむこうの劇団の人は、髷《まげ》ものなんかやったことがないから、さァ羽二重がまるっきり合わないんですね。羽二重が合わないってのは、自分の額《ひたい》ッとこの色と羽二重の色が違ってしまうことなんで、これが合わせられないようじゃァ役者でございって顔は出来ないわけなんです。だからこっちァ、

「なんだい、あの役者は……羽二重が合わねえじゃァねえか」

とかなんとか言って……なに、手前《てめえ》だって二月《ふたつき》前まではなんにも知らなかったんで。相手をけなしといて、あとで考えたらおかしかった。

ですから、ものはなんでも経験しておくべきものだと思ったのは、東京へ帰ってからずっとのちに、有楽町の芸術座の芝居で、『がしんたれ』へ出ました時にも、一ぺんやってもらっただけで、あとはずっと、顔は自分でやりました。あの時は、羽二重なしですッぽり上からかぶっちまうかつらでしたから、楽なもんで……羽二重をつける頭は、そこィ行くとなかなかむずかしいんですよ。

まァそういったようなことで、この羽衣座もしょっちゅう芝居をやってるわけじゃァないが、できるときには、あたくしも必ず出て、もちろん端役《はやく》みたいなこともありますが、とに

かく、引きあげてくる時まで、やっておりました。

衣裳とかかつらなんてえものもね、まァご方便なもんで、大連というのはあれだけ大きなとこですから、衣裳屋さんというようなものがあって、持ってる人がいたんですね、なんとか間にあいました。もっとも、時には狂言によっては困りまして……『はりつけ茂左衛門』の時に、あたくしが上野の一品《いっぽん》親王の役で、宮様の役ですから普通の袴じゃいけないってんで、ほうぼうさがしましてね、神主《かんぬし》さんのはく袴を、神社へ行って話をして借りてきた、なんてえこともありました。

それと、踊りのほうの舞踊大会というようなものがありまして、藤間、花柳、西川、各流のお師匠さんがいましたし、長唄とか清元の地方《じかた》をやる人もちゃんといましたから、そういう人が集まって、まァ演芸会を催すわけです。で、『道成寺』が出るといえば、ちゃんとその『道成寺』の衣裳なんてえものは、衣裳屋から借りるわけなんですね。

また、そういう時には、あたくしも必ず手伝う。前に噺家をよして、踊りの師匠になろうと思って、一生けんめい踊りのことも覚えましたんで、多少のことはわかりますから、『保《やす》名《な》』なんかですと、蝶々《ちょうちょ》を遣《つか》わなくちゃァいけないでしょ？　ところがそれを遣う人がいないからってんで、あたくしァ黒衣《くろご》を着て、蝶々を遣って、そうしていくらかでもご祝儀をいただく。そのほか、ツケを打ったり、進行係みたいなことをして、手伝うわけなんです。

そしたら、圓生という名前で、あんなことをしちゃァみっともない、なんてえことを言った人がありますから、とんでもないって、あたくしァそう言ったんで。人間泥棒さえしなきゃァ正々堂々たるもんだって……。芸人が芸のことを手伝ってかせいだって、なに恥になることはないと、あたくしァ思った……もうそんなこと言っちゃいられない場合なんですから。

そういうさなかでも、おかしい話がありました。

五月女流《さおとめりゅう》のお師匠《しょ》さんてえ人がありまして、これァそのレコードものばっかりなんです。昔のレコードですから三分くらいの短ッかい、ごく陽気なものに振りをつけて、これを教《おせ》えてたんですね。そうしたところが、一時はずいぶんお弟子さんがあったんですけども、だんだん、だんだんなくなっちゃった。で、今度ァとうふ屋になった……『千早ふる』みたいなもんで、そりゃァなにになってもかまわないが……それで毎日とうふを売りに来るんで。そうすると、舞踊の大会をやるってことンなりまして、めいめい寄って、あたしはなにがいい、あたしはこれを出すって時に、この五月女流のお師匠さんなるものが、

「あたしァ道成寺を踊りたい」

ってんですね。それでその、下稽古《したげいこ》をしなくちゃァならないんで、組合劇場の舞台へ行って、みんな顔寄せをして、長唄の地方《じかた》が、チ、テン、ツトン、ツン、

〽鐘に恨みは数々ござる……

ってんで、はじめたんだけども、ずヴッと立ったきりなんです。いくらうたっても、じイッとして動かない。それで、

〽いわず語らぬ、わが心……

ってとこィきたら、しゃがんじゃったってんですね。だから、これァ地方《じかた》が気に入らない

んだろう、こんなまずい唄じゃァ踊れないとかなんとか言うのかしらんと思って、一時中止をして、幹事の人が行って、

「どうしたんです」

って聞いたら、実は道成寺の踊りは知らないんだってえんで……。だって、他人《ひと》が言ったんじゃァない、自分で『道成寺』を踊りたいって言って、「知らないんですか」って聞いたら、「やってみたいと思ったけど、まるッきり知らないんだ」って……世の中にこんな人をくった馬鹿げた話てえのァないでしょう？

今さらそんなことを言ったって、発表もしちゃったし、衣裳も借りちゃった。しょうがないから、なんでも花柳流で六十いくつになってるお師匠さんに頼んで、急に稽古をした。三日間ぐらいで『道成寺』一段教えちゃった。それでもなんとか踊りましたが、世にもふしぎな人があるもんです。

戦後の鹿芝居(1)

戦後の噺家芝居で、あたくしが出演しておぼえておりますのは、三回ほどでございます。まず、昭和二十七年十一月三十日、これは第四次の落語研究会の主催でございまして、第五十回記念臨時公演として、神田の立花演芸場で催しました。

だしものは『弁天娘女男白浪《べんてんむすめめおのしらなみ》』で、「浜松屋」と「稲瀬川勢揃い」、この二場《ふたば》でございます。昼夜二回、配役を変えて相つとめました。この時、いろいろお手伝いいただいたのが、

指　導　松本高麗五郎（のち九代目市川八百蔵）
狂言方　竹柴　栄治
舞台装置　金子紀一郎
鳴　物　玉藻《たまも》会《かい》社中

昼の部が十二時四十分の開演で、ふだんのように、落語を七人やりまして、三時十分からの予定で、大喜利にこの芝居をやるわけで。昼のほうの配役は、

浜松屋店先の場

日本駄右衛門　春風亭　柳　枝（八代目・島田勝巳）
早瀬の息女実ハ弁天小僧　古今亭　志ん生（五代目・美濃部孝蔵）
南郷力丸　三遊亭　圓　生（六代目・山崎松尾）
浜松屋幸兵衛　桂　右女助（のち六代目小勝・吉田邦重）
同伜　宗之助　金原亭　馬　生（十代目・美濃部清）
番頭　与九郎　林　家　正　蔵（八代目・岡本義）
丁稚《でっち》　三保松　蝶花楼　馬　楽（六代目・河原三郎）
鳶頭　亀の子清次　柳　家　小さん（五代目・小林盛夫）

稲瀬川勢揃いの場

日本駄右衛門　春風亭　柳　枝

弁天小僧菊之助　　桂　文　楽（八代目・並河益義）
忠信利平　　桂　右女助
赤星十三郎　　柳　家　小さん
南郷力丸　　三遊亭　圓　生
捕手《とりて》　　橘　右　近
〃　　桂　小金治

夜の部の配役も申しあげておきますと、

浜松屋店先の場

日本駄右衛門　　桂　三木助（三代目・小林七郎）
早瀬の息女実ハ弁天小僧　　三遊亭　圓　歌（二代目・田中利助）
南郷力丸　　林　家　正　蔵
浜松屋幸兵衛　　桂　右女助
同伜　宗之助　　金原亭　馬　生
番頭　与九郎　　春風亭　柳　枝
丁稚　三保松　　蝶花楼　馬　楽
鳶頭　亀の子清次　　三笑亭　可　楽（八代目・麴地元吉）

稲瀬川勢揃いの場

日本駄右衛門　桂　三木助
弁天小僧菊之助　三遊亭　圓歌
忠信利平　桂　右女助
赤星十三郎　三笑亭　可楽
南郷力丸　林　家　正蔵
捕　手　橘　右　近
〃　桂　小金治

当時はテレビというものがまだありません。ラジオのほうで、ニッポン放送でしたかな、中継放送をやりましたが、はじめからしまいまで、お客の笑い声ばかりで、役者のせりふはちっともはっきりしない、ただがやがやがやがやしているという……ふしぎな中継でした。

あたくしは昼のほうだけしきゃ出ませんでしたが、南郷力丸で……これァはじめ文楽さんがやるわけになってまして、あたくしァ勢揃いの弁天小僧をやる予定になっていたんですが、文楽さんと入れかわることゝなった。それで浜松屋のほうの弁天小僧は、はじめから志ん生がやることになってるんだが、この人ァどうもあんまり芝居ごころのない人で、前に申しあげた震災前の松竹座でやった睦《むつみ》の芝居の時ですけども、先代の立川談志さん(竹内栄次郎)が近藤勇をやって、その時に、下まわりだった志ん生が、近藤勇のとこへ手紙を届ける役なん

で……手紙を持って舞台へ出て、気のない調子で、

「はい、談志さん、手紙」

ってんで、これを渡したン。あとで談志がおこりましてねェ、

「なんだあいつァ、芝居ごころのねえやつだ」

って……まァそのくらいですからどうにもしようがない。文金の高島田に振袖で、出たばかりで、お客はもうげらげら笑ってる。浜松屋の店へはいってくと、ぞうりのまんま、上へあがってってっちゃうから、

「おい、ぞうりをぬがなくちゃいけないよ」

ってあたくしが言ったたって、当人、もう足のほうが馬鹿みたいになっちゃってて、ぬげないんですね。やっとこさぬがせると、もうそこンとこだけで、わッわッというさわぎで……。あたくしとふたァりで、捨てぜりふなんぞは十分にやろうって打ち合わせて、額《ひたい》へきずがついてから、

「ひでえことをしやがった。あの番頭のやつがなぐりゃァがったんだ、どうもいけすかねえ番頭だ」

とかなんとか、ふたりでさんざっぱらやったら、こいつがすこゥし長すぎたんで、右女助の幸兵衛がね、

「お話のちゅうで、まことに恐れ入りますが……」

ってんで、金《かね》を出したんですが、そうでもしないと、いつまで捨てぜりふを言ってるかわ

からない。

それでもまァなんとかやりまして、次は稲瀬川勢揃い。ところが、あの立花の舞台ってものは、二間半ぐらいで、せまいもんですよ。それへ土手をこしらえて、五人男がひとりひとり傘をさして並ばなくちゃならない。捕手《とりて》なんぞはもちろん、もう、うしろのほうへまわるよりしかたがないんです。第一、ふつうの傘をさしたんじゃァぶつかっちゃってどうにもしようがないから、別あつらえの小さい傘をこさえまして、これを持って、みんなずゥッと並んだ。

柳枝が日本駄右衛門、文楽の弁天小僧、右女助の忠信利平、ここいらは、まァなんとかせりふをおぼえていて、まァまァやりました。そのあとが小さんの赤星十三、いちばんしまいがあたくしの南郷力丸……で、まァあたくしなんぞは、この『弁天小僧』なんてものは、一《ひと》幕《まく》全部おぼえてます。なぜ知ってるかってえますと、前にも申しあげましたが、子どものころ旅ィ出ると、圓太（のち橘家圓玉）という人が〝蔭芝居《かげしばい》〟というものをやる。その時に、この『弁天小僧』のつらねをよくやったもんです。こっちは十一か二、圓童で噺家になったばかりのころで、それをまねてやってみたくてしょうがない。それから本屋で見てたら、声色の本てえのがあった。小さい本で『五人男』のせりふやなんかがずっと、花道ンとこからすっかり出ている。それを買って来て読んだんですが、子どものときだから、鮮明に頭ンなかへはいっているわけですね。ですから蔭芝居の時には、赤星十三はあたしがスケるから、なんてことを言いまして、やってたわけなんですけども、この四人《よったり》めの赤星十三の柳家小さん、この人は、この時はじめて芝居というものに出たんで。駄右衛門、弁天、忠信までは、みんなちゃんと正面を向いてせりふを言って、見得を切る……お客はもう、ひとりひとり、わァわァてえさわぎ……で、小さんになって、

「またその次につらなるは、以前は武家の中小姓《ちゅうごしょう》、故主《こしゅう》のために斬《き》り盗《ど》りも……」

というせりふなんですが、これがどうも七五調のせりふにならないんですね。間《ま》のぬけた調子になるんで、お客はどうどう笑う。せりふがよく頭へはいっていないし、当人もう、かァッとあがっちゃって、

「砥上《とがみ》が原に身《み》の錆《さび》を、磨《と》ぎなおしても抜けかぬる……」

ってえところへんにくるてえと、せりふがつかえちゃった。黒衣《くろご》がうしろへしゃがんで、せりふをつけているんですが、しゃがんでちゃァ聞こえないから、立ちあがって、当人の頭のうしろから、

「砥上が原に身の錆を……」

てんでつけてる……けれども、お客はわァわァ湧いちゃってさわがしいし、当人ぽゥッとしちゃってるからうしろで言ってるのが、ちっとも耳へはいらないわけなんで。もう、まッ赤《か》な顔をして、

「うゥ……ん」

てんで、うなってる。それからあたくしが、南郷力丸で隣りにいますから、

「砥上が原に身の錆を……」

って、教えた。そしたら小さんが、

「え?」

てんで、あたくしのほうへ向きなおったんですね。こっちァお客にわからないように、正面を向いたまま、せりふを教えたのに、

「えッ?」

てんで、こっちィ聞き返したから、いよいよもってその、せりふをあたくしのほうに聞いたってことがわかったもんですから、お客はまたわァッと笑う。

立ちまわりったってなんたって、その二間半の舞台で、五人いて、捕方《とりかた》がいて、あなた、どうなるもんじゃァありませんよ。それでもなんでも、とにかくやって、昼の部は打ち出しました。

夜のほうは、あたくしァ出ておりません。というのは、三十日ですから、下席《しもせき》の普通の興行があったんですね。だからほかの席へつとめに行っちゃったんで、今思えば、やっぱり夜のほうも見ておきたかったが、これはあたくしァ見ていないんです。しかしまァ、夜もさぞかし、大変でしたろうと思います。

戦後の鹿芝居(2)

その次は、昭和三十二年三月三十一日、やはり落語研究会の主催で『落語まつり大歌舞伎』と称して催しました。

第四次落語研究会は、昭和二十三年十月九日に第一回を京橋の千代田生命ホールで開催し、二十五年九月の第二十四回から会場を神田の立花演芸場へ移しましてから、二十九年十一月の第七十四回まで、ずっと立花をホームグランドにしておりましたが、その年の暮れに立花演芸場は閉鎖になりましたため、次の十二月、第七十五回から、有楽町の東京ヴィデオ・ホールで開催することになりました。この落語まつりの芝居も、やはりヴィデオ・ホールでやりましたもんでございます。

だしものは、『絵本太功記』「十段目」、やはり昼夜二回、配役を変えていたしております。

落語まつり大歌舞伎　絵本太功記　尼ヶ崎閑居の場

〈昼の部〉

武智十兵衛光秀　中村可楽（麴地元吉）
武智十次郎光吉《みつよし》　尾上志ん生（美濃部孝蔵）
真柴筑前守久吉　松本正蔵（岡本義）
加藤主計頭《かずえのかみ》正清　市村馬生（美濃部清）
十兵衛妻操《みさお》　片岡圓生（山崎松尾）
嫁初菊　沢村三木助（小林七郎）
老母皐月《さつき》　市村馬の助（小沼武）
軍兵　松本照蔵（のち五代目柳朝・大野和照）

〃　尾上橋之助（小野沢富芳）

〈夜の部〉

武智十兵衛光秀　坂東小勝（吉田邦重）
武智十次郎光吉　尾上柳枝（島田勝巳）
真柴筑前守久吉　松本正蔵
加藤主計頭正清　市村馬生
十兵衛妻　操　坂東圓歌（田中利助）
嫁　初菊　中村小さん（小林盛夫）
老母　皐月　市村馬の助
軍　兵　松本照蔵
〃　尾上橋之助

そうして　昼夜ともに、

浄瑠璃　竹本松太夫
〃　秀太夫
三味線　豊沢猿平
囃子　福原鶴祐社中
演技指導　尾上多賀蔵

この時もあたくしは、昼の部だけに出ておりますが、この芝居について思い出すと、第一に、何の芝居をやろうかって相談の時に、『本朝二十四孝』をやろうか、『太功記』「十段目」をやろうかってんで、結局『太功記』ということに決まりました。すると、死んだ可楽が、どういうもんですか、

「おれはどうしても、光秀でなきゃァやらねえ」

と、こう言うんです。

「ほかの役なら出ねえ」

ってんで、がんばってるン。で、どうしようったら、

「まァまァいいよ、病人にさからわねえほうがいいから……」

ってんでね、少々気ちがいあつかいで……じゃァまァ可楽に光秀をやらせるってことになりました。志ん生の十次郎、これなんぞは、お客さまお待ちかねで……操をあたくしに、という、これァまァ立女形《たておやま》の役であり、あたくしならば、歌右衛門と大した違いもなかろうし、噺家芝居にゃァもったいないくらい……これァ他人《ひと》が言うんじゃァない、自分で言うんですから、まちがいはないことで。それから初菊は三木助ですから、踊りができる人だし、よかろうというんで、みんなあっぱれ名優のつもりでやりましたが、あたくしァあの、長い裾をひいて、段をあがったりおりたり、ああいうのははじめてやりましたけども、じゃまっけなもんで、やってみると、なかなかうまくいかない。歩くてえと下にはいてる股引《ももひ》きが見えたってんで、大笑いをしました。

それから困ったのは、あのヴィデオ・ホールってえとこは、お湯がないんですよ。芝居なんぞはあまりやらなかったものなんですが、化粧《かお》を落とすったって、やかんで一ぱいずつお湯ゥわかしてるなんて、そんな事《こッ》ちゃァとても間に合わない。そうすると、有楽町のガードのむこうにお湯ゥ屋があるから、そこへ行ったらどうだろうッてんですけどね、とにかく化《か》粧《お》をしたまんまで出りゃァあなた、チンドン屋とまちがえられちまうから、顔へほッかぶりをして、着物を着て、タクシーへ乗っかって、そのガードのむこうのお湯ゥ屋へ行きましたよ。そうしたら、中ィはいってた人も、変な顔のやつが大勢はいってきたんで、みんなびっくりした。そういう珍談もありました。

夜のほうは、小勝の光秀に十次郎は柳枝ですから、これァまァまァいいが、圓歌の操、これが、

〽現在、母御を手にかけて……

というところで、切り戸をあけるしぐさがあります。

〽現在、母御を

で、切り戸をあけて、外を見て、

「あ、もし」

〽手にかけて……

ということゝなる……そこで切り戸をあけようと思ったら、あかないんですって。あかなけりゃァむりにあけなくッたって、切り戸ってえのは背のひくい、半分ッきりのもんですか

ら、その上へ手をかけて、むこうを見ておいて、

「あ、もし……」

とやってしまえばなんでもないんですが、そこがやっぱり素人《しろうと》で、これをあけておもてを見るんだって教《おす》わったから、なんでもかんでもあけなくちゃァいけないってんで……どうしても手ではあかないから、足でけとばしたってえんで……そうしたら、わァッてんでお客が沸いちゃった……それァあなた、沸きますよ。操がねェ、切り戸をけとばしちゃァいけない。やっぱり素人芝居ってものは、とっさの場合に、はっとして、地金《じがね》が出てしまう。だからおかしいわけなんで……。

戦後の鹿芝居(3)

そのあとは、NHKの東京落語会の特別公演で『仮名手本忠臣蔵』が出ることになりました。これは、昭和三十五年三月二十二日、大手町の産経ホールでございます。

この時は、夜一回だけ、それも前かたに落語を何席かやったあとというのではなく、『忠臣蔵』の「三段目(落人《おちうど》)」「五段目」「七段目」の三幕、芝居だけをごらんに入れたわけでございます。配役は、

口　上　　三遊亭　金　馬（三代目・加藤専太郎）
「三段目(落人)」
早野　勘平　　春風亭　柳　橋（六代目・渡辺金太郎）

腰元おかる　古今亭　志ん生（美濃部孝蔵）
伴　内　桂　小文治（稲田祐次郎）
花《はな》四《よ》天《てん》　金原亭　馬　生（美濃部清）
〃　金原亭　馬の助（小沼武）
〃　三遊亭　小圓馬（森山清）
〃　三笑亭　夢　楽（渋谷滉）

「五段目」

斧　定九郎　古今亭　今　輔（五代目・鈴木五郎）
早野　勘平　林　家　正　蔵（岡本義）
与市兵衛　三遊亭　百　生（小河真之助）
猪　桂　小　南（谷田金次郎）
千崎弥五郎　柳　亭　痴　楽（四代目・藤田重雄）

「七段目」

大星由良之助　三遊亭　圓　生（山崎松尾）
遊女おかる　柳　家　小さん（小林盛夫）
平右衛門　三升家　小　勝（吉田邦重）
大星　力弥　金原亭　馬　生
三　人　侍　桂　米　丸（四代目・須川勇）

〃　　　　金原亭　馬の助

〃　　　　三遊亭　圓右（三代目・粕谷泰三）

斧九太夫　三笑亭　夢楽

伴内　　　三遊亭　小圓馬

幇間　　　桂　　　伸治（のち十代目文治・関口達雄）

〃　　　　春風亭　柳好（四代目・小川清）

仲居　　　林家　　照蔵（大野和照）

〃　　　　古今亭　桃輔（のち柳家金三・佐藤武一）

〃　　　　春風亭　愛橋（のち七代目柳橋・駒木根正男）

〃　　　　三遊亭　とん馬（のち三代目遊三・松島明）

〃　　　　桂　　　小西（のち文朝・田上孝明）

〃　　　　三遊亭　さん生（のち川柳川柳・加藤利男）

かごや　　金原亭　馬太郎（のち古今亭志ん馬・砂本真佐文）

〃　　　　橘家　　升蔵（のち八代目圓蔵・大山武雄）

この時は、文楽さんが出るはずだったのが出ないことになったために、大分ごたごたしました。文楽さんはこの前のヴィデオ・ホールの時も、十次郎に出ることになって、予告もしてあったのに出なくなって、急に柳枝さんに変わった。どうもあの人は、芝居てえと、たびたび人に迷惑をかけています。

今度は、三段目の道行、このおかるを文楽さんがやる予定だったんです。柳橋の勘平、小文治の伴内は、予定どおり。それから花四天《はなよてん》ですが、下まわりのものより、相当の名前の人に出てもらえれば、それに越したことはないってんで、小勝と小さんを、花四天の頭《かしら》にしようってんで、NHKの人が、

「あなたのおっ師匠《しょ》さんの文楽さんがおかるをやるんだから、花四天につきあってください」

と言って頼んだ。小勝のほうはよろしいってんで請けあったが、小さんのほうはことわったという……これァねェ、小勝のほうはもうひとつ、七段目の平右衛門という役がついている。けれどももう片っぽの小さんは花四天だけなんで、これは役不足ですよ。だから、

「あたしァ芝居はだめですから、出られません」

てんでことわっちゃったわけなんです。

五段目の勘平が正蔵、今輔の定九郎、痴楽の千崎弥五郎、そして与市兵衛が百生……百生が百姓をつとめるというわけで。七段目の由良之助、これァはじめッから、あたくしがやることにきまっていまして、おかるは志ん生がつとめることになっていました。そして、平右衛門が小勝。

ところが、文楽さんが例によって、出ると言っといて、具合が悪いから出られないってえことになったんで、さァ困った。どうしようってことになる。

じゃア志ん生さんに両方のおかるをやってもらおうといったところが、二幕《ふたまく》のおかるじゃアとても、稽古するったって無理だという……だから、三段目のほうへ志ん生を持ってくれば、七段目のおかるがなくなっちゃう。どうしようってんで、NHKの人があたくしンとこイ相談に来たから、

「それじゃア七段目のおかるは、小さんにやらしたらいいでしょ」

「いいえ、この前話をしたところが、「芝居はあたしァできないからいやだ」といって、ことわられました」

と、こう言う。だから、

「それァあなた、花四天を頼んだんでしょ？」

「そうです」

「花四天だけじゃァことわりますよ。おかるを持ってってごらんなさい、いやだとは言わないから……」

「ですけども……絶対だめだよって、言われてますから……」

「そんなことァありませんよ。やっぱりね、伊勢屋の若旦那なんだから……あなた、落語を知ってるでしょ？　『蛙茶番《かわずちゃばん》』でね、伊勢屋の若旦那は役不足で出てこない、あれですよ。花四天じゃァだめだが、おかるならふたつ返事で請けあうから、聞いてごらんなさい」

「そうですか」

ってんで、また小さんのところイ行って、

「七段目のおかるはどんなもんでしょう」

って言ったら、

「へえ、ようござんす」

てんで、請けあったわけなんで……だからねェ、これァあたくしがよく『素人芝居』の噺のまくらで話をしますが、おかるがお猿の顔になろうと、そんなことは当人は責任をもたない。おかるとなれば立女形《たておやま》の役なんですから、当人も納まったわけなんです。

この時の三段目は、あたくしも前へまわって見ましたが、志ん生のおかる……あの人は多少踊りはおどりました。もちろん、『かっぽれ』だとか『深川』とか、まァ噺家一流の踊りでもって、ちょいとした端唄なんぞは若い時分には踊ったんですから、まるっきり踊りの気《け》がないんじゃァない。しかし若い時分はやせていましたが、晩年はもうふとっちゃって、そこィおかるの衣裳を着せられたもんだから、二進《にっち》も三進《さっち》もいかない。いっぺんしゃがんで、今度立とうとすると、立てないから、勘平の刀へつかまって、それをたよりにやっとこさと立ちあがる……これァどうも珍なるものでした。

五段目になりますと、正蔵の勘平、痴楽の千崎弥五郎……おどろいたのは、この千崎のせりふがしっかりしていることったら、調子はいいし、いつもの痴楽さんの噺とは、全然違う……それてえのは、あの人はもと、義太夫語りだったから、そのせりふになりますと、本当にしっかりしている。これは、前にも申しましたが、『水滸伝』の『瓦罐寺《がかんじ》』が出た時に、新遊ってえ人、これァ本名を武田新之助と言うんで、新ちゃん新ちゃんて言ってましたが、あたしが噺家になった当時、竹本玉太夫でしたか、豊沢鬼市《きいち》という人の三味線で、義太夫語りで出ていました。あんまり声もよくないし、節もたいしてうまくなかったんで、義太夫をよして、二代目の圓遊(吉田由之助)の弟子になって、新遊、これがのちに、牛込の柳枝さんのところへ行って、春風亭柳條となり、最後は、柳亭燕路となって死んだわけです。この人もやっぱり義太夫をやっただけに、この『瓦罐寺』の山賊で出た時に、大へんにせりふの調子がいいんで、あたくしァびっくりしたことがあります。その時のことを思い出すくらい、痴楽の千崎のせりふがしっかりしてうまいのにはおどろきました。

それから百姓与市兵衛、これもなかなかどうして、適材適所でよろしうございました。今輔さんの定九郎、正蔵さんの勘平……これらはまずまずで。

七段目になりまして、あたくしの由良之助ですが、なかなかこの役は、商売人がやってもむずかしいってますけども、そうでしょうねェ。しかし、

「九太《くだ》はもう、去《い》なれたそうな」

で、チョチョンと柝《き》がはいって、灯《ひ》入《い》りの遠見《とおみ》になって、独吟《どくぎん》になりますねェ……それからあたりを見まわして、手紙を読むってえところ……あすこいらは、なるほど、やってても、

「あァいい役だなァ」

と思いますねェ。

この『忠臣蔵』は、もちろんＮＨＫのテレビでもやりましたが、本当に、一日《いちにち》ッきりでよしてしまうのは、まことにもったいないような気がして、二度でも三度でもやりたかったく

らいでしたが……。

この時はまァあまり大して失敗はしなかったんですけども、それでも、あたくしなんぞは、大ていよくおぼえているつもりでいたんですが、あの九《ここの》つばしごを出して、おかるを屋台からおろしたあとで、九太夫が出られないように、縁の下ッところへ、ずゥッとはしごを入れる……あれを忘れてしまいましてね……後見の人が困ったそうですけれども……。自分ではちゃんとしっかりしてえるつもりでも、素人芝居ってものは、どこかアナのあるもんなんで、そこにやっぱり、おかしさが出てくるというわけなんでしょう。

この由良之助は、へへ、大変な評判になりまして……亡くなった菊田一夫先生がごらんになって、ぜひ芸術座へひっぱりたいというお話で、お見出《みだ》しにあずかりまして、のちに『がしんたれ』という芝居に出ることになりました。この芝居は、あたくしが出たからってえわけじゃァないが、お客さまが大変おもしろいというので、半年ぐらいでしたか、ずいぶん長い興行になりました。

そののちも、芸術座へは、ほんものの役者で、ちょいちょい出るようになりましたが、そのきっかけになったのが、この『忠臣蔵』の由良之助なんですから、素人芝居もまんざら役に立たないこともないんで……。

第二部　『寄席育ち』後日

『寄席育ち』以後

『寄席育ち』

『寄席育ち』の初版が、昭和四十年の三月でございましたから、早いもので、もう十年の余となるわけでございます。

おかげさまでご好評をいただき、六版を重ねました。巻末に年譜が掲《の》っております。版をあらためるたびにこの年譜に追加をしたんですが、それも昭和四十六年の分までで、ページがいっぱいになってしまった。これ以上は、ページをふやさなくちゃァはいらない。まァそんなことで、今回は年譜だけでなく、四十年以後のあたくしの身におこりましたことを申しあげて、本文のほうも追加をしようと、こういう魂胆でございます。

あたくしが本というものを出しましたのは、『圓生全集』十巻というものが最初でございます。あたくしはそんな十冊なんて、とても出せないから、一冊か二冊にしてほしいと言ったんですが、まわりの人が、

「いや、十巻は出せる。今までにそういうものはないんだから、ぜひ出しなさい」

と言ってきかないんです。

これまでに噺家で個人の全集というものは、『圓朝全集』……これは、大正十五年から昭和三年まで、足かけ三年がかりで、十三巻を出しました。版元は春陽堂でございます。中味はもちろん圓朝師匠の創作が主でございまして、『真景累ヶ淵』であるとか『塩原多助』あるいは『安中草三』といった、長い人情噺がどっさりはいっている。それに非売品としてあります。つまり、みんな会員制で、予約の人だけに配ったという……。

ところが、あたくしのほうは、昔からある一席物の落語をあたくしがしゃべったものをのせる。しかも、四百五十円という定価をつけて、一般に売り出すわけなんですから、十巻も出して、果して売れるかどうか、まことに心配で、あんまり売れないために途中で続けられなくなるようなことになったら、版元の青蛙房さんにも損害をかけるし、あたくしとしても面目ないと思って、二の足を踏んだんでございます。

ところが、大丈夫だといって、まわりの人にすすめられるんで、あたくしの知ってる演目《もの》を、これこれと書き出したところが、まず十席ぐらいを一冊にして、十冊で百席を出そうということで、ついに覚悟をしてやりはじめました。さて、やり出してみると、実にどうも難かしいもんで……なにしろ、あたくしどもは口うつしに覚えてしゃべっておりますから、いざ文字にしようとすると、もうわからないことだらけ。ただべらべらしゃべっているあいだはそんなことはなかったが、書かれてみると、気になるところが出てまいります。

当時は、飯島友治という、昔から落語の研究をしておられるかたが、いろいろ助けてくださいまして、わからないところは教えていただいたり、それから、東大の落語研究会の卒業生のかたがたが、大勢手つだってくだすって、あたくしがしゃべったものを、どんどん筆記してくれて、原稿になってくる。その原稿をもとにして、東大のかたたちが、あたくしの動きの型を記録して、ト書きですね、あれを書き入れる。そのほか、対談とか輪講で、解説を入れる。また、写真は、人形町の末広で、昼あいている時間を借りまして、篠山紀信氏に撮影をしてもらう。篠山さんに頼んだのは、東大の山本進さん、吉田章一さん、馬場浩一さんたちといっしょのグループで、篠山さんも素人で落語をやったことがあるというそのご縁で、山本さんたちがあの人がいいというんで、頼んだわけでございます。

そういう具合で、尻から尻からと追いまくられて、なれない校正刷を見るやらなにやらで頭が痛くなることもありましたが、昭和三十五年の十二月に第一巻を出し、それから三十七年の七月、まる一年と八カ月で十巻全部を刊行することができました。

その後、これも再版というものがありました。初版の時は、伊東深水先生の装幀のはこに入れて、各冊とも四百五十円という値段でございましたが、再版のときは、それでは採算が合わないというんで、二巻ずつ合本にいたしまして、五冊にまとめて、定価も各冊千二百円ということになりました。その後も、何回か版をあらためまして、まァおかげさまで本屋さんにもどうやら損はかけずにすんだらしうございます。

それからしばらくして、『寄席育ち』を出すことになりました。これはあたくしの自伝なんですが、これよりすこし前に、安藤鶴夫さんからも自伝を出したらどうだというような話がありました。あたくしもそういう気持ちがないわけではないが、安藤さんにやってもらうと、やはりあのかたなりの、色が強く出てしまうような気がして、どうも乗り気になれませんでした。それで『寄席育ち』のときには、『圓生全集』でお手伝いをしていただいた、東大ＯＢの山本進さんに、全部お願いすることにしました。

ところが、本屋さんに聞いてみると、およそ売れないものは自伝だってんですね。そのうえ、あれこれいろんなことを話して、原稿にまとめてもらっているうちに、八百枚ぐらいになって、小さい型の本じゃァとても納まらないということになりました。青蛙房さんのほうでは、青蛙選書という四六判よりも大きい型の本を出していて、それにしてくれるという……あたくしもびっくりしましたが、とにかくやってくださるというので、初版を三千部ですか、印刷しましたところが、思いのほか評判がよく、間もなく初版は売り切れて、再版ということになりました。

おかげさまで『寄席育ち』という本は、読んでくだすったかたが、おもしろいと言ってくださる。宇野信夫先生なぞも、

「あれはその、難かしいことばを使っていないからいい。ああいうふうには、なかなかいかないもんで、平易に平易にと思っていても、本となると、つい難かしいことばを使いたがるもんだが、あなたのはそういうところがなくっていい」

って言ってくだすったんですがね。別に骨を折って平易にしたわけでもなんでもないんで……大体あたくしァ学問なんてえものはないし、難かしいことを言えったら困っちゃう。ふだんのとおりしゃべって、それを文章にしてもらっただけのことなんで、平易だといってお

ほめにあずかったのは、なんだか有難いような、情けないような、妙な気持ちですけれども、ともかく、あたくしの一代記を、おもしろいといって読んでいただければ、こんな幸せはないわけでございます。

『圓生全集・別巻』

その後『圓生全集』の別巻を出しました。これは昭和四十三年の二月から七月までのあいだに、上・中・下の三冊にいたしまして、『圓生全集』のなかに洩れたものとか、そののちにあたくしが新しくやりはじめた噺などを入れて、出版したもんでございます。

上巻に入れましたのが、

真田小僧　花筏《いかだ》　穴子でからぬけ　弥次郎　狐つき
寄合酒　首屋　法華長屋《ほっけながや》　にせ金　田能久《たのきゅう》
三味線鳥　無精床　佐々木政談　四宿の屁　てれすこ
鶉衣《うずらごろも》　廓《くるわ》の穴　勘定板《かんじょういた》　音曲小噺　永代橋
芝居風呂　吉住万蔵

このうちで『真田小僧』『花筏』『弥次郎』『寄合酒』『法華長屋』『田能久』『無精床』『佐々木政談』『てれすこ』なぞは、古くからよくやっておりますもの。新しいものでは『鶉衣』、これは宇野信夫先生のお作でございます。NHKのテレビでやりましたもので、ふつうの高座では、ほとんどやっておりませんが、ぜひ残しておきたいと思って、入れました。

それから『吉住万蔵』、これは講釈の邑井《むらい》貞吉《ていきち》さん(四代目・相川喜太郎)に、戦後教わりまして、三十九年ごろからやり出した噺でございます。

また、『芝居風呂』は、あたくしが子どもの時分に、三代目の圓馬師匠(橋本卯三郎)から教わったもので、芝居噺ですから鳴物やツケがはいり、立ちまわりがあります。これを活字にするってことは、そもそも無理なことなんですが、このままでは消えていってしまう噺なんで、なんとか残しておきたいと思いましてね。鳴物やなにかについては、田中伝左衛門さんのお宅へうかがって、いろいろ教えていただいたことなんかも、のせておきました。

そのほかは、小品をいくつか、納めたわけでございます。

中巻に入れましたのは、

たらちね	蔵前駕籠	八九升《はっくしょう》	紋三郎稲荷	代　脈
皿　屋　敷	花見の仇討	小間物屋政談	開帳の雪隠《せっちん》	やかん
小判一両	浮世風呂	目黒のさんま	水《すい》神《じん》	近江八景
城　木　屋	堀　の　内	芝居の穴(一)	芝居の穴(二)	傾城瀬川

このうち、古くから知っておりますものは、『たらちね』『蔵前駕籠』『紋三郎稲荷』『代脈』『皿屋敷』『花見の仇討』『やかん』など。新しいものとして、宇野先生の『小判一両』と、菊田一夫先生の『水神』を入れました。

『水神』は、故人になりました菊田一夫先生が、『柳斎志異』からとって、あたくしのためにこしらえてくだすったもので、NHKの新作の会の時に書いていただきました。とにかく、書くのがおそいことで有名な先生で、芝居の脚本《ほん》でも、いつも初日ぎりぎりでなければ書きあがらないという……ところが、こっちは発表の日はちゃんときまっているし、芝居と違って、ひとりっきりでやるんですから、ごまかしはきかない。それでぎりぎりにできてきたんじゃァどうにも困るから、一カ月ぐらい掛け値をして、お願いをしましたが、NHKの人も困ったそうです。毎日、原稿用紙で一枚とか、半分とかずつしきゃもらえないんだそうで……それでも、掛け値をしといたおかげで、発表の日の二週間ぐらい前に、やっとこさできあがった。ところがそのままではやはりできない。やるまでには、すっかり覚えこんだうえで、自分のくふうもしなくっちゃァなりません。まァどうやらこうやらやりまして、おかげさまで割に評判もよろしうございました。

それから『傾城瀬川』これは、あたくしが古い速記本で見て、やってみたくなりまして、『莨屋《たばこや》喜八』という政談ものと、ふたつのものをいっしょにしてでっちあげたものでございます。

また『小間物屋政談』なぞも、講釈のほうで『万両婿《まんりょうむこ》』という題でやっているのを聞いて、やってみたいと思いまして、いろいろ調べたら、もとは人情噺なんですね。それでサゲはないわけなんですが、どうも切れ具合が悪いんで、なんとかサゲをつけようと思って、鈴木みちをという新作落語の作者のかたにサゲを考えてもらいました。さらにそれからヒントを得て、今は自分で新しくサゲをつけ替えて、やっております。

下巻に入れた噺は、

金明竹　のめる　御《お》血《けち》脈《みゃく》　権兵衛狸　位牌屋
按《あん》七《しち》　五百羅漢　大名房五郎　初音の鼓　大師の杵
宝船　牛の子　鼻ほしい　甚五郎　がまの油
四の字嫌い　粗忽の使者　うなぎ屋　江戸の夢　乳《ち》房《ぶさ》榎《えのき》

『金明竹』『のめる』『権兵衛狸』『初音の鼓』『甚五郎』などは、古くからやっている噺でございます。この巻には、『大名房五郎』『江戸の夢』と、宇野先生のお作が二つはいっております。このうち『江戸の夢』は、昭和四十二年の芸術選奨というものをいただきました。

それと、これまで圓朝ものの人情噺は、あたくしもやりますけれども、本には入れないことにしておりました。しかしこの『乳房榎』は、自分でいろいろと、くふうしたところもございますので、長い噺のうちから、抜き出してあたくしがやりますところを、上・下二席にして、このなかに収録いたしました。

本を出すたんびに、もうやるまいと思うのは、実際、わからないことがずいぶんと出てくるんです。たかが落語でわからないことがあるのかとお思いかもしれませんが、そういうものだけにかえって、出典やなんかがはっきりわからなくて、なんともいいようのない、むずかしいことがあります。今度も、この下巻の『宝船』という噺のなかで、「けいほの悪は悪にして悪にあらず。しょこうの孝は孝にして孝にあらず」という、中国の引《ひき》用ごとがありますす。われわれの稽古は口伝《くでん》ですから、口ではちゃんとおぼえているんですが、どういう字を書きますかって聞かれたって、それァわからないんです。そこで困りましてね、漢文をおやりになるかたで、もとヤマサ醤油の重役でいらっしゃった外岡さんというかたにうかがったが、どうもわからない。

「それじゃァ諸橋《もろはし》先生に訊いてあげましょう」

ということで、漢和辞典をお出しになった大先生に、こうこうですとお話しして、うかがってみましたが、やはりわからない。だから考えようによっては、噺家ってえものも大したもんですね、それだけの漢文の大家の知らないことをしゃべってるってことは、実にえらいもんだと、われながら感心した……といっても、どういう字なんだか、まるきり知らずにしゃべってるんですから、あんまり威張《えば》れたわけでもないんですな。

口伝ですから、口から口へうつしているうちに、発音が違っちゃったのかもわからない。とにかく、これはとうとうわからずじまい。ですから本には仮名で書いておきました。なまじっかあて字を書いて、あとで小言を言われるよりは、そのほうがよかろうというわけなんです。

この『別巻』の時は、本を出す話がきまり、上・中・下の構成があらかたできたところで、山本進さんがメキシコのオリンピックの仕事で、NHKから派遣されて行ってしまわれたんで、大分困りましたが、やはり東大のOBで石川島造船にお勤めの吉田章一さん、馬場浩一さんたちが手伝ってくだすって、どうやら三冊出すことができました。

『明治の寄席芸人』

その次に出しましたのが『明治の寄席芸人』でございます。昭和四十六年十二月に初版が出まして、四十七年二月に再版が出ております。

これは、寄席文字の橘右近さん、あの人は古い噺家の番付や、ビラをどっさり集めておりまして、あるときあたくしに、明治二十七年の「三遊社一覧」という、当時の三遊派の名簿ですね、それを、

「師匠、こういうものがあります」

と言って、見せてくれました。

これをずゥッと眺めますと、当時の名人・上手をはじめ、あたくしにとっては、大変になつかしい名前がつらねてあります。明治二十七年といえば、あたくしはまだ生まれておりません。三十三年の生まれですから。しかし、子どものころに楽屋で逢った人もあり、また直《じ》接《か》に知らなくっても、話に聞いてよく知ってる人もありで、大変になつかしいところから、この人たちの伝記を書いてみようかなという気になりました。

相談をしたところが、それァおもしろかろうというわけで、さて、やりはじめてみると、これもまた、むずかしくて、わからないことがどんどん出てきます。昔は、三遊派と柳派とがはっきり分かれておりまして、今の落語協会と芸術協会のように、別々で興行をする。ですから、あたくしは柳派のほうの古い人はよく存じません。しかし、これはみんな三遊派の人なんですから、たいていはわかるだろうと思ったんですけども、なかには、全く聞いたことのないような名前もあります。それでもなんとか調べられるだけは調べて、どうしてもわ

からないものは、わからないとはっきり書いておくことにしました。

調べて行くうちに、いろいろ資料が出てまいりまして、ずいぶん勉強をいたしましたが、なかでも、いちばんあてにしたのが『文芸倶楽部』という雑誌でございます。

これは、この「三遊社一覧」発行のあくる年、明治二十八年の発刊で、ずゥッと昭和八年まで続いて出ました雑誌で、講談・落語の速記とか演劇・演芸関係の記事が豊富に出ております。博文館という書店から発行されましたもので、当時は相当の部数が出たもんでございましょうが、今日では、それをちゃんとそろえて持っている人てえものは、おそらくはないわけで。

いいあんばいに国立国会図書館には、これが全部そろっているということを聞きまして、現在は法務大臣をしていらっしゃいます、国会議員の稲葉修先生にお願いして、これを借覧いたしました。そうして、役に立ちそうなところは、すっかりコピーをしてもらいました。もっとほかにも、ほうぼう駆けずりまわって集めれば材料がよけいになったでしょうけれども、あたくしも、それに専念できるわけじゃァありません。営業のあいまに、なんとかして調べただけをまとめるよりしかたがない。それでもどうやらこうやら、あらかたの調べをつけて、『明治の寄席芸人』という本になったわけでございます。

その後はしばらく、本のほうは遠ざかっておりましたが、はじめに申しあげたような次第で、『寄席育ち』の後日譚をば、性こりもなく、また出そうということになりました。

落語協会会長

会長代々

『寄席育ち』以後、あたくしの身にとって、大きな出来ごとというと、ひとつは、落語協会会長に就任したことでございます。

昭和四十年八月に、桂文楽さん(八代目・並河益義)から受けつぎまして、昭和四十七年四月に、柳家小さん(五代目・小林盛夫)にゆずりますまで、六年と八カ月ほど、会長をつとめました。そのことを申しあげる前に、すこしさかのぼりまして、落語協会会長の代々について、あたくしの知っておりますことをお話ししておきたいと思います。

そもそも落語協会というのは、関東大震災で、それまであった東京寄席演芸株式会社というものがなくなり、そのほか睦《むつみ》派とか東西会とかいうものもみんなつぶれた、その時に、五代目の柳亭左楽さん(中山千太郎)、これが頭になって設立したのがはじまりでございます。そのころはまだ、初代の三遊亭圓右さん(沢木勘次郎)もいましたし、五代目の三升家小勝、二代目談洲楼燕枝(町田銀次郎)……そのほかの大看板《おおかんばん》もみんなこの落語協会に属することになったわけで。

　ところが、あくる大正十三年五月から、落語協会と睦会のふたつにわかれることになりまして、睦会のほうは、五代目の左楽さんが会長、落語協会は、小勝《こかッ》つァんが会長になりました。

　この三升家小勝という人は、本名を加藤金之助、大そう長命をしまして、昭和十四年五月、八十二歳で亡くなるまでですから、ずいぶん長いあいだ、落語協会会長をつとめたわけでございます。

　それを引きついで、会長になりましたのが、六代目の一龍斎貞山、本名を桝井長四郎という、これは講談師でございます。落語協会なんですから、落語家が会長になるべきはずであるのに、どうして講釈の人が会長になったのか、これァその時分でも、そとから見れば不思議な現象だったと思います。

　貞山の次席は、八代目桂文治(山路梅吉)、その次があたくしの先代《おやじ》の五代目三遊亭圓生(村田源治)。ですから、本来なら、この文治さんが会長になるべき人なんです。だけども、この人ではやはりどうも、会長としてみんなを押さえていけなかったんでしょうね。

　それともうひとつ、あんまり大きな声では言えない理由があったんです。この貞山という人は、大変にお金を持っていた。金持ちだから会長になったというわけではないが、当時は、その、ばくちというものがずいぶんさかんで、まァ今だからお話ししても構いませんが、四谷の喜よし、あるいは人形町の末広、そういった寄席の主人もいっしょになって、ばくちをやる。そうすると、ばくちですから負けることがありますよ。そういう時に、貞山さんはお金を持ってるから、貸すわけなんです。ところが、ばくちで負けて借りた金なんてえものは、なかなか返せるもんじゃァない。やっぱり公けに使ったもんじゃァありませんから、家庭へ対しても遠慮があり、どうしてものびのびになったりする。それがみんな負い目になって、なにかにつけて貞山さんのごきげんをうかがわなくちゃァならないようになる。つまり、客のよけいはいる、いい時期に、

「先生にひとつトリを願いたい」

というようなわけで……もちろん、六代目貞山は大看板で、芸もなかなか大したもんでしたから、それは当然といえば当然なんですが、もうひとつ裏を返せば、このばくちというものが、そこに介在をしている。

席亭ばかりじゃァありません、楽屋でもみんなそのころは、ばくちをやっている。なにしろ、小勝・貞山という、頭に立つ人がふたりとも好きだから、なんでもそれにつきあっていっしょにやれば、おおぼえめでたく出世ができるというような了見で、ごきげんとりにやるのが多かったんです。

あたくしァ大体子どもの時から、そういう勝負ごとがきらいな性《たち》でしたし、あたくしの先代《おやじ》も、ばくちはいっさいやりませんでしたが、先代の文治さんなんぞは、いっしょになってよくやっていたほうなんです。そんなこんなで、席亭ばかりでなく、噺家もごきげんをとらなきゃァいけないから、

「これァやはり、先生に会長をお願いしたほうがよかろう」

てえことになって、小勝師がなくなったあとは、文治、圓生を押さえて、六代目貞山が会長ということになってしまった。そして、のちにはとうとう落語協会という名前を改めて「講談落語協会」となります。講談が先で落語がその次という、はなはだ情けないありさまになってしまいました。

貞山さんが会長になった当時の初席が、四谷の喜よしと上野の鈴本。初席と申しまして、正月元日から十日までの興行は、落語社会では非常に重きをおくものでございますが、当時第一番に客の来た喜よし、その次に客のはいる鈴本、この二軒のトリを貞山がとりました。東京で、第一と第二の寄席の初席のトリを講釈にとられて、噺家は省かれているというのは、まことに腑甲斐ない話でございます。当時、あたくしの先代《おやじ》は昭和十五年になくなりましたが、まだ、桂文治あり、四代目小さんあり、それらの人が当然、こういう席の初席をとるべきなのに、ただ指をくわえて見ていなければならないてえのは、実に情けない事《コッ》たと、あたくしァ思っておりました。

貞山さんが、この二軒バネをしたのが、十四、十五、十六の三年間ぐらいだったでしょう。そのあと貞山師は、中気でたおれてしまった。ところが、この二軒の初席というものをば、放さないんですね。喜よしのほうは五代目の一龍斎貞丈(柳下政雄・六代目貞丈の父)、上野の鈴本は一龍斎貞鏡(のち七代目貞山・佐藤貞之助)、このふたりの弟子に、代理《だい》バネをさせました。病気になった当座なら、それでも仕方がないが、十七、十八、十九、二十と、この四年間ずゥッと代理《だい》バネをさせながら、貞山が押さえていて、さらにゆずろうとしない。

もう、周囲《まわり》は、ごうごうたるもんで、

「もう病気ンなって長いんだから、いさぎよく会長を辞任するとか、辞任はしないまでも、初席だけは噺家のほうへ返すがいいじゃァないか。文治もいるし、小さんもいるわけなんだから、当然ゆずるべきなのに、みれんたらしくまだ押さえていて、はなさない」

というんだが、当人にむかっては言えないんですね。とうとう死ぬまで……貞山さんが死んだのは、昭和二十年三月十日の東京大空襲の時なんですが、その時まで、この会長と、二軒の初席とを、にぎってはなさなかったわけでございます。

貞山師が亡くなって、そのあとの会長にだれがなるかってえことですが、もうそのころになると、あちこちの寄席が焼けてなくなるし、ごたごたしているうちに、二十年の五月六日、あたくしは志ん生(五代目・美濃部孝蔵)といっしょに、満洲へ行ってしまいましたので、どうなったかわかりませんでした。

戦後の会長

あたくしが満洲から帰ってまいりましたのが、昭和二十二年の三月でございます。出かける時から気になっていた会長にだれがなっているかな、と思ったら、これが四代目の小さんでしたから、あたくしァ腹ンなかで、まことにうれしかった。

当時は、まだ八代目の文治という人が健在でしたから、順から言えば、この人が会長になってもあたりまえなんですね。ところが、この文治さんと、あたくしの先代《おやじ》というものは、性格が合わないというか、非常にどうも仲が悪かった。

先代《おやじ》は実にさらっとした性格の人で、文治さんのほうは、なにか陰にこもったところがある。文治さんのすることは、どうもうちの先代《おやじ》には気にいらない。だから、よくいがみ合っていました。なにかその、変なものというか、あまりよろしくない芸人を出したりなんかするんで、

「だれがこんな者を出したんだい？」

って、うちの先代《おやじ》がきくと、文治さんが、

「あたしが頼まれたんだ」

「こんなもの出したってしょうがねえや。頼まれたって、ことわりゃァいいじゃねえか」

「しかし……頼まれて、ことわりにくいから……」

「ことわりにくいってのァ、なにかもらったものを返すのが惜しいからなんだろう」

なんて……あたくしの先代《おやじ》というのは、そういうとこは乱暴で、ずばりとしたことを言いますから、文治さんはいやァな顔をして、苦笑《にがわら》いしてる。そんな具合で非常に仲が悪かったんですね。

当時は、あたくしは橘家圓蔵ですが、圓生のせがれだってえことで、とかく風あたりが強かった。「坊主にくけりゃ袈裟まで……」ってえやつで、かけもちやなにかでも、いいところへはまわしてくれない。

そういうわけがあって、文治さんが会長になってれば、あんまりいい扱いはされないだろ

うと思ってましたから、四代目小さんが会長だってんで、あたくしはうれしかった。

四代目小さん、本名を平山菊松という、この人は、まだ前座だったころから、あたくしは知っています。三代目の圓馬師匠（橋本卯三郎）が、まだむらくだったころ、いっしょに稽古に行っておりました。当時あの人は小菊という名で、まだ前座、それから小きんで二つ目になった……そのころからの知り合いでございます。まことに無口な人で、むずむずむずして、お世辞もなんにも言わないが、情《じょう》のある人でした。あたくしの先代《おやじ》のことを非常に認めておりまして、先代《おやじ》がなくなった時も、大変残念がって、口でこそはいろいろ言わないけれども、親身に心配をしてくれました。

あたくしが満洲から帰ってきてからのちに、この四代目が発起人になって、三十日会というものをこしらえた、その三十日会の席で、あるときお客さまのひとりが、

「先代圓生は、この噺がうまかった」

と言ったら、小さんさんが、

「いや、そればかりじゃァありません。あれもうまかったし、これもうまかった。なにをやらしても圓生はうまかった。実にうまい」

って、お客さまにむかって、むきになってそう言ってましたが、それだけ先代《おやじ》というものには好意を持っていてくれた。ですから、あたくしも小さんさんに対しては、心から好意を持ってるし、むこうも噺家きっての人格者といわれた人で、文治さんがあたくしに対するような、そんなことは絶対にないわけなんです。

三十日会というのも、あたくしと志ん生が満洲から帰ってきてから、はじめる気持ちになったんだといってやりだしたんですけども、その年の九月、上野鈴本の三十日会の高座をつとめて、楽屋におりて来て、突然亡くなりました。ですから、あたくしが帰ってきて約半年で亡くなったわけなんで……あたくしは、他人が死んで本当に涙がこぼれたのは、この四代目の死んだ時ですね。まだ六十歳ですから、本当に惜しい人をなくしたと思いました。あの芸といい、人柄といい、もっともっと長生きをしてもらいたい人でしたね。

このあとの会長に、八代目の文治さんが就任をしました。しかし、この時分には、もう往年の勢いはありません。齢《よわい》六十四ぐらいでしたな、高座にも張りがなくなっちゃって、上野の鈴本あたりで、六時ぐらいのところにあげられる。やはり人気のある噺家なら、席のほうでも、七時半、八時ごろに高座へ出すようにします。それがもう、六時にはおろされてしまうというのは、往年を考えれば、気の毒なありさまで。ご本人も、

「これからはもう、若いかたにいろいろ骨を折ってもらわなければ……」

なんて、そういう弱音を吐くようになりました。

この八代目桂文治という人は、昭和三十年五月二十日に、七十三歳でなくなりました。

そこで次の会長になりましたのが桂文楽、この人がただちに就任をいたしました。

この文楽さんという人は、まことに八方美人の、性格的にも敵のない人で、この人の会長なら、まことによろしかろうということでございました。

ところが、一年半そこそこの昭和三十二年二月になって、古今亭志ん生、この人に会長を

ゆずるということになったわけなんです。

会長・志ん生

昭和二十二年に満洲から帰ってきてからの志ん生というものは、大変にお客さまの人気に投じて、三十年ごろは、もう実にばりばり売れて、そのために少々横暴なところが出て来たんですね。なにしろ独演会があるってえのに、その前にスケ席を四軒もつとめて、それから独演会へ行くなんということをする。だから、時間なんぞは、ひとの迷惑はおかまいなし、勝手なところへとび込んできて、

「おゥ、おれはこのあとィあがるよ」

ってんで。文楽さんがこれを聞いて、

「おゥ、きみ、どうしたの？」

ってえと、

「いや、きょうはねェ、これから独演会があるン」

「独演会？……おい、冗談じゃァないよきみ、もう八時じゃァねえか？」

「うん。もう一軒やって、そィから独演会へ行く」

「へェえ……おどろいたねェ」

もう実にあきれ返《かえ》って、二の句がつげない。独演会ってものは、ひとりでやるから独演会なんで、前を使ったところで、せいぜい二、三人のもんですよ。それを前席をうんと何人も

出して、つながしといて、スケ席のほうは、そうやってひとの迷惑をかまわずにつとめて……という、はっきり言って、わがままなつとめかたなんです。それで何か言うてえと、

「それじゃァせがれを連れて、協会をよす」

ってなことを言う。せがれってのは、今の金原亭馬生(十代目・美濃部清)のことです。まことに会長の文楽さんとしても、扱いにくい存在だったんですね。そこでこれはいっそのこと、会長というものをば、志ん生にゆずってしまおう、そうすれば、自己《おのれ》が会長ということで、なんとか責任も感じるようになるだろう、というのが文楽さんの腹だったんでしょう。昭和三十二年の二月に、志ん生が会長に就任して、文楽さんは最高顧問ということになりました。

この時に、はっきり言って、あたくしは反対でした。とにかくずぼらでわがままで、ひとのことは構わずに勝手しだいなことをする、あんな人が会長になって、いったいどうなることかと思った。しかし、これは全く予想外でしたねェ。まァだれしも、ひとの下にいるよりは、会長になってみたいってこともあるでしょうし、一面、どんな乱暴な人でも、自分が小言を言う立場になったら、そうだらしのないこともできない、というわけで、まァこれは、われわれの予想を裏切って、大変におとなしくもなり、商売のほうにも身を入れるようになりました。

昭和三十六年十月、三越劇場で文部省主催の「芸術祭受賞三人会」というものがありまして、文楽・志ん生・圓生の三人が出演をいたしました。それまで噺家で芸術祭の文部大臣賞

というのをもらった人は、この三人だけなんですね。いちばんはじめは、文楽さん。昭和二十九年十月に『素人鰻』で賞をもらいました。これが噺家でもらった最初でしょう。その次に志ん生さんが『お直し』で、昭和三十一年十二月にもらい、三十五年十一月にあたくしが『首提灯』でもらった。その間に、奨励賞というものをもらった人はほかにもありますが、文部大臣賞というのは、この三人だけ。その三人が二席ずつつとめました。この時は三越劇場が超満員になりましたが、これが志ん生という人がさかんであった、その最後でしたでしょう。

その年の暮れ、野球の巨人軍の優勝祝いの席で発病しまして、高輪の病院へはこばれました。知らせを聞いて、あたくしもあわててかけつけたのが、夜の十時半ごろでしたか、病室へはいってみると、口からぶくぶく、チョコレートのようなものを吐いている……脳溢血で倒れたわけなんで、

「あァ……これァもうだめかな」

と思いましたね。せっかくこれだけになった人が、盛《さか》っている最中に死んでしまうということは、実に惜しむべきもんだと思ったが、どうしようもありません。午前三時ごろまで病院にいましたが、そのあとあたくしはうちへ帰ってきた。明けがたあたりにはもういけないんじゃないかというようなことで、また電話がかかりゃァしないかなと、気にしていたところが、とうとう電話がない。もうとてもだめだと思ったのが、持ち直したというのは、実にたいしたもんで。病院で酒ばかりのみたがっているというわさを聞いて、こっちァびっく

りしました。

そのうちに、いいあんばいに退院てえことになった。あの病気をわずらった人は、第一にろれつがまわらなくなるもんですが、あの人の場合は、言語のほうは、割におかされていなかったらしくて、一年ほどでしたか静養して、ふたたび高座へカムバックをいたしました。まことにどうも珍しい人だなァと思いましたねェ。

しかし、病後はやはり、前の達者の時のようなわけにはいかないし、どうするかなと思ったのは、会長のことでございます。これァまた六代目貞山の型で、いつまでも長くやってるのかなァと思っておりますと、三十八年の六月ごろでしたか、自分も病後のからだで、いつまでも会長をつとめているわけにはいかないから、ほかの人にゆずりたいということをば、言い出しました。

会長跡目問題

この時に、志ん生さんの腹では、あたくしに会長をゆずりたいということだったんですが、ここにひとつの問題がある。

というのは、当時、看板順から申しますと、あたくしより一枚上に、三遊亭圓歌(二代目・田中利助)という人がいたわけで、これが問題なんです。

圓歌さんという人は、あたくしよりも、年齢《とし》は九つほど上ですけども、噺家としてはあたくしよりずっと後輩なんで……あたくしが、圓童から小圓蔵になったかならないかのころ、初代の圓歌さん（泉清太郎）の弟子になって、歌寿美《かすみ》という名前で前座になった。その後、歌《うた》奴《やっこ》で二つ目になり、それからずっと、ずいぶん長いあいだ歌奴でいました。その名前のままで真打になったんですが、そのころにはあたくしのほうは、もう圓蔵になっておりまして、もちろん看板は、むこうが一枚下になっていた。ところが、歌奴から二代目圓歌を襲名をしたときに、俄然、あたくしをとび越して、上になってしまったわけで……これは、六代目の貞山さんがそうしたんです。

当時、貞山さんは、浅草のほうで二号さんに芸者家をさして、本宅のほうへは帰らない……そっちィずゥッと入りびたりでいたんですね。すると、これも今だから話せますが、その近所の待合かなんかのお女将《かみ》で、圓歌さんの二号がいた。この人をはたらかせて貞山さんにいろいろ頼んで、圓歌さんは貞山さんに大変気にいられていたわけなんで。そういうことから、圓歌襲名と同時に、あたしの一枚上へもってってたんです。

これはどうもはなはだけしからん話で、こっちが二つ目なのにむこうが真打になったとか、あるいはその、芸のうえで、とびはなれて違うというような場合なら、とび越されてもしかたがない。しかし、当時はあたくしも圓蔵でしたし、この圓蔵という名前から見れば、圓歌という名前は、そんなに大きな名前ではないわけなんですから、あたくしとしてはどうしても腑に落ちない。だけども、そのころいちばん勢力のあった貞山さんがしたことで、どうにもしょうがない。以来、あたくしはずうッと圓歌さんの下につかなければならないことになったわけでございます。

ところで志ん生さんとあたくしとは、ふたりで満洲へ行って、いっしょに苦労をしたんですが、あの人の腹ンなかでは、あたくしをさのみ好いていたわけじゃァない。あたくしのほうでも、芸以外の人間としては、あの人は、あんまりずぼらすぎて、性格に合わないほうです。けれども、芸の上では、あたくしは志ん生の芸をじゅうぶん認めておりますし、むこうもあたくしの芸は認めてくれておりました。だからこそ、あたくしに会長をゆずろうとしたわけなんです。

で、いよいよ上野鈴本の二階で、寄り合いてえことになった。まず、文楽さんが最高顧問で、いちばん上、その次が志ん生ですが、病気で出てこられない。その次に圓歌、その次があたくし、以下、落語協会の幹部のものだけが並んで、さてだれを会長にしたものかという話し合いなんですが、

「志ん生さんは、圓生さんにというわけだが、席順でいけば圓歌さんというものがある。これを無視するわけにはいかないが、みなさんどうしたもんだろう」

という……ちょっと、そこで息づまるような場面があったわけなんで。

あたくしとしては、芸のうえで、あァこの人はあたしより上だなと思って尊敬をしていれば、決してそんなことにはこだわりません。会長になんぞ、なったってならなくったっていい。圓歌さんは、年齢《とし》も上であるし、芸のうえで服従していれば、あたくしァだまってゆずります。けれども、もともと芸のうえではなく、なにか私的な関係から、席順をひっくり返されて、次席についているんだから、はなはだ釈然としないわけなんです。それァ商業的噺

家としては、圓歌という人はお客にうけたかも知れませんが、本当の噺家として、芸のうえの勝負ならば、自分で申してはなんですが、あたくしが圓歌さんより下ということはないという自信もありますし、一般の見るところもそうだろうと思う。志ん生さんも、高橋栄次郎という落語協会の事務長、この人に、

「落語協会の会長なんだから、これァ圓歌じゃァいけない。芸のうえから言えば、どうしたって圓生がなるべきなんだから、会長は圓生にゆずりたい」

と、こう言ったそうです。あたくしは、そう言われたからお世辞で言うわけじゃァないが、志ん生という人は、ずぼらなところもあり、むちゃくちゃなこともする。けれども片ッぽでは、さらけ出した正直なところがある。

あたくしとは、決して仲がいいというわけでもなんでもなく、むしろあの人は、圓歌さんのほうと仲よくしてえましたね。圓歌さんにせがれがあって、これが志ん生さんの娘さんと夫婦になりました。のちにまた別れてしまったが、いっときはこれァ姻戚関係だったわけですから、そういうことからいえば、なにも無理をしてあたくしを会長に推すいわれはないわけなんですけども、落語協会の会長だから圓生がなるべきであるといったのは、やはり芸のうえで、あたくしを認めてくれていたんですね。

ところが文楽さんは、席順というものがあるから、困ったんで……。

「どうしましょう」

と言った時に、だれもなんとも言いません。あたくしはひとことも言わない。圓歌さんも

言わない。

暫時のあいだ、だまァって、しィ…んとしていましたね。その時に文楽さんが、

「じゃァこうしましょう。これァまことに困った問題だから、あたしがもういっぺん会長をつとめます。あずかりましょう」

と、こう言った。そうして、

「あたしがここで一時、会長をして、あとでまた話し合いのうえで、次の会長をとりきめることにしよう」

ってことンなりました。そして、それまでなかった副会長というものをば新設をして、圓歌さんを副会長にした。これは、文楽さんの腹では、次の会長は圓歌さんというつもりだったんでしょう。あたくしとしては、はなはだおもしろくないわけではあるが、これも会長ときまった人の決めたことだから、あたくしァだまっておりました。これが昭和三十八年の七月のことでございます。

ところが、あくる年三十九年の八月に、圓歌さんが亡くなった。その時あたくしは、九州方面をずゥッと興行ちゅうで、旅先でこれを聞きました。この圓歌さんのことは、いずれくわしく申し上げますが、あたくしとは古くからの知り合いで、ひところは〝五大力〟なんというグループをいっしょにこしらえたりした仲ですから、看板順のことやなんかはありましたけれども、当人どうしはいがみ合ったわけでもなんでもない、むしろほかの人よりも仲はよかったくらい。たとえなんであろうとも、やはり大看板であって、あれだけの人を急にこ

しらえようったって、できるもんじゃァありません。旅先で聞いたときは、まことにどうも惜しいことだと思いました。

そこで、九月になると、今度はあたくしに副会長になってくれ、というわけです。副会長なんてえものは、以前にはなかったんで、圓歌さんをなだめるためにこしらえたようなもんですから、そんなものになってもしょうがないと思いましたが、かどを立てることもありませんから、言われるまま、副会長ということになりました。

その年の夏ごろでしたか、浅草演芸ホールというものが落語の席として興行をはじめることになりました。当時の落語の定席《じょうせき》は、上野の鈴本、新宿末広亭、人形町の末広、それに池袋演芸場と、この四軒でございます。このほかに有楽町の東宝演芸場というものがありますけども、これは名人会形式で、興行の形態が違いますから、まったく別なんです。そこで四軒の定席を、落語協会と芸術協会が交代で十日間ずつ興行をするわけですが、かけもちの足順がいいようにてんで、上野と人形町を片っぽの会がやれば、新宿と池袋をもう片っぽがやるという具合で、やってきたわけなんで。そこへ浅草がはいるとなれば、これァ上野と人形町につけたほうが都合がよろしいから、当然そういう組み合わせになった。

ところが、名前は申しませんが、芸術協会のある幹部の人が、どうしても浅草の初席をやりたいというわけなんです。当時、浅草演芸ホールの営業係のほうのお世話をしてた人が、その芸術協会の幹部と大変懇意なんで、そこから頼まれたから、今度の初席は、どうか芸術協会にやらしてくれというんですけどもねェ、そうするってえと、一月の中席からあとのかけもちが、どうも偏頗《へんぱ》になってしまうんですよ。一年じゅうそんな偏頗なことはとてもできないから、落語協会の事務長である高橋栄次郎は、これをおッ撥《ぱ》ねた。するとむこうは、会長の文楽さんに会ってお願いをしたいと言ってきたが、

「会わないほうがようございますよ」

といって、高橋のほうでは、会わせないようにしていたんですね。それをとうとう文楽さんをつかまえて、膝づめ談判で、頼みこんだ。そうしたら文楽さんが、まったくの独断で、

「よろしい」

ってんで請けあったんです。これを聞いたときは、あたくしもびっくりしましたねェ。この話のあったのは、十一月ごろでしょう。だからあたくしはもう副会長でいたわけなんですけども、もちろん一言の相談もない。会長一存できめてしまって、

「こういうわけで、浅草の初席はむこうへやったから、みなさんもひとつ、そういうつもりで……」

と、こういうン。これァはなはだもって横暴な事《こッ》てす。大問題なんですから、一応は幹部会にはかるべきことであって、会長一存でやるべき仕事ではないと思ったが、いかにあたくしが副会長であるといいましても、会長が相手と談判してきめちゃったものを、

「そいつァいけません」

てんで、つっぱるわけにはいかない。第一、副会長なんてものは、そんな権限のあるもんじゃァないんですから、しかたがない、あたくしァだまっていたんです。

文楽さんも、この問題があったせいかどうかわかりませんが、その翌年の六月ごろになって、本牧亭で総寄り合いをするという。その席でもって、

「今度、あたしは会長をよして、これを圓生さんにゆずる」

ってことを言いました。副会長は林家正蔵さん(八代目・岡本義)だ、という、これも一言の相談もなく、独断できめたわけですね。こういうことは、一応さきに相談もあるべきなのに、まったく天下《あまくだ》りで、一方的なことなんです。

まァしかし、会長というものは、だれしもいっぺんはやってみたいと思うでしょう。あたくしだって、会長になって、いっぺんは思うようにしてみたいと思いました。それで文楽さんのいうには、毎年七月三十一日、これは落語協会こぞって成田山へお詣りに行く、恒例のことなんですが、それまではどうか会長のままでいたい、八月の一日からは、圓生さんに会長をお願いするという……これァいかにも文楽さんらしいことなんで。

そこで昭和四十年八月から、落語協会会長・三遊亭圓生、副会長・林家正蔵ということになりました。

初席改革

さて、あたくしが会長に就任したについて、浅草の席亭……といいましても、あすこは会社組織になってまして、当時の社長が松倉さんというかたで、このかたにはまだ一ぺんもお目にかかったことがありませんでしたから、

「ぜひ一度お目にかかりたい」

と、あたくしのほうから話をしたところが、あちらでも会いたいというんで、浅草の金田《かねだ》という料亭《うち》でお会いしました。この時に事務長の高橋が、

「こういうことは会のことですから、会金《かいきん》から勘定をいたします」

ってえから、

「いや、それァいけない。会金ってものは、みんなの金であって、会長をしているからといって、なんでも勝手に使っていいってことはない。自分の用は自分の金ですべきなんだ。これァあたくしが勝手に会うことなんだから、あたしが勘定するのが当然だ」

と言って……それで、松倉さんと会いました。

なぜあたくしがそういうことをしたかというと、文楽さんの時に、浅草の初席を芸術協会に渡したがために、かけもちが偏頗なことになって、一月の中席と下席をこっちの協会が続けて打っているんです。これァ変則なことなんだが、どうなんだと、松倉さんに会って聞くと、

「あたくしのほうは、そういうことは素人《しろうと》でよくわかりません」

それァそうなんです。寄席の興行方法については、まるッきり知らなかった。昭和三十九年の夏からはじめて落語協会と芸術協会と十日替わりで順に打ってきたから、四十年の元日からは、当然落語協会がやるもんだと思っていたら、芸術協会のほうから、

「あたくしどものほうでございます」

と言ってこられたんで、おかしいなァと思っていたってんですね。そうすると今度は落語協会が、十一日から二十日間《はつかかん》ぶっとおしでやるという……これァどうも、商売上も不利益なことであるから、やはり十日間ずつにしていただきたい、とこういう……それァごもっともな話なんです。

もしそれができなければ、来年は、初席が芸術なら、中席を落語協会でやって、そうして下席は、それ以外で、ほかのものを打つようにでもしたいというような話をするから、まア待ってくれ、それ、それァとんでもない事《こッ》たと言ったんで。

「それァいけません、そういうことをしたんでは、落語の席というものは、はなはだ事のみだれになる。結局はあなたンとこでは、初席も落語協会を打って、上野と組むようになればいちばんいいわけでしょう」

「そうです」

「じゃァそういうことにしましょう」

と言ったんですが、こいつは、こっちだけが「そういうことにしましょう」ったって、芸術協会のほうが承知をしなきゃァいけない。それからむこうへ掛けあったが、なかなか事がはこばないんで、十月の末でしたか、あたくしァ業《ごう》を煮やして、芸術協会の会長であった柳橋さん(六代目・渡辺金太郎)と会いました。そこで、

「浅草の初席というものは、落語協会のほうで打つべきもんで、おまいさんのほうで強情をはれば、ことによるとここで両派、ことの別れになるかも知れない」

と、強硬に掛けあったわけなんです。そうしたところが、

「明年四十一年だけは、どうかもう一ぺんだけ、芸術でやらしてくれ、そうすれば四十二年からは、初席はそっちへお渡しするから」

ということになった。まァここでそれ以上にがんばれば、本当のけんかになっちまう。やはり、ものは一方だけで始末のつくもんじゃァありませんから、

「じゃァおまいさんのほうの条件をのみましょう。四十一年だけで、あとはもうこっちだよ」

と、はっきりきめまして、席亭のほうにその話をする。また、このことは、総寄り合いの席で、

「こういうわけで、あたしの力が足りなかったんだろうが、来年の正月《はる》も取れないことになった。しかし、四十二年からは、こっちになりますから」

という、わけをみんなに話しました。

文楽さんは、ここンとこでは、はなはだその器量をさげたわけで……どうもいやァな顔をして帰った。だけどもこれァしかたがない事《こッ》て。文楽さんが会長のときは、まァ何事もなく……あの人は、どこからも悪く言われたくないという、まことに八方美人で、おだやかにやって、いい会長さんでした。しかし、あんまり、あっちにもこっちにも評判のいい会長さんてえものは、なんにも仕事をしないってえことでもある。ものの頭《かしら》に立てば、ひとから憎まれたり、攻撃されるのも当然です。それでも就任したからには、それだけの任務を果さなけ

りゃァならない。きざなことを言やァ、からだを張っても、やるだけのことはやらなくちゃァいけないと、あたくしァ思ったわけなんです。

浅草の初席は、そういうわけで片がつきましたが、おんなしようなことが、ほかにもありました。

人形町の初席、これが柳橋さんのトリで芸術協会、池袋があたくしのトリで落語協会ってことになっている。そうすると、中席からは、人形町が落語協会、池袋が芸術協会で、二十日間を打たないと、席の組み合わせがもとへ戻らないんです。この不合理なところを改正しようというには、人形町の初席と、池袋とを交換するのがいちばん手っとりばやい。ところが、人形町末広の初席のトリは、永年のあいだ、春風亭柳橋って人の、これァ持ち席になっております。これをどうするかということなんで。

初席をほかの人にしたいから、変えてくれってことは、席亭のほうからは柳橋さんへ、なかなか言うことができない。柳橋さんのほうが、自分からこれを変えてくれってえことも、まず言いません。落語協会の者が、外からこれをどうのこうのと、くちばしを入れることは、もちろんできない。いわゆる〝三《さん》すくみ〟の形ンなって、この話だけは言い出す人がなかったわけなんです。

あたくしは、会長として、ここで考えました。あたくしが言い出して、成るか成らないかはわからない。もし成らなかったら、あたくしァ恥をかかなけりゃァならないが、そんなことをこわがっていちゃァ、何もできるもんじゃァないんだから、これァ会長の責任でやらなくちゃァいけないと思いまして、まず、人形町の席亭の石原幸吉さんに聞いてみました。

「お宅では、永年、柳橋さんの初席だが、一体、これは変えるわけにはいきますまいか。これがために、芸術が上席《かみせき》を打ち、中《なか》・下《しも》とあたしのほうが二ほん続くわけで、はなはだ興行のうえでも具合が悪い。これを、初席をこっちで打ってもらいさえすれば、二の席は芸術、そして下席《しもせき》は落語協会というようになって、あと一年じゅうまんべんなく行くんだけども……」

と言ったところが、

「あたくしどもではそうしても構わないが、永年トリをとっている柳橋さんがなんと言いますか、こりゃァどうも、あたくしのほうからは言えない話なんです」

「じゃァもし、いいといったらどうします」

「柳橋さんさえ承諾すれば、あたくしどもは結構です」

そこで今度は柳橋さんにあたってみました。

「どうなんだろう、あなたはやっぱり、あすこの初席ははなしたくないかい」

と言ったところが、まァ今だからあけなんこの話をしますが、当時の末広さんの初席というものは、たいしてお客もはいらないんで、柳橋さんもそれほどよろこんでやっていたわけではないらしい。

「あたしは永年打ってるから、あたしからとやこう言うわけにはいかないし、席亭のほうで承知をしなかろう」

「もし承知をした場合には、おたくのほうは正月は池袋をやってもらって、あたしのほうへ人形町をゆずってもらえたら、変則でなく、おたがいかわりばんこに一年じゅう合理的に打てるんだが、どうです」

と言うと、柳橋さんも、

「それァあたしは構わない。そうなったほうがまともな興行になるわけだから……ただ末広がどういうか……」

「じゃァそれはあたしから話をするから」

と言うようなことで、柳橋さんは承知をした。そこで三人で会いました。人形町のお席亭と、柳橋さんと、あたくしと。そうして、

「では、来年から初席を入れかえよう」

ってえことに話がきまりました。それから、池袋のほうへもその由を申し出たところが、池袋さんでは、どうも初席が芸術協会になるということは、あまりうれしくないという……。

「しかしお宅でそんなことを言ってると、せっかくまとまろうとしてるものがこわれてしまう。そういうふうにしたほうが、お宅でも二ほん続くようなことがなくなるんだから、どうだろう」

と言って、説得をしたらば、まァそれで公平な興行になるんだから、よろしいということになりました。

そこで、いよいよこの話がまとまって、あたくしから発表をいたしました。

「来年の初席は、上野、浅草、人形町と、この三軒がこちらの協会になります。二の席は、新宿と池袋。こうなれば一年じゅう、この組み合わせで十二カ月ちゃァんと打てる」

初席主任

さて、今度はその初席のトリをだれにするかってことです。その当時、上野の鈴本の初席は、昼席が志ん生のトリ、夜が文楽のトリと、ちゃんときまっていました。池袋の昼が正蔵、夜があたくしというわけで。

二の席は、人形町のトリが文楽。新宿の昼が文楽、夜が志ん生。ところが二の席てえものは、初席とくらべれば、お客も落ちるし、芸人のほうの観念というか、重きを置くことが、まるで違うわけで、初席がだれかということは、大問題でございます。

申しあげたように、上野の初席はちゃんときまっているが、浅草というものは、新しくできた席で、いったん芸術のほうへ初席をとられてしまったものをば取り返したわけなんで、ここのトリというものはきまっていない。浅草の初席は早くから、十時か十一時半には開演になって、夜九時すぎまでやりますから、三回興行になる。したがって、主任も三人いるわけで、これをどうするかってえことです。

そうすると、小さんって人は、今まで正月には、東宝名人会のトリ席をやっていた。これが普通の落語の興行ならば、主任の給金は倍給といって、スケ席のときよりふえる。ところが東宝名人会は、申しあげたように興行の形が違う……正月であろうと二月であろうと、スケでもトリでも、給金は変わらないんです。そこで、ここはゆずってもどうってことはない。だから、小さんを浅草の第一回のトリにする。第二回めのトリてえと、四時半から五時のあいだ、これはあたくしがとろう。第三回めは、今まで池袋の昼を打っていた正蔵、これを持ってこよう……。

「これなら苦情もあるまいし、どうです」

と席亭のほうへ言うと、

「結構でございます」

というわけ。

それから上野の鈴本にも、あたくしから話をして、初席は三回興行をやってはどうかとすすめました。鈴本では以前にも三回興行をしたことはあったんですが、その時はあまり成功をしなかった。しかし、時勢が違ってきて、昼席のお客さまというものが大変ふえている。ですからあたくしァ今三回興行にしても、請けあって客は来ると言ったんです。そうして、第一回めのトリを若手の売り出しの真打にやらして、二回めと三回めは、従前どおり、志ん生と文楽にしたらいい、ということを上野の席亭に申したわけなんで。

これらは全部あたくし一個の考えでやりました。やりそくなえば、あたくしが全部ひっかぶって、会長を辞任する、それだけの覚悟をして、やったもんでございます。

それから池袋というものは、芸術のほうへいっちゃったわけなんで、あたくしだけのことを考えれば、池袋と人形町をとッかえるってことをしないで、そのままにしておけば、初席は二軒バネということになるわけですが、あたくしの考えでは、池袋よりも、人形町をとれば、落語協会としては得になるとふんだんです。

人形町の末広は、ふだんでも夜だけで、昼席というものはやっておりませんでしたが、池袋よりもずっと大きい席だし、開演時間を早くして、四時ごろに始めて、夜の九時半ごろまでやることにすれば、相当の数の人間が高座へあがれる。あたくしどもの協会には、芸人も多いし、看板をそろえて一生けんめい馬力をかけてやれば、お客の来ない席じゃァない、大丈夫という目途《めど》をつけたんで、池袋をよして人形町をとることにしたわけなんで。

それじゃァこの人形町のトリをだれにするかってえことになります。すると、文楽さんが、

「人形町は、あたしが二の席のトリだったから、この初席はあたしがとる」

と言い出した。ところがねェ、文楽さんという人は、ふだん大変にその、トリをいやがる人なんですよ。今のように出演者が多すぎると、トリのころにゃァお客が立つし、どうもやりにくい。それがために、おなじことならそんな骨の折れることはもうやりたくないというんですね。とくにあの、ホールやなんかの落語会というものは、寄席とちがって、トリでも倍給ってことはない、すると、これァわがままなんですけど、

「あたしァトリはごめんこうむるよ」

と言って、東横劇場、三越劇場、紀伊国屋《きのくにや》ホール、それから国立小劇場……ま、どこでも、トリのひとつ前までは出るけども、トリはおそらくとらなかった。ところが、この人形町の初席ってときには文楽さんのほうからトリをとりたいと、そう言ったんですねェ。で、あ

たくしァしばらくじィッと文楽さんの顔を見ていた。そうしたら、自分でも体裁が悪いと見えて、

「やっぱり〝死《し》に欲《よく》〟だねェ」

なんてね、そう言って、笑いましたけども、人形町と上野の二軒バネをするってえから、あたくしは、文楽さんがそういうなら、それもよかろうと思って、人形町のほうを早バネといって、すこし早めにハネて、そのあと鈴本の夜をハネるということになりました。

当時、志ん生さんは、もうよほど体の具合は悪かったけれども、弟子に抱きかかえられるようにして、トリ席の上野だけは、ちゃんとつとめました。

これで、四十二年の初席は、今までとがらッと変わったわけでございますが、まず第一にあたくしの心配は、これでお客さまが来てくださるかどうかということで。ふたをあけてみたら客足がつかないということでは、これァみんなあたくしの責任ですから、非常に心配した。ところが、来ましたねェ、お客さまが。

それまで、都内第一等の席は、上野の鈴本だったんですが、この上野をとびこして、浅草のほうがずゥッと成績がいい。上野も、もちろん、三回ともにお客がはいって、成績がいい。人形町も割合にお客さまが来た、というわけで、まずまずあたくしもほっといたしました。

あくる四十三年の初席は、四十二年のとおりでございますが、この年はそのほかに、あたくしから浅草演芸ホールの社長のほうへ話をして、もう一軒、ロック座というところで、初席十日間の興行をいたしました。これァその浅草演芸ホールは二階席でございまして、階下

のほうは東洋劇場といってストリップをやっている。二階も以前はストリップをやっていた小屋なんで。それにこのロック座という、これもストリップ……つまりこの三軒をやっているのは、おんなし会社なんでございます。ですから、社長に話をして、四十年、四十一年と二年間芸術協会のほうに初席をとられていたんだから、その埋め合わせに、どこかもう一軒やらせてくれと掛け合ったわけなんです。

「それではお宅のおっしゃるとおり、ロック座で正月十日間打ちましょう」

ということになって、番組は演芸ホールとおんなし、ただ時間をわずかにずらす。こうすれば、演芸ホールをつとめた者が、その足でロック座へ行ってつとめる。目と鼻のあいだで、家数《いえかず》にして七、八軒歩けば、むこうの楽屋へはいれるわけですから、かけもちは楽だし、アナがあく心配もない。これで浅草を二軒やりましたが、成績も非常によろしかった。

ところが苦情が出ました。というのは、元来は三軒ともストリップをやってた小屋で、一軒は落語の定打《じょうう》ちになった。そこへ正月十日間をまたロック座も落語を打つと、そのあいだストリップのほうの人たちはむだに遊ぶわけなんです。だけどもその給金は払わなくちゃァならない。正月はねェ、ストリップよりも演芸のほうが、お客がはいるんですけれども、そこにはそういった、いろいろな事情がありまして、ロック座を打ったのは、四十三年だけで、四十四年にはとうとうできませんでした。

四十四年の初席になりますと、志ん生さんがいよいよ出られなくなって、上野の昼は、せがれの馬生がトリをとるということになりました。これにもいろいろないきさつはありまし

たけれども、あたくしからみんなに、

「ほかの者にこのトリを取らせるというのは、志ん生さんとしてもおもしろくなかろうし、まァ、せがれの馬生にやらせれば、志ん生さんもよろこぶだろうから、そうしてやってくれ」

と話をいたしまして、四十四年から上野の昼のトリは馬生ということにきまり、そうして、二の席の新宿の夜は、志ん生にかわって、あたくしがトリということになりました。

演芸場難

さて、あくる年の四十五年というのは、まことにえらいことになりました。

と申しますのは、まず第一に、永年続いていた人形町の末広という席が、この年の一月二十日かぎり、つまり、初席を落語協会が打ち、二の席を芸術協会が打って、以後は閉鎖、廃業するということになったわけでございます。

前々からそういう話はありました。人形町というものは、ひところずいぶんお客の来ない時代がありまして、これではやっていけないとか、いろいろなこともあったんですが、地下鉄が出来たりして、四十年代になってからは大分お客の入りも持ち直してきておりました。

ところが、あすこの地所というものは、借地だったんですね。

あのへんの地面を持っていましたのは、あの『十徳』って噺のなかで、一石橋《いちこくばし》というのは〝お金《かね》後藤(金座・後藤庄三郎)〟と〝呉服後藤(呉服所・後藤縫殿助《ぬいのすけ》)〟が金を出しあってかけた、後藤と後藤(五斗と五斗)だから一石橋……と言います。その〃お金後藤〃のほうとかだそうで、これがあのへんを売るってことになった。末広に買ってくれという話もあったそうですが、これァ莫大な金高なんで、末広ではとても買えない。じゃァほかへ売るというようなことになって、とうとうその地所を売られてしまったんです。

するると、買った人のほうから、立《た》ち退《の》いてくれといってきました。いろいろ交渉もしたけれども、どうにもならない、結局立ち退くことになってしまった。そこには営業権というものもありますし、永年のあいだ住んでいたんですから、相応の立ち退き料はとれる。席亭のほうでは、それを貰って麴町とかへマンションを建てて、これを貸して生活を立てるというわけで……。まことに惜しいことではあるが、人形町の末広という席は廃業ということになりました。

この時に、新聞とか雑誌とかが、伝統のある寄席がなくなるってんで、いろいろ書き立てましたよ。なんとかしたらよかろうってんで、傍《はた》では勝手な熱を吹きますけども、いかになんでもその地所をこっちで買うほど、噺家は金持ちじゃァないんですから、どうにもしかたがない。いよいよ四十五年の正月が最後で、末広ともお別れということになったわけでございます。

そこへまたもうひとつ問題が持ち上がった、というのは、池袋演芸場という席で、この興行主は、あのへんで映画館や飲食店も持ち、池袋演芸場はビルの三階にあるんですが、その下の二階は玉突き場やなにかになっている、それらをみんな経営しているわけなんで。その

社長さんが、一月の末になってあたくしンとこへ来て、

「演芸場をよします」

という話なんで、これァ、まことに寝耳に水の話で、びっくりしました。

「まァまァ待ってください。どういうわけなんです」

ってったら、とにかくお客がはいらない。初席だけは多少よかったものが、人形町と入れかえで、今までの落語協会に変わって芸術協会が初席を打つようになったら、入りが悪くなってしまった。

「とにかく、現在では寄席の客よりも玉突きにくる客のほうが多い。こんなことではとても立ち行かないから寄席はやめたい」

というわけです。

「まァちょっと待っていただきたい。人形町はなくなり、おたくがなくなるというふうに、続けて席がなくなってしまうてえことは、落語界にとっても由々しき問題であるから、何とか継続できないものか」

と言ったところ、とにかく赤字続きで、とりわけて、まァはっきり言うと、芸術協会のほうはお客の入りが悪い。悪いがために顔ぶれを落とす、というようなことで、ますます悪くなる。もうすこしいい芸人の顔ぶれでやりたいと思っても、こっちの要求を入れてくれない……というようなわけで。

「そこをなんとかひとつ、社長、もういっぺん考えてください。手前のほうでもなんとか

できるだけのことはいたします。芸術協会のほうにも話をいたしますから、やめるということだけは考えなおしてもらいたい」

と言って、あたくしァ極力くいさがった。すると池袋の社長も、

「あなたのほうがそれほどに言ってくれるんならば、まァ考えてみましょう」

と、言葉をにごすようなことになりました。

その後に、芸術協会の会長だった柳橋さんに、社長が会って話をしたところが、

「どうも、おやめになるものはいたしかたがない」

という返事だったてえんで、ふたたびあたくしンとこへ社長が来て、

「実はこのあいだ柳橋さんのほうへ話したが、なくなってもいたしかたがないという返事で、はなはだ冷淡なことで……」

というようなことを言うんですね。

これはですね、たとえば、いやになった女と別れようという時に、

「お前と別れようじゃァないか」

と言い出したとたん、あァ待ってましたというように、

「じゃァいいわよ、別れるわ」

と言われたほうがいいか、

「あなたとは別れたくない、どうか今までどおりにしておいて」

と言われたのと、どっちがいいか。いやだと思う女でも、結局は別れるにもしろ、

「あなたと別れたくない」

と言われたほうが、感情的にはいいんじゃァないか。だから、あたくしのほうでは、

「なんとかしてください」

ってんで、よしてくれちゃァ困る、困ると言った。そうすると、とどのつまり、落語協会の単独興行でやってくれないかという話になりました。あたくしのほうからもういっぺん、芸術のほうにも話をしてみようと言ったんですが、それはもう、再々話をしたけども、だめだというんで、

「それならば、あたくしのほうの単独興行で、ま、無理やりにやらしてもらったということでも結構ですから、どうかひとつ、もう一年だけやってください。それでどうしてもお客がこなければ、あたくしのほうもあきらめます。一年だけ、こっちも一生けんめい努力してみますから、それで多少ながらでも成績があがるようならまた続けるようにしていただきたい」

「じゃァ落語協会の単独興行ならば、やりましょう」

ということになったわけで……。

この時に、あたくしのほうの会の人で、

「芸術協会を出し抜いて、単独興行ってえのはどうかと思う」

って、かげでとやこう言った人もあります。けれども、あたくしァ事務長の高橋にも言いましたが、

「たとえどんなに客が来なかろうがどうしようが、池袋ははなしたくない。どうしてかってえと、あすこがなくなると、新宿末広亭一軒だけで興行しなければならない。そうなれば出演者の数はむやみにふやせないから、どうしても休演の者の数が多くなる。それは会長のあたしとしては、まことに忍びない。だからお客はすくなくてもなんでも池袋をやってもらい、こっちも努力して、もっと客のくるように骨を折らなきゃァいけない。客がすくない時には、協会の会金《かいきん》、たしない金ではあるが、それをつぎたしてもいい。それでもそろばん勘定で得《とく》になるよ。だからあたしは、なんとしても池袋はやりたい」

ということを言ったんです。

この時には、文楽さんからも電話がかかってきて、

「今度のことについて、とやこう言う人があるってことは、あたしの耳へもはいったけども、どうか圓生さん気にしないでくれ。あなたが今度とった処置というものは、わが協会にとって、まことに温《あった》かいことであり、あなたが努力しているということは、あたしにはよくわかっている。今、末広がなくなり、続いて池袋がなくなるということは、損得は別としても、世間からみてははなはだ不利な立場になる。それをあなたが池袋をくいとめたということは、あたしは感謝している。まことによくとめてくれた。ありがとう」

と言ってくれました。

とにかく、これで池袋というものはもちこたえて、今でも、落語協会の単独興行で、どうにか続いております。

鈴本改築

この四十五年という年は、まことに御難《ごなん》な年でありまして、五月になると、今度は上野の鈴本が普請《ふしん》にかかるんで、休みということになりました。

この話が出たのが、たしか四月ごろだったと思います。これァ……びっくりしましたねェ。

「どうして、今、普請にかかるんです」

「まァ今までどおりでは、どうにも具合が悪くなったんで、改築をするわけなんで……」

「それァおたくのほうでも、いろいろご都合のあることでしょうが、さて、来年の正月《はる》は大丈夫ですか」

と聞いたら、五月からかかっても、来年の正月にはとても間に合わない、という……。さァ困りましたねェ。なぜもっと早く着工して、正月に間に合うようにしなかったかってえと、鈴本の席は表通りには面しているが、建物はちょっとひっこんでいて、表がわッところにレコード屋とか写真屋とかの店がありました。それを今度は、表通りからすっかりビルにして、一、二階は銀行がはいる、三階に寄席をこしらえるというわけで。そうなるてえと、今まで店を張っていたところが、それァなかなか安い金では動かない。それらの交渉やなんかで永びいて、五月にやっと着工になるってえんですね。

人形町はすでになくなり、池袋がよすってえのをやっとくいとめたと思ったら、今度は上野の普請という、重ねがさねの難問で……四十六年の初席はどうしたものかと、あたくしも実に頭を痛めました。上野の鈴本は初席は三回興行をしてえたんですから、ま、三軒、それに人形町が一軒、つまり四軒の席がなくなってしまうわけでございます。その補《おぎな》いをどうつけたらいいか。

四十五年の正月に、川崎でもって、志ん生さんの娘さんが嫁《かたず》いている先で興行をするというんで、あたくしはここへはまわれなかったけれども、五日間打ちました。ま、ここを四十六年もやってもらう。それから、銀座の東芝ホールという、ビルの八階で、いっぱいはいっても百五十人ぐらいの小さなホールでしたが、前々から、土曜日あたりにちょいちょい落語の会をやっておりましたんで、ここへ掛け合って、なんとか正月をやらしてくれないかと言ったところが、正月四日までは店の休みだからだめだという。五日からならばいいってんですが、ぜいたくは言っちゃァいられないから、五、六、七、八、九の五日間、それだけでもいいから取ろうということになりました。それでも足りないから、また浅草のほうへ話をして、演芸ホールの階下にある東洋劇場、ここを打たしてくれないかと頼んでみると、むこうもいろいろ日取りのつごうで、

「とても十日間は打てないが、元日から五日まで、東洋劇場でやりましょう」

それで、五日間は、演芸ホールと階上階下《うえした》でやることになったわけです。

そういう、席を取ってあるくなんてえことは、本来ならば、会長のあたくしが気をもむことはない。事務長というものがある。昔でいえば〝五厘〟ですね、これがやるべきことなんです。しかし、こういう事態になってくるとどうにもならない。結局、会長という責任があ

るから、あたくしがかけずりまわって席をこしらえるというありさまで……。やっとのこと、東洋を五日、銀座を五日、川崎を五日……まァそんなことで、なんとか補《おぎな》いをつけたわけなんですが、そうすると、文楽さんのトリというものが、なくなっちまうてえことになって、これであたくしと正蔵さんとが、議論をして、どなり合うという一幕もありました。

つまり、人形町がなくなり、上野も初席ができないとなると、文楽さんのトリは両方ともなくなってしまう。そこで正蔵さんは、浅草の小さんのトリを文楽さんにゆずるべきだというわけなんです。それというのは、あたくしが、浅草と池袋の二軒バネですから、そいつを一軒やってもよかろう、ということなんでしょう。しかし、あたくしから言えば、それは少々まちがっている。上野がなくなったというのであれば、それは、初席というものをば、改めて考えなければならないが、上野は普請ちゅう休席ということなんです。普請ができあがれば、その〝柿葺落《こけらお》とし〟は、もちろん文楽さんがやるべきで、また、その次の年の初席、これも文楽さんに返るんですから。休席ちゅうであるがために、われわれがトリをゆずらなければならんというようなことは、昔から、かつてないことなんです。

前に人形町と池袋と取り替えた時に、あたくしは自分の持ち席を放棄して、文楽さんが人形町を取りたいというから、だまって文楽さんに打たした。今度また、上野が休みになるから、他人《ひと》の席をゆずれというんでは、いかに最高幹部であればといって、それァ少々わがまな振舞いと言われてもしようがない……文楽さん本人は、そんなことは言いっこないんで、まわりが言うのは、これはなかば〝よいしょ〟といいまして、文楽さんに対するお世辞半分ではないかと、あたくしァ思って、それで反対をしたんです。

それやなにかで、大分もめたことがありましたが、結局は、小さんの浅草のトリをば、文楽さんにゆずるということになりまして、小さんは、臨時の東洋劇場の興行のトリをつとめることにしました。

そういうわけで、四十六年の正月をなんとかしのぎましたが、六月になって、やっと鈴本の改築が完成をいたしました。六月七日に新築披露のパーティがあり、いよいよ十一日から文楽さんのトリで〝柿葺落とし〟の興行……十一、十二の両日は招待のお客さま、十三日から本興行ということになる。これで、上野の鈴本という根城《ねじろ》が復活をいたしまして、お客さまの入りもよく、よろこんでおりました。

すると、この年の十二月十二日に、桂文楽さんが、日大病院で亡くなりました。十二月十八日、浅草東本願寺で盛大な葬儀をいたしましたが、落語界にとりまして、桂文楽という大きな看板を失ったことは、まことに惜しんでもあまりあることでございます。

会長辞任

そこで四十七年でございますが、再開した鈴本の初席は、やはり三回興行で、第一回のトリは圓歌、第二回が馬生、第三回が小さんということになりました。

浅草の演芸ホールは、申しあげたように二階にあって、階下《した》が東洋劇場というストリップ……あたくしァいろいろ考えたんですが、どうも二階席というものはねェ、エレベーターに乗って上がらなくちゃァならないし、そのエレベーターなるものも、大変に老朽していてあぶなっかしいような気もする。それよりも階下のほうが、表からすッとはいれますから、どうも一階のほうがいいと思いまして、これもあたくしから社長に話をして、上と下と取っかえてくれませんかと言ったらば、むこうでも考えて、とうとう演芸ホールを下へ移すことになりました。これァ四十六年ちゅうのことでございます。それで初席は、やはり階上《うえ》階下《した》で上のほうは五日間ぐらいでしたが……二軒、興行をいたしました。

この正月が終りますと、そのころから、あたくしも会長を辞任することを考えました。弟子たちからもいろいろ話がありましたし、本来、会長の任期は二年で改選になるべきもんなんですが、四十年の夏から、もうまる六年といくらかになる。これまでにあたくしァ会長としてしくじったということはないわけなんで……まァ陰《かげ》ではなんか言ってるかも知れないが、面と向かって非難されるようなことはひとつもありませんし、若い人たちだって、陰ではともかく、あたくしにはぐうとも言わない。しかし、人間というものは、そうそういい時ばかり続くもんではない。いつまでもやっていて、会長にみれんがあると思われるのもいやだし、あたくしだって、まだまだこれからやるべきことはいくらもあるんですから、もうここらへんで辞任をしてもよかろう……延々と永くやっているより、ここがひきどきじゃァないかと思ったわけでございます。

そこで、看板から申しますと、あたくしの次席というのは、林家正蔵(八代目・岡本義)、その次が柳家小さん(五代目・小林盛夫)ということになっております。まァしかし、これからは時代もどんどん進むし、やはり、若い人にまかしたほうがよかろうと思いましたが、ものには順というものがある。

そこで、三月十七日に、四谷の蔦《つた》の家《や》という料亭で、幹部だけの寄り合いをしようというわけで、集まりました。この時の幹部と申しますのは、圓生・正蔵・小さん・文治(九代目・高安留吉)・圓蔵(七代目・市原虎之助)・馬生・馬楽(六代目・河原三郎)・馬の助(伊東武)・圓歌(三代目・中沢信夫)・三平(海老名栄三郎)、この十名でございます。

このなかで、正蔵というものは、副会長でもあり、古い人なんですから、まず別室で、

「今度あたしは会長を辞任しようと思う」

と言ったところが、正蔵いわく、

「あたしも副会長を、五月にはやめたいと思っていた」

と言うんですね。で、あたくしが、

「あたしは会長をよすが、そのあとの会長を、あなたやりますか」

「いや、もうあたしはそういうこととは離れたいと思うから、それで今言ったように、副会長も辞任しようと思ってたんで……」

「それならば、席順でもあるから、若い小さんにゆずろうと思うが、どうだろう、あなたの意向は?」

と言って聞いたところが、

「よろしい」

というわけで、それじゃァそういうことにきめましょうというので、みんなのいる席へ戻って、

「実はこれこれで、副会長の正蔵さんと相談もしたが、会長を小さんにゆずる」

と、発表しました。

それで、あたくしと正蔵さんは顧問ということになります。それから、小さんの次に文治というものがいる。これァ小さんよりはずっと古い人ですが、今は看板も一まい下だし、会長になるべき人でもありませんから、これも顧問ということでよかろうってえことになる。

そうすると今度は、幹部……理事という名になっております、これをふやそうという話になりました。今までは林家三平までが幹部、その次ってえますと、金馬(四代目・松本龍典)・小せん(四代目・飯泉真寿男)・さん助(松本光春)・志ん朝(美濃部強次)・柳朝(大野和照)・圓楽(五代目・吉河寛海)・談志(松岡克由)・つばめ(木村栄次郎)という席順で、その次が圓鏡(のち八代目圓蔵・大山武雄)ですが、この月の家圓鏡というのは、今、まことに人気者で、席のほうでもほしがるという売れッ子であるから、そこまでにしたらどうかというので、九人の理事がここに、ふえるということになりました。

さてそこで、四月の十四日、下谷神社で総寄り合いをいたしまして、会員みんなの前で正式に、あたくしが会長を辞任をして、後任は柳家小さんということを発表し、九人の者の理事昇進も発表をしたわけでございます。なお、このあと、四月二十一日に、新橋第一ホテルで、席亭、放送会社などの関係者にお集まりいただいて、会長の更迭と、理事昇進を発表

しまして、はじめてあたくしは、会長の任務を終えて、爾後は、落語協会最高顧問となりました。

この後のことは、あたくしはあまり言いたくはございませんが、新会長になりましてから、大そう真打がふえました。真打がふえるということは、まことに結構ではありますが、それは本当の真打ができてこそ結構な話なんで、粗製濫造がいいということでは決してないはずでございます。なかには、これが真打かと思って首をひねるものもあるようで……それというのは、理屈を聞けば、このままで行くと、今の二つ目が順に真打になるには、四十年先とか五十年先になる。だから何年とかたったものは、十人、二十人とまとめて真打にしてしまおうという……それは一方には理屈もあるでしょうが、お客のほうから見れば、これは金を払って聞きに来るんですから、それだけの値打ちのないものをば無理に押しつけるってえのはどんなもんですかねェ。

昔から何年たてば真打にするという約束があるわけじゃァない。会社へつとめても、

「君は将来必ず重役にする……社長にする」

といって契約を結ぶ会社がどこにありましょう。生涯、平社員で終る人もあれば、あんなに早くというほど、課長、部長になり、重役になる人もある。それはその人にそれだけの器量があるからなんで、会社へつとめた人がみんな重役になれるわけじゃァないんですから、まして芸人はなおさらもって、きびしいもんでなければいけないんではないかとあたくしは思います。

値打ちのあるもんならば、早い人で七年、八年で真打になった例もあります。何年やろうとも見込みのない者を真打にするというのは、お客さまに対してもはなはだ申しわけないことであるし、結局はおのれでおのれの首をしめるようなことになりゃァしないか。

「あの人は人がいいから」

とか、

「よくはたらくから」

という、そういった〝お情け真打〟というものは昔からありましたが、結局は成功しない。それから、

「真打になったら勉強するだろうから」

と言った人もあるが、冗談言っちゃァいけません。えゝ、さァ食わしちゃって、腹ァくちくしといてから芸を仕込もうったってだめな話なんで……。われわれだって、貧乏で貧乏で、早く出世をしたいと思うから勉強をしたわけですからねェ。それを、先ィ真打にすれば、勉強をするだろうなんと思うのは、どうも妙な考えかたとしか言えません。

それに、近ごろはむやみに大勢の者を役付きにしますが、これもねェどういうもんですか。あたくしは会長をやめてから一ぺんだけ寄り合いへ行って、こりこりしました。がやがやがやがや、勝手気ままなことをしゃべって……それもひとつのやりかたかも知れないが、あれでものがまとまるんでしょうかねェ。

あたくしは会長になって別にこれという功績もなかったかもしれません。けれども、ひと

に憎まれてもいいから、会のためにいい仕事をする、それが会長じゃァないか、自分の身をかばって、ひとによく言われよう、言われようとしていては、会長の責任は果せないと思って、やってきました。

落語協会の会長だから、まず落語協会のことを考える、それァあたりまえのことで……ただし、それじゃァ芸術協会のほうはどうでもいいのかってえと、決してそういうわけではない。あたくしァこれは、紅白の戦いだって言ったんです。

相手になんでも同情を寄せて、こっちが控え目控え目にしていりゃァ、かどは立たないかもしれないが、ものは発展しっこないんで、おたがいに鎬《しのぎ》をけずってやらなくちゃァいけません。野球にしたって相撲にしたって、てんで勝負にならないようなものがあらそったって、おもしろくもなんともない。どっちが勝つか、どっちが負けるかってんで興味をもってひとが見るんでなくてはいけないわけです。だから、こちらはこちらで、商売に気を入れ、人気のある、うまい噺家がどんどん出てくる、むこうもやはりそういう人が出て、どっちがよくなるだろうかと、お客さまのほうが興味をひかれる……そうでなければ、その業は決して発達するもんじゃァありません。そういう建前で、あたくしは一方の会長として、この落語協会というものを伸ばしたいと思って努力をしたわけなんでございます。

それから、会長というものは、なってみてはじめてわかるんでしょうが、いやなもんですよ、決していいもんじゃァない。ところがどういうもんか、みんななりたがるんですね。あたくしだって、なりたかった。会長になったら、どんなにか思うことができるだろう……け

れども会長になると、なんにもできなくなっちゃうんです。ちょっとしたことでも、

「あれァ会長だから」

と言われて、攻撃されたり、八方からじいッと、変わった眼《まなこ》で見られる。

「あれでも会長なのか」

とか、

「あれで会長の責任が果せるのか」

とか、ややもすると、会長であるってことが、悪い方面に使われる。

それでいて、会長になったって一文《もん》ももらえるわけじゃァない、かえって損をするんです。なぜかってえと、まず冠婚葬祭、これにはどんなことをしたって、会から花輪をやるとか香奠を出すとかしなくちゃァならない。そのために会金《かいきん》てえものはありますけれども、莫大《ばくだい》なものがあるわけじゃァなし、そのたンびにいちいちみんなから金を集めるってえわけにも行かない。ですからねェ、会長としてやるものは、みんな自腹《じばら》ですよ。

これァつまり名誉税ですね。そう思うよりしょうがない。会長という名を背負《しょ》ったために、自分のふところから損をしても、世間のおつきあいはしなくちゃァならない。いったんなったからには、ぐずぐず言わずにだまって出すべきなんですね。そういうことと、自分のことだけじゃァなくて、会全体の者に目をくばって、みんながどうなるかということを責任をもって考えなくちゃァならないわけなんで。

だからなるほど、ことの大きい小さいはあっても、会長とか社長とかいうものになった人

は、傍からみるといいように思われるけれども、それだけの責任を背負うことになる。でも、ほかの大会社はもうかるからいいんでしょうが、落語協会なんてえものは、ちっとももうかりもしないで、責任だけはじゅうぶんに背負わされるんですからねェ。

しかしそれでもなんでも、あたくしは、自分の会のために尽くしたということで、決して悔いてはおりません。悪く言われてもかまわない、会のためになると思うことは、あたくしなりに力いっぱいやったつもりでおります。

団体保険

それからもうひとつ、これは会長在任ちゅうのことでなく、その前ですが、あたくしがした仕事がございます。それは、噺家の団体保険というもので……。

考えてみますに、芸人には退職金というものはないんですね。もしわずらえば、〝大寄せ〟とか〝読み切り〟といいまして、一軒の席でひと晩、みんなが集まって無料出演をして、そのあがり高を、わずらった人にあげる。死んだ場合でも、遺族が困っていれば、ひと晩の〝読み切り〟でおしまい。それ以外には、退職金も生命保険もなんにもないわけなんです。

文楽さんが会長時代に、あたくしは傍《わき》で、団体保険というものがあるってことを聞いて、これはぜひともやっておかなければならないことだと思いました。あれこれと話を聞いてみまして、協会の全員を団体保険に入れたいと思って、考えました。

これとても、そう莫大なお金がもらえるわけではない。その当時としては、ひとり百万円ずつも掛けておければいいんですが、そんなことをした日にゃァ掛け金が大変だし、めいめい掛けろといったって、それァ無理な話なんで……わずかな歩《ぶ》制度で給金をもらってる人から、あらたに保険料を徴収するといえば、そんなものはいやだと言うに違いない。

あたくしどもの給金は、申しあげたように、ワリというもので、本来は、その興行の真打がこれをやるべきもんですが、近ごろは税金なんというものがあって、まことにめんどうな計算になるんで、それがために〝事務所ワリ〟と申しまして、事務員がこれをやる。トリの人はまったくこれには手をつけないことになっております。そこで、その客高のうちから、多少なりとも引いたらどうかと考えたわけなんで……。つまり、五百人のワリになるところなら、そのうちから一人分とか二人分とか、みんなの収入に障《さわ》りのないほどの零細なものを引いておく。それならば知らず知らずのうちに保険がかけられる。

大幹部《おおかんぶ》の芸人は、自分で保険へもはいれますし、どうにでもなりますが、下まわりの人はどうにもならない。ただ一晩の〝読み切り〟だけでは、もう今日《こんにち》では葬《とむら》いも出せないんですから、この団体保険にはいるべきで、そのためにはこういう方法をとればいいということを、あたくしは極力、説得をしました。

そうしたら、会長の文楽さんも、

「それならいいだろう」

と言ってくれたんで、それから主《おも》だった人たちにも相談をし、承諾を得まして、いろいろ団体保険の係の人とも話をしたんですが、当時、二十万円でしたね、ひとりにつきそれだけの保険にはいることになりました。まことに零細ではあるが、ないよりはましですよ。その当時〝読み切り〟をしてもらっても、とてもじゃァないが十万円は集まらないわけなんで……それでも〝読み切り〟をやったうえに、保険金がはいるということになれば、多少ながら、なんとか形《かたち》がつくだろうってんです。

この時に、保険会社のほうでは、なるたけ人数の多いほうがいいというんで、あたくしから芸術協会のほうへも、

「こういう団体保険というものがあるから、いっしょにはいってはどうか」

ということをば、再々すすめましたが、なかなか同意してくれません。当時むこうの会長の柳橋さん、副会長だった小文治さん(稲田祐次郎)、会計係の紙切りの林家正楽さん(一柳金次郎)、その人たちにもいろいろ話をして、説得につとめましたけども、とうとうはいりませんでした。

よんどころなく、落語協会だけでやることになったんでございますが、これで、保険金をもらった第一号が柳家小半治という……彼なんぞは、一文でもお銭《あし》を引かれるってことについては、ぐずぐず言った男でしたけれども、この人が死んで、第一号の保険金を家族のものがもらった時に、

「あの亭主は、生きてるあいだはなんにも役に立たなかったけれども、死んではじめて、これだけまとまったお銭《あし》がもらえたのは、本当にありがたい」

と言って、おかみさんが涙をこぼしてよろこんだというくらいで……亭主が死んでよろこ

ばれちゃアいけないけれども……そのくらいありがたいと思う人もあるわけなんです。

ほかにも、お囃子《はやし》さんだとか、あるいは若い者だから死なないとは限りません、そういう若い下まわりの人なんかが死んだときに、あれをもらって、いくらか息をついたというところもあったと思います。

今はもっと額をふやしておりましょうが、これからはどうなりますか、まァとにかく、この団体保険なぞはあたくしがやりました仕事のなかでも、多少は役に立ったものではないかと考えております。

今後に望む

会長在任ちゅうに、もうひとつ抱負がありましたのは、あたくしは、落語協会の席というものを持ちたかった。つまり、席亭とか興行主ににぎられているのでなく、噺家がにぎっている席というものをですね、一軒持っていて、これには、出演者や番組もみんな協会の考えで、こうしたほうがいいというものをやって、模範的な落語の席をつくりたい。

しかし、やはり場所のいいとこでなくっちゃァいけないし、それには金がかかる。ところが、会の金なんてえのはありゃァしませんよ。まるッきりないてえわけじゃァない、それァお祝いなり、お葬《とも》いなりの時に〝落語協会〟という花輪をおくる、それをいちいち集まって金を出しあってるようなことじゃァしょうがないから、会金《かいきん》といって、いくらかはありますが、ほんのわずかなもんで、こんなもんじゃァどうにもならないわけなんです。

とにかく、席というものを落語協会で持ちたいというのが、あたくしの抱負であったけれども、これはどうにもなりませんでした。それどころか、だんだん席がなくなっていくのをくいとめるのがせいいっぱい……事務員じゃァだめだから、会長みずからが駆けずりまわって席をとらなければならないという状態で、今後のことを考えますと、まことに心配です。

昔とは違いまして、建築法がやかましくなり、路地ンなかへ安直に寄席を建てるなんてえことは、消防庁もうるさいから、もはやできません。また、お客さまのほうでも、今はぜいたくになってきている……昔ならどんな汚ないところでも、いい芸が聞けりゃァいいとがまんをしてくれましたが、今日《こんにち》では、少々ぐらい入場料は高くッても、居ごこちのいいところで、ゆっくり聞きたい、というように変わってきております。

ですから、建物もやはりその時代にあうものをこしらえなきゃァいけないし、地の理も選ばなければならないとなると、これには莫大な金がかかる。そういうところから、新しい席がふえていかないわけなんでございます。

歌舞伎や文楽は、国立劇場というものができて、やっております。さすれば、やはり落語や講談も、伝統のある芸なんだから、政府のほうでも補助をして、国立の寄席を建ててもらいたいという意見の人もあるでしょう。それももちろん結構ではあるが、しかしただそれのみを頼みにして、政府のほどこしてもらうお金で、なんとか露命をつないでいこうというような、けちな了見になったんでは、これァもうほろびる前兆だと見なくっちゃならない。

あたくしも永くやってきた商売で、落語のほろびるなんてえことは、絶対に考えたくない。

とこしえに、この落語というものは栄えてもらいたい。また、それだけに値《あたい》する、結構な芸だと思っております。そのためには、お客さまに、こんな芸はつまらないと思われるようになってはいけない。落語というものは、いい芸である、保存をすべきであり、もっと発展させるべきであると思われるようにならなくっちゃァいけません。

ともかくも、うまい芸人ができさえすれば、お客さまはよろこんで来てくださるわけなんで、そのへんをおもんぱかって、ただただ、あははとその場で笑いさえすりゃァいいんだというような安直な考えかたでなく、もっと奥行きのある、深い芸をやって、なるほどいい芸だ、立派な芸能だと、お客さまにも思ってもらうようにしなければならない。それには、噺家自身、そういう芸人を育てようという考えでなくっちゃいけません。

ともすると、見世物みたいな了見で、ちょいと変わったもので、実《み》もなんにもなくっても、お客さまが笑いさえすれば、席のほうもよろこぶ。そういう芸人は歓迎するが、これは育てていけばきっとよくなるという者でも、

「あいつは陰気だ」

というようなことで、なかなかそういう者を引き立ててやろうということをしない。

今のように、なんでもかんでも真打にすればいいってもんでもないわけで、やはり芸というものはきびしいもんですから、きびしくしなければいけないが、いっぽうで「これは」という、将来性のある者は育てていかなければいけません。これからの衝にあたる人は、そこを考えて、将来の立派な落語家をば、つくっていただきたいと、こう思います。

放送専属秘話

放送落語事始

昭和二十八年以来、あたくしはTBS(東京放送)専属ということになっておりましたが、四十三年六月、契約が切れまして、いよいよフリーということになりました。

そもそも、放送というものとのご縁は、大変に古いんでございまして、愛宕山に放送局があったころに、あたくしも出演をしたことがございます。日本で放送がはじまったのが、大正十四年だそうで、いちばんはじめは芝浦に仮放送局があって、そこから放送をしたという……その芝浦時代は、あたくしは放送には出ませんでしたので、よくわかりませんが、あたくしの師匠のうちで聞きましたのは、そのころもう師匠はなくなっておりますが、品川のうちへ、今度放送局というものができるについて、開局をしたらば聴取者になってくれないか、今いくらいくら寄附をしてくれたら何年間は無料《ただ》だとか、あるいは永久に聴取料はもらわないから、というようなことで、頼みに来たなんてえことを聞きました。

その後間もなく愛宕山に移ったんでしょう。愛宕山のほうへ来てから、やはり間もないころと思いますが、はじめて放送というものを、あたくしも頼まれて行ったことがあります。

当時は、局のほうからちゃんと、ＪＯＡＫと書いた旗をつけた自動車で迎えが来ました。それで何をやったか、どうもあんまりはっきりおぼえちゃァおりませんが、『しの字ぎらい』でしたかねェ、そんな噺でしたでしょう。この時に、十五円もらいました。「お菓子料」としてあったと思います。

スタジオといいましてもね、今とは様子が違って、そのころは、なかに畳が敷いてあって日本間のようになってるのがずいぶんありました。落語なんぞをやるのは、もちろんその日本間でございます。そこへアナウンサーの人がはいってきて、時間になると、

「これから橘家圓蔵さんの落語『しの字ぎらい』を放送します」

ってえことを言って、むこうへ退《しりぞ》いている。そこでマイクの前で、ひとりでしゃべる。サゲを言って、終ると、またアナウンサーが、

「ただいまの落語は、橘家圓蔵さんでございました」

と言って、放送が終るときには、

「Ｊ・Ｏ・Ａ・Ｋ」

というアナウンスをして、ぱちんとスイッチを切りますから、それからなんか話をすりゃァかまわないんですが、みんなはじめてで勝手を知らないから、自分の噺がすむとすぐ、そばにいるアナウンサーに、

「どうでしたかねェ、うまくいきましたかねェ……なにしろはじめてだからねェ」

てんで、しゃべったやつがみんな放送されちまうというわけで……。

「そういうことがありましたから、どうか気をつけて、こちらでスイッチを切ってしまうまでは、噺以外のことは、なにもしゃべらないでくださいよ」

なんて、注意されたことをおぼえておりますが。

あたくしが出ましたのは、お昼のニュースがすんで、そのあとで、零時半《れいじはん》から二十五分か三十分の放送でした。その当時、零時半からの放送は、毎日、講談か落語でした。このふたつは、伴奏はいらないし、ひとりだけですぐにできるし、出演料は安い……まだ放送局もできたばかりで、財政上も苦しいってんで、

「そのうちに聴取者がもっとふえて、財政が豊かになったらば、こうしてはじめッから骨を折っていただいてるあなたがたには、必ずお埋め合わせをいたしますから……」

ということでしたが、今もって、あまり高給はいただけません。いつかはお埋め合わせをしていただけることと、楽しみにしておりますが……。

もっとも、戦争前にあたくしが貰った最高の放送料は、たしか四十五円貰ったのが最高だったと思います。その当時、普通のお座敷で三十円ぐらいな時ですから、まァ悪くはなかった。それに、お金のことだけでなく、席へ来るお客さま以外にも、ひろく一般にあたくしどもの芸を聞いていただけるという、こういうものは、どんどん発展してもらうように、大事にしなくちゃいけないという頭は、あったもんでございます。

そのころは、今のような録音なんてものがありませんから、みんな生放送で、失敗してもやりなおしはきかないし、それに時間の心配てえものは、大変でした。

いつでしたか、もちろん愛宕山時代ですが、たしか暮れのことだったと思いますねェ、長時間の番組で、落語だけでなく、講談もあり、琵琶もあり、若手もいれば、大家《たいか》もいるという具合……噺家は八人ぐらいでしたか、うちの先代《おやじ》（五代目圓生・村田源治）、先代文治（八代目・山路梅吉）、五代目左楽（中山千太郎）、三語楼（山口慶二）、〝ごみ六〟柳枝（松田幸太郎）、先代今輔（四代目・中島市太郎）……まだほかにもいましたねェ、あたくしも、圓蔵で出ておりますが、ひとり二十分ずつの時間なんです。この時におかしかったのは、いちばんはじめに出たのが、柳家三語楼で、忘れもしません、『締め込み』という噺を出した。これは、ご存じのとおり、新米《しんまい》の泥棒がはいって、荷物を持って出ようとするところへ亭主が帰ってくるんで、荷物をほうり出して、台所のあげ板の下へかくれる。そこへかみさんも帰ってきて、この荷物はどうしたんだってんで夫婦げんかがはじまるんで、泥棒が出てきて、その仲裁をするという、あの噺ですが、ふつうは、夫婦げんかの仲裁をしてくれたというので、酒をのませてやると酔って寝てしまう。戸じまりをしようとして、女房が亭主に、

「戸じまりをしても、なかに泥棒がいるよ」

「しかたがねえ、戸外《おもて》からしんばり棒をしろ」

ってえのがサゲですが、これを三語楼さんがやりますと、夫婦げんかのところがね、なんかねちねちとした口調で、長々とやる。この時も、楽屋でもってあたくしどもが拡声機をとおして聞いていますと、いつまでたっても夫婦げんかをしている……泥棒が仲裁に出てからサゲまで、どう急いでも五、六分はかかるのに、これァ一体どうするんだろうってんで、み

んなで気をもんでると、十七分、十八分になってもまだ泥棒が出ない、十九分てえ時に、やっと泥棒が出たなッと思ったら、電光石火、さァッと仲裁をして、酒をのんで、すぐ酔っぱらって、さッと寝ちゃって、サゲになった。それで二十分……いやァもうこの時は、楽屋で聞いていた連中がひっくり返って笑った。

「なるほど、三語楼式だねェ」

ってんで。あれァ当人もよほど骨が折れたろうって、あとあとまで、笑いばなしになりました。

この時は、あたくしも時間でひどい目にあいました。あたくしの前が、名前は忘れましたが、琵琶の人で、『五条橋』をやったんですけれども、その持ち時間を過ぎても、なかなか終らないで、どんどんあたくしの時間にくい込んでくる。しょうがないから係の人が、「時間はもう過ぎました」って紙ィ書いて見せたんですが、だめ、紙を見ないんですね。目をつぶっちゃって、三昧境《さんまいきょう》にはいってる。弱ったな、弱ったなって言ってるうちに、十二分、あたくしの時間へくい込んで終ったんで……あたくしァ二十分の時間が八分になっちゃった。びっくりしたけども、しょうがない、そのあとィあがって、とうとう八分で噺をおしまいにしましたけども、生放送ってえのは、そういう時には、まことに困ったもんで……。

五代目圓生と検閲

そのころの放送てえものは、逓信省というお役所が監督をしていまして、放送のなかでわいせつなこととか、なにか悪いことがあると、放送局がしかられるわけで。ですから、係の人が聞いていまして、これァいけないな、と思うと、ぱッとスイッチを切って、聞こえないようにしてしまう。それで、ある時、春風《はるかぜ》やなぎという、これは音曲師でございますが、

〽はだかで寝るのは惚れたんじゃないよ
　おまえのしらみがうつるから

という都々逸をやりました。これをその、ちゃんとうたったたんならば、途中でぱちッとスイッチを切ったんでしょうけども、うたったんでなく、都々逸の文句には色ッぽいものが、とかなんとか言ってるうちに、文句だけを、節をつけないで、ぺらぺらッとしゃべったんで、あァッと言ってるうちに放送に出てしまったんですね。あとで放送局の人が呼びつけられて、始末書を取られたそうです。すべて生放送ですから、どんなことになるかわからない。

それで注意人物になっていたのが、あたくしの先代《おやじ》でございまして、前後三回ぐらいしくじって、放送局をお構いになったことがあります。

いちばんはじめは、大震災のあとできた復興局という役所で、なにかと不正があって、新聞に出たりしたころですが、なにかの噺のなかで、

「復興局の役人みてえで、泥棒ばかりそろってやァがる」

と言ったのが、放送に出た。これを復興局の人が聞いていて、おこったのなんの、俄然、騒然として、当時の新聞に、三段抜きぐらい、でかでかと、

「圓生、告訴されるやも知れず」

という見出しが出たくらい。そうすると、毎日手紙が三十本ぐらい来まして、

「復興局にはうらみがある。よくあれだけのことを思い切って言ってくれた。実に、東京市民のためにもありがたい。あっぱれだ」

と言うのや、また、なかには、

「私は弁護士だが、これがもし裁判沙汰になるようなことがあれば、無料で弁護をひきうけるから、しっかりやってくれ」

というような激励の手紙ばかり。結局、先代《おやじ》には直接なにごともなかったが、放送局としては大変迷惑をしたらしい。それから一年か一年半くらい、放送に出ませんでした。

そのほとぼりがさめて、また放送へ出るようになって、二度めは、女の人のお化粧の悪口を言ったんですね。眉毛を長くひっぱって描いたり、紅を濃くつける化粧のことや、当時、婦人のパラソルで太くて短かいのが流行したんですが、こいつをからかって、

「この節《せつ》の女は、すりこぎを風呂敷にくるんだようなものを持って歩いてよろこんでる」

というようなことを言った。そうすると、今度は婦人団体から放送局へねじこまれて、また一年くらい、放送お構いてえことになりました。

三度めは、『二番煎じ』という、これは先代《おやじ》が得意にしていた噺ですが、このなかで、火のまわりの連中が酒をのんでいるところへ、見まわりの役人が来たんで、見られてはいけないってんで、酒をかくし、猪《しし》の肉を煮ていた鍋を股ぐらへかくそうってんで、その上へまた

がると、

「あ、熱《あ》ち、あちちッ……きんたまァ火傷《やけど》した……でも、おとなしい猪《しし》だよ、二《ふた》つ玉《だま》の下でじィッとしてる」

と、こう言ったのを、逓信省の役人が聞いていて、

「なにごとであるか」

ってんで、放送局へお小言がきたんですね。そうしたら、それを聞いた先代《おやじ》が、

「男にきんたまがあってなにがいけねえんだ。おれァなにも女にきんたまがあると言ったんじゃァねえ」

この一件で、またまた放送局お構いになって一年半ぐらい……。

しかし、当時の落語界では、先代《おやじ》は重きをなしておりましたから、局としては出演させたいのはやまやまで、聴取者からも、どうして放送しないのかというような投書があり、板ばさみになって困っていましたが、とにかく一年半ほどは放送はご遠慮というかたちで、あたくしのほうは、一年に二回か三回ぐらいのもんですが、出ておりました。そうしたら、ある日、放送局からあたくしに、何月何日に放送に出てほしいという電話がありまして、よろしうございますって、請け合うと、

「さて、圓生師匠にも、何日にお願いいたしたいのですが、いかがでしょう」

ってえますから、先代《おやじ》に、

「局から、出てくれと言ってきましたよ」

と言うと、

「いやだ。おれァ出ねえ」

「でも、こっちから頼んだわけじゃァないし、むこうから出てくださいと言ってきたのは、局のほうで折れているんで、けんかをしてもつまらないから、この際、お出なさいよ」

と言って、すすめたんです。そうしたら、先代《おやじ》が電話へ出て、

「どうもしばらく……」

「ご無沙汰申しあげております。何月何日に放送をお願いできましょうかしら？」

「あゝ、ようがす。今度ァきんたまを言いませんよ」

「へえ……おそれいります」

ってなわけで、聞いてておかしかったですよ。

なにしろ、あたくしの先代《おやじ》は有名な毒舌家でございまして、ある時、放送局でスタジオのなかをのぞいて、

「なんだい、あの、ほうずきの化けものみてえなばばあは」

これを聞いて、そばにいた人たちが、ひっくり返って笑った。

スタジオのなかには、オペラ歌手の三浦環《たまき》女史が、まッ赤《か》なドレスを着て、立っていたんです。

はじめて寄席からの中継放送というものをやりましたのは、神田の立花亭という寄席で、落語研究会の時でございました。

それまでは、落語の放送というものは、みんな、噺家が放送局のスタジオへ出かけて行ってやったもんですが、この時はじめて、お客のはいっている寄席のなかへ、マイクを持ち込んで、そこからじかに放送をした。

これは、昭和六年十一月二十二日、日曜日、第二次落語研究会の第四十一回でございます。ここへその時の番組をのせておきます。

なんでも、雪が降って寒い日でしたが、お昼すぎから、番組で申しますと、馬楽の『巌流島』から放送にはいって、あたくしの先代《おやじ》の『三十石』まで。ですから六人だけ中継をして、あとの二人は放送にはいらなかったと思います。当時、落語協会の会長だった小勝《こかッ》つァんなんぞも、うちで熱心に聞いていたとみえて、ひとりすむごとに、なんとかかんとかって、立花へ電話をかけてよこして、注意をしてくれたりなんかして、なかなかみんな、協力的で熱心でした。

落語研究会第二次第四十一回演芸会番組

意地競べ　　鈴々舎　駒　蔵
牛　褒　め　　柳　家　小せん　(二代目・上原六三郎)
巌　流　島　　蝶花楼　馬　楽　(八代目林家正蔵・岡本義)

垂乳女　三遊亭金馬（三代目・加藤専太郎）
三井の大黒　橘家圓蔵（六代目三遊亭圓生・山崎松尾）
湯屋番　柳家小さん（四代目・平山菊松）
寝床　桂文楽（八代目・並河益義）
三十石　三遊亭圓生（五代目・村田源治）
附き馬　柳亭芝楽（のち七代目春風亭柳枝・渡辺金太郎）
千両富　三笑亭可楽（七代目・玉井長之助）

以上

昭和六年十一月第四日曜日(二十二日)午前十一時半開場
会場(神田須田町)　立花亭

また、翌月の落語研究会のプログラムには、次のような記事がのっております。

(前略)十一月の定会を、ＪＯＡＫの中継によって全国へ放送したことは、わが落語界のために、いささか気をはいたものと云えましょう。当日、三升家小勝師は、自宅にあって放送を聞きながら、その出来ばえや、放送効果についての注意やらを、いちいち電話で研究会の楽屋へ通じてよこされました。これは、私情による注意ばかりでなく、落語そのものを大切に考えられてのことであったろうと思います。

また、柳亭左楽師も「研究会の中継放送は、斯界のために貢献するところが非常に大

きかった」と言っておられました。（下略）

〔『落語研究』第27号（昭和6・12）〕

この立花の中継放送がはじめてで、それから追いおいに、寄席中継というものもさかんになってまいりましたが、ラジオができたばかりのころは、あんなもので落語をやられて、寄席へお客が来なくなるなんてえんで、四谷の喜よしなんて席は、ひどく騒ぎまして、

「放送へ出た者は、もう絶対、寄席へは出演させない」

とかなんとか……それァもう、寄り合いをしたり、なにやかや、えらいことがありまして、主だった噺家は席の圧迫によって、放送へは出られないってえことが、一時、本当にありました。

その後、それもくずれるようなことになりましたし、また、寄席へマイクロホンを持ちこんで中継放送をするってえことになると、お客のほうでも、寄席中継って、一体どんなことをするんだろうというような興味もあったんでしょう、今日、この席で中継をするんだってえと、お客さまがいっぱいにはいる……放送で客をとられるどころではなく、逆に席のほうでも客がよけいはいるようになり、寄席へ来ない人でも、落語を聞く人がふえるという……まァ、ものはやってみなくッちゃァ、さきへ考えたばかりではわからない。席のほうでも、これァ意外に思ったことでしょう。

はじめのころの寄席中継では、死んだ志ん生（五代目・美濃部孝蔵）にも、おかしな話がありましたよ。

たしかあの人が甚語楼といったころ、上野の鈴本から中継で、全国放送てえことがありました。なんでも今まではできなかった九州地方へも中継放送ができるようになったとかいうことで、はじめて全国的に放送するという時で、甚語楼がいちばんはじめに出て、やりました。ところが、当人も中継放送ははじめてなんで、車輪になって一生けんめいにやったもんだから、時間がのびちゃった。それで係の人が前のほうへまわって合図をしたんですが、よさない。ますます車輪になってやってる。もう一度合図をしたが、まだよさない。とうとう、十分か十五分か超過して、おりてきたんで、係の人が、

「どうしてあなた、前で一生けんめい合図してるのに、噺をきってくれないんです。ずいぶん超過しちゃったじゃありませんか」

って言ったら、当人は、時間のことで合図されたとは思わなかったてえんですね。さっきの合図は、全国放送なんだから、そんな小さな声じゃァ聞こえないから、もっと大きな声を出せという合図だと思ったというんで……それで大きな声を出したら、また合図があったから、まだこれでも小さいのかと思って、もうひとッ調子はりあげたってえんで……、

「もうあれより大きな声は出ねえ」

ってんですけどもね、全国放送だからったって、あなた、大きな声を出しゃァ聞こえるってえもんじゃァない、どうも実に、今考えりゃァまことにおかしい幼稚なことですけれども、そんなことはまったく、いくらもあったわけなんでございます。

民間放送発足

戦後になりまして、昭和二十六年からですか、それまでNHKひとつだったのが、ほかに民間放送というものができました。

民間放送もはじめのころは、局の人のほうがなれていないから、落語でもなんでも、放送前にテストというものをやらせられる。テストってえのは、噺をちゃんと一席、やらせて、時間をはかって、それじゃァ長すぎるとか、これじゃァ短かいとか、いろいろ、こうしてくれ、ああしてくれというわけなんです。まァ仰せに従ってやっていてる人もありましたが、こっちはそれまでにもさんざっぱらNHKで、時間の苦労はしてきてますから、行ったときに、テストをってえから、

「テストはいやです」

と、こう言った。そうしたら、むこうでびっくりしましてね、

「テストはいやですって……？」

「えゝ。テストなんぞしなくったってよろしうござんす。あなたのほうでいうテストってのは、時間のことなんでしょ？」

「そうです」

ってえますから、

「何分やるんです？」

「二十五分間でございます」

「あゝ、二十五分……二十五分きっちりやっちゃっていいんですか？　二十四分か二十四分三十秒ぐらいで切るんですか」

「えゝ、二十四分三十秒で切っていただければ結構でございます」

「あゝあゝそうですか。じゃァそれでやりましょう。そのかわりテストはいたしませんよ」

って、そう言っていきなりやりました。その時分ですから、時計を見ることはできますから、サゲ近くにくるてえと、時計を出して、じィッと見ていて、ちゃァんと二十四分三十秒で、ぴちッと切って、

「これでよろしうござんすか？」

ってったら、

「へえッ」

ってんで、むこうでお辞儀をしました。

当時はまだテープなんてえものが、今のように安直にできなかったころですから、やったあとで切って修正してどうこうってえことができない。そうすると、時間のことで、いちばん困るのが桂文楽さん。あの人は、伸ばしてくれったって伸びないし、短かくしてくれったって短かくならない。それからもうひとり、古今亭志ん生ってえ人も、時間については全くだめなんで、伸びちぢみはどうにでもできるけれども、ときどき、だァッと脱線されるってえと、とんでもないことになっちまう。

そのころ、文楽・圓生あるいは志ん生・圓生という番組だてえと、いつでもあたくしのほ

うがあとにされるわけなんですよ。それであたくしァ苦情を言ったことがあります。

「冗談じゃァない、なんだっていつもあたしをお尻《けつ》ィばかりもっていくんです。お尻のほうはやりにくいんだから……」

番組は何時までってきまってるんですから、あとのほうにまわったやつが時間の調整をして、ちゃんとおさめなくちゃならない。

「たまには前に出してくれ」

と言ったら、放送局の人が
「まことに申しわけがないけれども、あのおふたりはだめなんです」

「じゃァあたしもだめになろうかしらん」

ってったら
「いや、そんなことをおっしゃられても困りますから、どうぞお願いしますから、後のほうに……」

って言われまして、あたしァいつでも、時間の調整係。

満洲から帰ったばかりのころでしたか、志ん生とふたりで三十分の番組に出ることになって、あたくしが先で『三十石』、志ん生が『火焔太鼓』を出しました。志ん生さんに、

「長いものをだしたね」

と言うと、

「きみが『三十石』だからさ」

「でも『三十石』は船唄があるから、あすこで切ればそう長くならないが、『火焔太鼓』は途中で切れないから無理だろう」

「でも、もうだしちまったんだから……なんとかなるだろう」

ってんで、いよいよ、あたくしがやって、終って時計をみたら、予定より一分短かくすみましたから、

「一分、きみのほうでよけいにやれるよ」

「そうかい」

ってんで、志ん生さんが十八番《おはこ》の『火焔太鼓』をやった……ところが、時間をあまりにも気にかけたんで、噺が走りすぎちゃったんですね。係の人が、まだ時間があるからゆっくりやってくださいというつもりで、時計を脇へ出したが、老眼だから時計なんぞ見えない。時間がないから早くやれというんだと思って、ますます走るから、とうとう六分も早く終っちゃった。もちろん生放送ですから、応急にお囃子《はやし》の人たちで『地囃子』というものをやってつなぎましたが、そうなると六分間てえのは実に長いもんでございます。

まァまァ時間のことでは、あたくしは、放送局でもあまりなにか言われないですみましたが、生放送のころは、とっさの場合で、噺を長くしたりちぢめたり、ずいぶん骨を折りました。その点は、かえってずぼらな人のほうが、心配しなくってよかったのかも知れませんが……。

民間放送というものができて、いちばんはじめに放送をしだしたのが、東京では、ラジオ

東京……いまのＴＢＳだと思いますが、まだそこだけで、ほかの放送局がなかったころ、民間放送というものは、ＮＨＫと違ってスポンサーというものがつく、だから放送料というものも、よけい取れるようになるという話を聞きまして、なるほど、そういうもんかと思っておりました。

その当時、今とは物価も違いますが、なんでも一席四千円ぐらいで、みんな、

「それで結構でございます」

ってんで出たんですね。中にゃァ先代の柳好さん(松本亀太郎)みたいに、どうせいくらやったってへるもんじゃァなし、

「へえ、いくらでもよろしうございます」

ってなことを言って、さかんに放送をした人がありました。

あたくしも、出てくれっていわれましたが、ことわったんです。はじめに安い給金で出てしまえば、今にちゃんとしたことになっても、先ィ行ってはなかなか、倍にしてくれったってそうはいかない……ですから、これァすこしのあいだ出ないほうがいいな、と思ったんで……。もうひとり出なかったのが文楽さん。このふたァりだけが、民放には、はじめ出ませんでした。

海賊放送(1)

あたくしが、まだ民間放送に出ないでおりましたころ、おかしいことがありました。

　これは、三越劇場で、三越名人会というものをば、もうはじめておりましたが、あたくしがその三越名人会へ出演いたしました時に、前にマイクロフォンが出ていたんで、はてな、と思ったんですね。いつもは、マイクロフォンなんぞ出ていないんです。ははァ、これァ聞こえが悪いんで、場内マイクなのかなァと思って、おりてきちゃったわけなんで……。

　それから一カ月か二カ月たちまして、当時、あたくしは三田豊岡町におりましたが、それまで持っていたラジオが古くなっちゃって、どうも聞こえが悪いんで、思い切って新しいのをひとつ買い入れた……これはその、遠くの局でも聞こえるというんで、ダイヤルをまわすと、大阪の局がはいったり、名古屋の局がはいったりする。それで、買ったばかりで珍しいから、あっちィひねり、こっちィひねりして、

「これァ大阪らしい……」

なんて、やってたんです。すると、『三十石』をしゃべっている……おやおや、と思ってねェ、聞いてると、あたくしの『三十石』なんです。

「はてねェ……なんで『三十石』を、あんなとこでやってるのかしらん」

と思っているうちに、噺が切れると、

「ただいまは三遊亭圓生さんの『三十石』でございました。これは三越名人会からの放送でございます」

って、アナウンサーが言った。

「あれッ？　おかしいねェ……」

と思いましてね。なるほど、三越名人会には出ましたけれども、録音をとられたなんてぇことは、こっちァ知らないわけなんです。

それから、あくる日ンなって、三越へ電話をかけました。三越劇場の係の人にかけて、

「実は、ゆうべ、大阪のほうであたくしの放送がありました」

「はァはァ、さようでございますか」

と、こう言うんで。

「いえ、さようでございますかって、三越名人会からの、というんですから、あれァお宅でやったのをとったもんなんでしょう。この前やったのが『三十石』でしたが……」

「えゝ、さようでございます。エエあれをとらしていただきました」

「とらしていただくならば、先にことわってくれなくちゃ困りますが……」

「えゝ、お話をいたしたつもりで」

「いえ、そちらはつもりでも、あたしァ聞きませんでした。あれァ、一体どうなるんです？」

って、聞いたところが、

「いや、それは、放送料は、かならずお払いはいたします」

「あゝそうですか。放送料といって、きめてありませんが……」

「いえ、あのゥ、三割は、再放送でございますから、お払いをいたします」

と、こう言う。なんだかよくわからないんで、

いしましょう」

「あ、そうですか。とにかく、きょうはそっちへ行く用がありますから、お宅へおうかが

それから、三越へ行って、係の人に会いました。

「さっきは、なにか放送料は三割とかなんとか、おっしゃっていたようですが、それァど

ういうわけなんです」

って、聞くと、

「エェあのゥそれは、再放送でございますから、三割、必ずお払いはいたすつもりでござ

いますから……」

「それがあたしにはどうにもわからないんですが、あのゥこちらでやったものをば、お宅

でおとりになったわけなんでしょう?」

「さようでございます」

「あれは、三越名人会へ、あたくしァ出演したわけなんですね?」

「さようでございます」

「それをお宅のほうでとって、放送をなすったんでしょう?」

「そうです」

「じゃァはじめてするのが、放送で、更にもう一ぺんそれを、ほかの日に放送をする、こ

れを再放送というわけで、いちばんはじめにやったのは、放送なんですか」

「は、さようで……」

って、なんだか、あやふやなんです。

「一体いくらお払いになるつもりだったんです？」

「エェ……三割というなにでございますから、エェ……三四《さんし》の、千二百円はお払いをいたします」

「ちょいとお待ちくださいまし。どういうとこからそういう勘定をなすったんです？」

「あのゥ、放送は、みなさん四千円でなすっていらっしゃいます」

ってえますからね、

「待ってください。あたしはね、民間放送には一ぺんも出たことはありません。うそだと思ったらば、聞いてください。あたくしァ一ぺんもやってませんよ」

「あゝ、さようで」

「それというのは、放送料が安すぎるからあたくしはやらなかったんで。もうすこし、ちゃんと固まってから放送料も取りきめて、それから出演するつもりでした」

「はァ」

「あたくしァまだきめてないんですから、これァなんですね、たとえばあたしが何万円くれと言っても、あなたのほうでは、それだけの額はお払いくださるわけなんですね？」

と、こう言ったところが、むこうはびっくりしまして、

「いえ、その、なんでございます、あの……」

てんで、なんだか、しどろもどろになっちゃった。

「きょうはあたくしァ用もあるし、これで帰りますから……」

「ま、ちょっとお待ちくださいまし」

「いや、お話は、そちらでご相談のうえでうかがいますが、あなたのほうで無断であたくしの噺をとって、だまって放送をなすったんですから、たとえいくらと申しあげても、あなたのほうではお払いくださるもんでしょうから、そのつもりで、あたくしもよく考えてから、いくらという額を申しあげることにします」

と言って、あたくしァ帰って来ちゃったわけです。

それから、文楽さんのところへ電話をかけて、

「あなたはどうしました」

って聞いたら、

「あァ……こないだ、高座へあがる時にね、なんとかかんとかって、あの係の人が言うから、これからあがるんですから、まァ話はあとにしてくださいってんで、あがってやっちまった」

と、こう言うんで。実はこれこれだって、話をしましたら、

「じゃァあたしのも取られたに違いないから、これから行ってきますよ。どうも、いいことを教《おせ》えてくだすってありがとう」

ってんで、文楽さんから礼を言われた。

そうしたら、三越から、当時で一万円持って、あたくしンとこへあやまりに来ました。

「まことに、こちらの手落ちでございました」

というのは、当時の劇場の主任の人が、まァ独断でやったんでしょう、だまって名人会のものをば録音しちまって、大阪のほうで出すぶんにはわかるまい、もしわかったらば、再録だといって三割払ってやればいい、ぐらいなことでやったわけなんで。

かりにも三越ともあろうものが、芸人に無断でそんなことをするなんて、まことにけしからんって、そう言ってやったんです。相手が三越なら、けんかしたって、ひとに笑われもしないし、もしなんなら、相手どってけんかをしてやろうと思ったんですが、むこうからあやまりに来ましたんで、そうもなりませんでした。

富崎春昇さんのものも、やはりだまって録音をとって放送して、あとでごたごたしたってえますが、無断放送なんてえことは、まことにけしからんことで、あとで三越の係の人が、

「どうもこりごりしました」

ってえましたが、あたりまえのことですよ。

海賊放送(2)

それと同じようなことが、もう一回ございました。

これは、あたくしが、ラジオ東京の専属になってからの出来ごとでございますが、昭和二十九年の三月に、あたくしがはじめて『ねずみ穴』を録音したわけです。これはなかなか出来がよくて、のちに局長賞をもらったという、あたくしにとりましては、大変に意義の深い

放送だったんです。

ところが、これを岡山で放送をした局があるんですね。ローカルの局で、そこだけでやったもんでしょうから、普通ならわかりゃァしません。わからないところですが、当時、岡山に互笑会《ごしょうかい》という落語を聞く会があったんです。これは、あちらのかたで、吉田桃寿《とうじゅ》というかたがありまして、この人が、なくなった西川たつさんの浮世節を聞いて、大変に感銘を受けて、むこうで会をつくって、その第一回に、西川さんとあたくしに来てほしいというんで、あたくしもいっしょに行きました。そんなことから、大変懇意にしておりました、その吉田さんから、はがきが来まして、見ると、

「昨晩、ひさかたぶりに、十時から十時三十分まで、『ねずみ穴』という噺をうかがいました。大変おもしろかった……」

という……それで、おやおやと思ったんですね。ほかの噺ならば、ほうぼうの放送局でやってますから、わからないが、『ねずみ穴』ってものは、そのラジオ東京で一回やったっきりで、あとは、ほかでやったってえことは、まったくないわけですから。

もうそのころは、民間放送もずいぶんたくさんふえまして、ラジオ東京……いまのＴＢＳ、そのほかに、文化放送、ニッポン放送……あっちもこっちもというので、噺家のなかでも、ほうぼうの局でひとつものをやる人がずいぶんありました。やるほうは、局が違うんだから同じ噺でもよかろうと思うんでしょうが、聞くほうの人は、どの放送局でやろうが、

「あ、またおんなし噺をしている」

というようなことになるわけで、そういうことはもう、ちょいちょい聞いていましたんで、あたくしは、

「これァおなじ噺は、局が違っても、一年ぐらいは除《よ》けべきもんだな」

と思って、一年ぐらいは、ひとつものは絶対にやらないようにしていました。もちろん、その時は、KRつまりラジオ東京の専属になってましたから、KRだけなんですが、当時は、一月に五本、多い時は六本ぐらい、あたくしだけで落語の放送を出しておりました。

それで、KRのあたくしどもの係であった出口さんという人のところへ行って、話をしました。

「あの、『ねずみ穴』が岡山のほうの放送で出たってえますが、これはお宅のほうから出したんですね」

って、念を押したわけなんです。本来なら、ほかの局へ出したもんですと、

「どこそこで放送をしましたから」

って、ちゃァんと放送料をくれる。ところが、出口さんは、

「いいえ、知りません」

「知りませんったって、このとおり、岡山の人からはがきが来てます」

って言ったら、びっくりして、むこうへききあわしたら、放送を許可したわけではなかったんですね、

「こういうものがありますよ」

と言って、テープを貸して、ためしに聞かしたんだそうです。テープは返してよこしたけども、その時に、むこうが無断で写してしまった。それを放送したというようなことで、

「けしからん」

というんで、KRの局長から、むこうの局長に抗議をした。これァあたくしがひとりでさわぎ立てたって、むこうじゃァとり合わないに違いないが、放送局からの抗議なんで、もしまずいことになれば、落語ばかりでなく、ほかのいろいろな放送でも、KRからもらってるのがいけなくなって、商売にさしつかえるから、むこうも驚いたんですね。その東京支社ってのが銀座にありまして、そこから大勢、なんでも五、六人連れだって、あたくしンとこへあやまりに来ました。金一封を持ってきて、

「どうかひとつ、ごかんべんを願いたい」

ってえわけで……あとで、出口さんも、

「あの局は、堅い局なんだけども……」

って言ってましたが、堅いっていわれてる局でも、そういうことがある……堅くなかったら、どんなことになるかわからない。

しかし、〝天網恢々疎にして漏らさず〟という、古いたとえがありますが、なるほど悪いことをたくらんでも、どこかしらんからばれてくるもんで、そういうことはすべきでないと、つくづく思いました。

専属秘話

順序が逆になりましたが、ここでラジオ東京、KRとも申しました、今のTBSでございますが、ここの専属ということになりましたお話をば、申しあげます。

まァ申しあげたように、民間放送のごく初期には、文楽さんとあたくしは、出演をしませんでしたが、追いおいに、民放というものがさかんになってまいりまして、あちこちに局ができる。そのなかで、ラジオ東京＝KRにあたくしは出るようになりました。

これァまァ、出口さんという人との、いろいろ相談ずくで、

「放送料は、このくらいでいかがでしょう」

というようなことで、ちゃんと話をきめて、出たわけでございます。

そのうちに専属という話が出てきましたのは、あれは、たしか昭和二十八年六月ごろだったと思います。いよいよほうぼうへ局もできてくるし、それにKRとしては、なによりもNHKが目のかたきで、落語ではありませんが、なにかでNHKのほうが、だれそれを専属にしたというようなことがありまして、これと対抗上、KRでもって、落語家の専属ってことを考えたんでしょう。

「ちょっと内密にお話があるから……」

ってんで、聞くと、専属になってくれないか、という……、

「専属料として、毎月これこれの額をお払いする。そして、放送の本数もこれからなお、ふやして、これは別にちゃんとお払いする」

と、こう言う。メンバーを聞いたところが、文楽・志ん生・圓生・小さん、それからもうひとり、昔々亭桃太郎という、これは、本名を山下喜久雄といいまして、金語楼さんの弟ですね、この人がはいっている。

「へえ、妙なとりあわせですね」

と言ったところが、桃太郎という人は、噺は新作だし、色あいが全く違うが、このなかで、司会者というような役目をさせる便宜上、この人も入れて、五人を専属にしたいから、あなたも是非なってくれろというわけなんです。それから、いろいろ折衝もありまして、とど、よろしいと請けあったんですが、七月から契約を結ぶから、それまではほかへ洩れると困る、とにかく秘密にしておいてほしいってんですね。

ところが、各局から電話で、

「文化放送ですが、いつの幾日《いつか》、お願いしたいが、どうでしょうか」

「NHKですが、七月の何日、放送をお願いいたします」

と言ってきますから、出口さんとこへ電話をして、

「一体これァどうすりゃァいいんです。どんどん放送の依頼がくるんだけども、どうしたもんだろう」

「ま、とにかく調印がすむまでは、うかつなことは言えないから、構わない、どんどん請《う》けてください」

「請ければあなた、それだけはどうしても放送しますが、ようござんすか」

「構いません」

「いいんですね」ったら、いい、という。そうして、なんでもとにかく洩れないようにしてほしいというわけなんで。

しょうがないから、七月のあたまにはいってからのものを、ふたつつぐらいは、たしかに請けあった。それで、どうなるんだろうと思っていたら、七月の、五、六日のころでしたろう、

「きょう、調印をいたしますから……」

ってんで、契約書にちゃんと判をおして、とりかわしました。

「これこれで、この日とこの日は、ほかの局へ出演を請けあってありますけども、これァ前に請けあったことだから、やりますよ。急にことわれば、むこうだって困るでしょうから」

「えゝ構いません、どうぞおやりください。ただし、今日以降はもうことわってくださいよ。あなたはKRの専属なんだから、それ以後は絶対、ほかへ出ないように……」

「えゝえゝ、それァわかってます」

そのあと、七月のなんでも、十日ちかくになって、NHKのほうから、

「十幾日《いくンち》ですが、録音をひとつお願い申します」

ってんで、来たわけで、

「いやァ、ちょっと具合が悪いんですが……」

「あのゥ、日がいけないんでしょうか」

「いえ、あの……日もなんですけども、ちょっと事情があって、放送できませんから……」

「あ、さようですか。ご都合が悪いんですか」

と言って、切った。そしたら二十分ばかりたって、また電話がかかってきました。今度はあわてた口調で、

「あの、ただいま、小さんさんのところへかけましたところが、あちらでもやっぱり具合が悪いってんで、どうしたんですかと聞いてみますと、KRとの契約ができたということですが、師匠も契約なすったんですか」

「えゝ。実は、その契約をいたしましたんで、それでおことわりをしたんです」

「えッ？　ただいますぐにそちらのお宅へうかがいますから」

ったら、びっくりして、

「いや、おいでになったところで、もう契約はしちゃったんで……」

「いえ、ともかくもおうかがいします」

ってんで、あたくしンとこへとんできましたね。それで、

「師匠、なんとかなりませんか」

「そうおっしゃってもねェ、契約しちゃって、調印をしたんですから、いったん判をおしたものを今さらどうこうてえことになれば、今度はあたくしが、それだけの金をむこうへ払

わなくちゃならないことになりますし、また、あたくしも、これは、考えた末に契約をしたわけで……というのは、民間放送というものがふえて、落語の放送が、今さかんに行なわれているが、いくら数があるといったって、毎日毎日、あっちの局だこっちの局だってんでやっていれば、すぐにやりつくしてしまって、おんなし演目《もの》をやらなきゃァならない。そうなってくると、自分で自分の首をしめるようなことになる。あたしも考えたが、これはひとつの局に出て、自分の芸のバランスをとっていかないと、とんでもないことになると思います。そういう考えのところへ、KRからの話があって、やったわけなんですから、かんべんしてください」

と言ったんで。それでも、

「そこを、なんとかなりませんか」

ってんで、一時間半ぐらい、ねばってましたが、

「まァなんとおっしゃられても、もう調印しちゃったものは、しかたがありませんから」

と言って、おことわりをした。NHKでは驚いたでしょう。ほかの局も驚いた。

だけども、出口さんの言うには、当時はまだ、金馬(三代目・加藤専太郎)という人があり、柳橋(六代目・渡辺金太郎)とか、圓歌(二代目・田中利助)という人もいた。ここいらは押さえなかったってえのは、そうまでして、詰めちまうと、ほかのところも困っちまって、気の毒だから、この五人だけにしたんだというわけで……。

それで、この五人がKR専属になったのがはじめで、ほうぼうの局で、専属、専属ってこ

とがはじまりました。あたくしの弟子の百生(小河真之助)なぞも、文化放送の専属になる。そのほかあちらでも、こちらでもってんで、専属がふえました。

まァあたくしの考えは、申しあげたとおり、あんまり落語の放送が多すぎる。だんだん看板の人ばかりでなく、二つ目でもなんでもかまわずやるようになり、しまいには前座に、何分かずつ放送させるなんてえことになってきましたから、これァいけないなと思いました。

われわれだって、放送して、出来のいい時もあれば悪いこともあります。しかし、ある程度の修行をつんでれば、悪いといったって、そうひどいものはありませんが、前座とか、二つ目になりたての者なんぞを、むやみにぼかぼか放送させて、いいわけはありませんよ。これでは落語というものがあきられてしまうなってえことを、あたくし思ったわけなんです。

なんの芸だって、いくらいい芸だって、そればっかりこてこてとやられた日にゃァあきてしまう。まして未熟な者の芸を、むやみに放送したりすりゃァなおのことで、あまりにも放送局の数がふえて、だぼだぼになってくれば、なかには、

「なんだ、こんなものはだれにでもできるんだ」

というような、ちょろなめにしてやる者が出てくる。したがって内容はますます低下する一方なんで……こんなことをしていちゃァだめだと思った。

専属になれば、契約でしばられるけども、むやみにあちこちに出るってことはなくなるわけなんで……。以後、あたくしはずゥッと、ＫＲ……のちにＴＢＳとなりましたが……この専属ってえことになっておりました。

専属緩和

ＮＨＫからは、その後も再々出てくれないかという話がありましたけれども、とにかく専属なんですから、違反してよそへ出るてえわけにはいきません。

いつでしたかも、三越劇場へ出てました時に、放送をさしてくれという話なんで、どこの局ですって聞いたら、ＮＨＫだという。

「それァだめです。ＮＨＫには出られないんだから、かんべんしてください」

と言ったところが、ＫＲのほうで承知していると、こういうわけなんで。

「そんな馬鹿な話ァない、専属料を払っている者を、むやみによそへ出さしていいってわけのもんでもないでしょう」

「でも、たしかにいいと言ったんですから……」

「だけれども、ＫＲのほうからあたしには、なんの話もないし、だしぬけにきょう放送しろと言われても、もしやっちゃったあとで、何かあった場合には、みんなあたくしのほうへ責任がかかってくるんだから、かんべんしてください。話が本当につきましたんならば、改めて、よろこんで出さしていただきましょう」

と、こう言ったんです。

あとで聞きましたら、ＮＨＫの局長とＫＲの局長とかが、どこかで会って話をしたときに、

「圓生をこっちィ出さしてくれませんかねェ」

とNHKのほうで言ったら、

「はァどうぞ、かまわずどうぞお使いください」

と、言ったんだってんですね。だから、局長が承知をしたんだというわけなんです。

で、あたくしァ、出口さんを通して、KRの局長に聞いてもらいました。そうすると、実は、むこうから圓生を出さしてくれないか、と言われたときに、それァいけませんてことは言えないってんですね。法律でしばってあるわけじゃァない、契約をしたというだけのもんだから……それに、局長どうしでむこうからたのまれて、いやと言えないから、どうぞと言ったんだと、こう言う……。で、出口さんが、

「じゃァむこうへ出さしていいんですか」

って念を押したら、

「いや、本当はいけないんだ」

と、こう言ったそうです。へへ、なんだかわからない。

腹ンなかではいけないんだけれども、外交辞令で、そうはいえないから、どうぞお使いくださいとは言ったが、契約ってものがあって、もしやれば圓生当人のほうへとばっちりが行くんだから、当人がきっとことわるだろうって、まァ、そういうことなんでしょう。これァどうも、ひどい事《こッ》てすよ、ねェ。あの時あたしァとうとうやらなかったからいいが、もしやってれば、罰金を取られたかもわからない……あァどうも、世のなかってものは、実にこわいもんだなと思いましたね。

しかし、まァそうやって、NHKのほうから、あたくしのような者でも、なんとかして出てほしいという、話が再々ありまして、あたくしもいろいろ考えたんですが、民間放送ってものは、それァ他局とネットワークってんですか？　全国的な放送に、なるにはなるんでしょうけれども、NHKの全国放送とは、こりゃまたわけが違う……それに、専属がきまったってえ時に、NHKの人にねばられた、その時、あたくしァNHKの人になんだか申しわけがない、気の毒なことをした、というような思いをしました。その時の係の人から、しきりに話があったわけですし、どうしようかなァと思って、考えた。やはり広く聞いていただくということも、芸人のひとつの使命であり、金さえもらえば、狭いところだけでやっていいんだというような考えは、いけない、人間、金にばかりこだわっちゃァいけないなと思いましたんでね、いよいよ、NHKへも出ようという、自分でも覚悟をきめました。

それでNHKと話をしたところが、NHKのほうでは、なにも自分のほうでしばるというわけではないんだ、ほかへも出てもらって一向さしつかえないが、どうかNHKにも是非出てくれろ、と、こういうことなんで。

「なるほど、それァよくわかりました。けれども、とにかくKRとは契約がありますから、そのまんまというわけにはいかないんで、一応むこうに聞いてみましょう」

それから、KRの出口さんにその話をして、

「あたしも、NHKへはねェ、金銭ずくでなく、出たいと思うんだが、専属契約ってものをどうしたものか」

って相談をしたんです。

あたしよりずっと前に……専属一年ぐらいで、けとばしてほかへ行っちゃったのが古今亭志ん生……これはKRのほうをよして、ニッポン放送の専属になった。契約金や放送料なんかも、よけい取ったんでしょう。

そうするてえと、五人だったのが四人《よったり》にへっちまったから、その補充というので、春風亭柳好、林家正蔵(八代目・岡本義)、三升家小勝(六代目・吉田邦重)この三人を入れた。それで七人になりました。その後、柳好さんが亡くなって、また補充というので三遊亭圓遊(四代目・加藤勇)を入れた。そういうことが前にあったわけなんです。

「あたしは、KRへ出たくないってわけじゃァないが、NHKへ出るためには、ほかの専属者への手前もあるでしょうから、こちらを解約してほしい」

と言ったところが、

「いや、それァ困る。専属はやはり専属で、今までどおり出てほしい」

と、こう言うんで、

「だけども、それでは、ほかの契約者に悪いでしょう。ほかの人だって、NHKにも出たいって人がいるかも知れない。その人たちはいけなくって、あたしだけは出てもいいって、そんな不公平なことはできないわけでしょう。お宅のほうでも困るだろうから、一ぺんこちらをよして、フリーってことにしていただきたい。そのうえで、たとえ一月でも二月でもたって、やはりあたくしを、と思ってくださるなら、それから再契約をしたらいいじゃァありませんか、そうすれば、あなたのほうの顔も立つでしょう」

と言ったんですが、

「いや、やっぱり専属契約はこのまま続けて、そのかわり、今まで、いくらいくらという専属料をあなたにお払いしていたが、それを半分くらいにへらして、いくらいくらにするということにしてもらえば、それで、NHKだけは、出てもいいってことにしましょう」

という話になりました。今だから申しますが、半分というのは表《おもて》むきで、申しわけだけ、すこしへらしました。

こうして、昭和三十四年六月から、またNHKへ出ることになりました。

六月の二十九日、二十二分でやってくれ、というので、

「じゃァ『三年目』をやりましょう」

「あ、なるほど……」

「……六年目になりますけどね」

と言って、笑ったことがありました。

この後、あたくしだけは、NHKとTBSと、両方へ出るってえことになったわけでございます。

専属解除

KRとのはじめの契約では、この契約は永久にずッと継続していくんだという約束でした

けども、そんなことをいったって、上の人がいなくなったりして、だんだん内容も変わってきまして、とうとう、昭和四十三年六月には、ＴＢＳの専属というものも、なくなってしまいました。

それから以後は、もうどこの局へ出てもかまわないということになり、完全にフリーになったわけでございます。昭和二十八年から四十三年までですから、十五年間、ＴＢＳ専属でいたわけなんですが、あたくしは、このＴＢＳでは、ずいぶん賞をいただいております。

ちょっと前にも申しあげましたが、はじめに二十九年に『ねずみ穴』という噺で、局長賞を貰いました。賞品になにを貰ったかってえますとね、オメガの懐中時計……それも、今だからお話ししますが、新しいもんじゃない、古いのを買ったんだって……その時分は、あちらも金がなかったんでしょうかねエ。

「これはたしかに時間は合うから」

ってんで、くれました。時計の裏にちゃんと「ラジオ東京」と彫ってありまして、あたくしァ大事にしてたんですが、ちょいちょいこわれるんですよ、これが。で、そのたンびに出口さんとこィ持ってって、

「この時計、またいけなくなったン……」

「あァそうですか。それじゃァまた直させましょう」

てんでね、へへ、手数のかかるものをくれたもんです。それでもなんでも、あたくしァ大事にして、今でも持っています。

その次は、三十四年の二月、芥川龍之介作の『お富の貞操』という、あれを岩佐東一郎氏が脚色しまして、三十分間の物語として、あたくしが朗読をしたわけで……これが出来がよかったんで、当時、関東・関西の各放送局で、自分のとこでやったいいものをば、選《よ》りすぐって出す、その民放賞ってもので、二等になりました。

そのあくる年には、やはりその民放賞の、今度は一等賞を貰いました。これはその三十五年の一月に放送をいたしました『妾馬《めかうま》』という噺で、一時間やったもんで……それまで、落語で一時間の番組を一席でやったというのはなかったんですね。

出口さんにも聞いてみたんです、ほかの専属のかたで、賞を貰った人があるかって聞いたら、ないってんですね。あたくしは、たとえなんでもあれ、三度賞をいただいたんですから、まァまんざら、ＴＢＳに対しては、むだな存在ではなかったんだろうと、自負しておりますが……。

まァ専属がなくなったということは、とやこう言うべきでない、むこうも落語というものが、昔のように放送されなくなったし、だんだんいらなくなってきたんでしょう。まァあんまり変なものは、かえってやってくれないほうが、いいんだと思いますが、近ごろでは、噺家でも、ラジオやテレビで大変に人気の出た人があります。結構なことではありますけれども、噺家なんだから、やはり本当は、落語で人気を得てもらわなければならない。いたずらに余興のもので人気が出たからといって、そんなことは名誉でもなんでもないんで……。

なかには、寄席へ来るお客さまにも、

「なんだい、今夜は、顔へ墨もなにも塗《ぬ》らないで、つまらないじゃないか」

なんてえ人があるそうですが、顔へ墨ィくっつけるのが、噺家だと思われるようじゃァしょうがない。やはり、噺家としてうまい人が出て、落語で、どうか人気をあげてもらいたいと思います。

音盤吹込物語

レコードと人情噺

あたくしがはじめてレコードに吹き込みましたのは、圓蔵時代でございまして、昭和の十年前後でしたかと思いますが、『皿屋敷』という噺を入れました。

これはもちろんＳＰ盤のレコードで、現物が一枚、あたくしの手もとに残っておりますが、タイヘイ・レコードという会社から出ましたもので、十インチ盤という、小さい円盤ですから、片面が三分ぐらいずつ、両面で、六、七分だろうと思います。戦争前のあたくしのレコード吹き込みは、このタイヘイ・レコード一枚だけでございます。

戦後になりまして、三十七年八月、ＮＨＫの人から頼まれて、キングレコードで一枚、両面に吹き込みまして、翌年、発売になりました。Ａ面には『百川《ももかわ》』をってえことで、Ｂ面をどうしましょうってえから、

「『鰍沢《かじかざわ》』をやりましょう」

ってったら、むこうでいやな顔をして、

「なにかもうすこし、ほかのものでどうでしょうか」

「いやア、やっぱり『鰍沢』がいいんじゃァありませんかね、全くかたちの変わった噺ですから、組み合わせとしてもよくはありませんか」

と言ったんですが、あんまりいい顔をしなかった……それでも、『鰍沢』を入れました。

と、三十八年には、今度はビクターから話がありまして、五月から九月までかかって、『圓生十八番集』という、三枚ずつ一組で、三組、合計九枚を吹き込みました。ビクターは、あたくしの前に、文楽さんのものをやはり三枚一組で三組九枚の『桂文楽十八番集』というものを出しました。その次に、今度はあたくしに、ぜひということですから、あたくしも張り切って、やってみたいと思いました。まず、演題はこういうものを、ってんでビクターの人が書いてきたのを見ますと、『鰍沢』ってのがはいっている。

「いや、『鰍沢』はねエ、キングで出したんです、こういうわけで……」

って話をしたら、ビクターの人が、

「そりゃどうも、惜しいことをしました」

って、大そう残念がった。しかし、とにかく『百川』と『鰍沢』は、むこうで出ちゃってますから、それをよけて、そのほかのもので、九枚、十八席というんですが、片面が、ＬＰで三十分、まァ正味で二十六、七分がせいぜいですね。だけども、あたくしのには、落語でも長いのがありますから、一集について一枚ずつは、両面で一席、一時間ぐらいのものを入れたらどうですと言ったら、なるほど、それァほかの人のにはありませんから、ぜひそうしましょうってことになって、第一集では『三十石』、第二集では『妾馬』、第三集では『文七元結』、この三席は、両面に入れることにして、全部で十五席……そのうちの三席は、一席が二席分になってるわけで……それで九枚に入れました。演目をここへ掲げておきます。

〈第一集〉　〈第二集〉　〈第三集〉
木乃伊取り　鼠穴　掛取万歳
淀五郎　庖丁　品川心中
盃の殿様　鹿政談　三年目
文違い　猫忠　山崎屋
三十石　妾馬　文七元結

このあと、コロムビアでも一ぺん入れたことがありました。『一人酒盛』を一席……これは、弟子と組みで入れてもらいたいというんで、今の圓窓(橋本八郎)が片面、あたくしが片面で一枚というわけでございます。

その後に、またキングから話がありまして、『居残り佐平次』と『三十石』を片面ずつで、一枚出しました。

すると、四十七年でしたか、CBSソニーから、人情噺のレコードをぜひ出したいが、というお話がありました。

あたくしのほうは、実は、前々から、人情噺というものを残しておきたい、という腹があったわけなんでございます。ビクターの時も、係の人にその話をしたんですけども、「さァ……」ってんで、むこうでは、あんまり気のなさそうな顔をしておりましたんで、結局ビクターの『圓生十八番集』では、人情噺は、『文七元結』これ一席しきゃはいっておりません。

今度この話をしてくれましたのは、矢口茂夫さんという……これは、レコードのジャケットてんですか、あれのデザインなんかをするかたなんですが、あたくしの芸が好きで、ま、ファンというような、この人が、突然あたくしンところへ訪ねて見えて、人情噺というものをば、是非残しておきたいから、ひとつ、師匠にレコードへ入れていただきたい、というお話なんで。どこで出すのかってえと、ソニーだという。おはずかしい話ですが、それまではあたくしァソニーでレコードを出してるってことは知りませんでした。ビクターとか、コロムビアなんてえ会社は、古くもあり、レコードのほうで有名ですから知ってたんですが、いろいろ聞いてみると、ソニーは、電気関係の機械だけじゃァなくて、レコードもやっていて、なかなか大きいもんだという……どうでしょうってえますから、あたくしも、結構だと言いましたんで。

今はもう、人情噺ってえものは、だんだんやる人がなくなってきちゃっていますが、あたくしもいささか、人情噺というものについては、自分なりの意見も持っております。

あたくしの先代《おやじ》(五代目圓生・村田源治)なぞは、もうこれから先は、時代が変わってくるんだから、人情噺というものもだめになってくる、今までのような考えかたで、聞く人があると思うのは大まちがいだという意見でしたね。ところが、あたくしは、小さい時から、人情噺の名人・上手を知っている……圓喬(四代目・柴田清五郎)も聞き、圓右(初代・沢木勘次郎)も聞いていますから、人情噺というもののおもしろさ、価値というものが、どういうものかってえことはわかっているつもりです。あたくしの先代《おやじ》だって、人情噺はやったんです。そう長いものはやりませんでしたが、『文七元結』とか『お若伊之助』そのほか『双蝶々《ふたつちょうちょう》』だとか『引窓与兵衛』のようなものもやりました。これは大体、一朝さん(倉片省吾)から習ったもんで、たしかに先代《おやじ》の人情噺はよかったわけなんですが、おれはやるけれども、これから先の世のなかではもうだめだというのが、先代《おやじ》の見解だったんでしょう。

しかし、あたくしは、いいものであれば、残るべきだと思うんですね。ただし、若い時分に人情噺なんてものをやったところで、お客さまのほうでも馬鹿にして聞いてくださらないし、自分でもこわい、てえことをよく知ってますから、あたくしァやりませんでした。

先代《おやじ》が死んでから、あたくしが四十二の時ですか、はじめて『文七元結』をやりました。十《と》歳《お》の時から噺家で、四十二になってはじめて人情噺というものをやる……それで一体お客さまは聞いてくださるだろうかと思って、非常にこわかった。ところが、案外に、お客さまが聞いてくださった。それから『鰍沢』をかけてみる……そういったように、ちょいちょいやってみると、どうもあたくしの勘では、お客さまが全く聞かないってことはないいんですね。相当に反響もあって、聞いてくださる。

更に戦後、満洲から帰ってきまして、そろそろ五十の声を聞くようになって、人情噺を勉強して高座にかけはじめると、まァ、圓生は人情噺がいいってえことが、ちょいちょい自分の耳にもはいりますので、これァたしかにやれるもんだなと思うようになりました。

それに、二十八年ごろからやっと、独演会というものをやって、お客さまが来てくださるようになり、自分でも自信らしいものがついてきました。そうなりますと、独演会をやるには、どうしてもこの、人情噺ってえものが必要になってくるんですね。毎回毎回、落とし噺ばかりを並べるんでは、やはり色が変わらない……人情噺を入れれば、必ず、落とし噺とは違って、しっとりしたところが出るわけで、変化をもたせて、お客さまをあきさせないためには、どうしても人情噺をやるべきもんだ……ますますそう考えるようになりました。

そこで、まず『牡丹燈籠』というものをば、手をつけて、はじめたわけでございます。それから、『札所の霊験』とか『梅若禮三郎』をやり、三十三年から三十四年へかけては、毎回独演会で、『真景累ヶ淵』を続けてやってみました。そのあとも、『乳房榎《ちぶさえのき》』『髪結新三』『またかのお関』……いろいろ手をつけてやってみましたが、お客さまも、どうやらこうやら聞いてくださる。やはり、時代が変わっても、いいものはいいんで、こういういい噺がなくなってしまうということは、まことに残念なことですから、せめてレコードに残しておきたいが、自分だけでそう思ってたって、レコードに出してくれるところがあるかどうか、また人情噺でレコードが売れるかどうか……そういうところへ、この矢口さんからのお話があったんで、あたくしも、大きに乗り気になりまして、ぜひともやってみたいと思ったわけなんでございます。

『人情噺集成』

さて、『三遊亭圓生・人情噺集成〈その一〉』は、昭和四十八年十一月に発売ということになりました。

これはもちろん、その年の夏のはじめから録音にかかったもんでございますが、まず、人情噺といえば、圓朝もので、目ざすは『牡丹燈籠』と『真景累ヶ淵』でございます。『累ヶ淵』は、発端《ほったん》の『宗悦殺し』から、今度あたくしが入れました『聖天山《しょうてんやま》』まで、ここまでが普通やりますところで。それからあとは、全く別の噺のようになってしまいまして、今では演じられませんし、噺としても前半のほうがずっとよろしいので、これを八席にわけて入れました。第一回の録音は、六月五日、『宗悦殺し』を青山国際センターで吹き込みました。

また『牡丹燈籠』のほうは、怪談の筋のほかに、黒川孝助が親の仇を討つという仇討ちの筋がからんでまいりますが、今の世のなかでは、親の仇を討つという噺が、どうもその、あまり歓迎をされません。そこへ無理やりに押しつけて演《や》っても、食いたくないってものをむりにすすめるようなもんで、しょうがありませんから、『牡丹燈籠』は、おばけの筋のほうだけにしぼって演る。そうすれば、お客さまが聞いてくださるんで、こちらのほうを、三席にして入れる。

そのほかに、『乳房榎』……これも後半は仇討ちになるんですが、あたくしは、前半の重信殺しのところまでをやりますので、これを二席。

そういたしますと、以前はLPでも、片面三十分がせいいっぱいでしたが、今は四十分はいるようになりましたんで、両面を使えば一時間二十分までのものが一枚に入れられます。まァ全部が全部そこまではかかりません、それよりは短かい。それで、一枚両面で一席ずつ、合計十三枚になるわけでございます。これを十三枚一組で一ぺんに売り出すってえんですね、ソニーでは。

　あたくしァこれに不賛成なんですよ。そんなに一ぺんにどっさり出したって、どうも具合が悪かろうと思って、せめて五枚ずつぐらいとか、六枚ずつぐらいにしてもらえませんかと言ったんですが、会社のほうでは、十三枚一どきにという、こういうものは今までに出たことがないから、ぜひそれで行きたい、とこう言う。

　それァ噺で十三枚一どきになんてえのは、今までにはないでしょう、珍しいかもしれない。けども、珍しいってんで買ってくれりゃァいいが、もし売れなかったら、あれァちっとも売れなかったと……内容のどうこう、枚数のどうこうってえことは言わずに、圓生のレコードは売れなかった、と言われるでしょう。それがあたくしにしてみればつらいんで……ですから、もうすこし買いやすいように、枚数をへらしてくれないかと言ったんですけども、なんと言っても、むこうは、それで出しますってんです。むこうは売るのが商売、あたくしァ噺をするのが商売、そしてあたくしァお金はいただいてるんですから、その先の商売のことは、たって、とやこう言うわけにはいきません。だから、しぶしぶ承知はいたしましたが、ずいぶん心配しましたねェ。どんなものかしらんと、ひやひやもので……。

　ところが……まァこれは、本当に、あたくしは運がいいと思いました。発売をしたところが、売れたわけなんで……そうして、お買いくだすったかたがたに、いいと言っていただいたんで、もう、やれやれと思って、ほっとしました。

会社のほうでも、売れ残って困ったってんではなく、出したとたんになくなっちゃって、あとが間に合わなくて困ったというんで……あたくしも、社長から、

「どうも間に合わなくて、まことにあいすみません」

なんて言われたことがあります。そういう具合に、大変調子よくまいりましたんで、引きつづき、『人情噺集成〈その二〉』『同〈その三〉』と出しました。

これも、やはりあたくしがやるもののなかで残しておきたいと思いました『髪結新三』『梅若禮三郎』『松葉屋瀬川』……これはいずれも、自分で苦心をしてやりはじめましたもの、それに、これは以前からやっておりました『双蝶々』、そのほか『ちきり伊勢屋』『札所の霊験』……これらを、十二枚に入れまして、六枚ずつ一組にして、『三遊亭圓生・人情噺集成〈その二〉』『同〈その三〉』として売り出しましたところ、引きつづき、お買い上げいただいたというわけでございます。ここに、その演題の一覧を掲げておきます。

『三遊亭圓生・人情噺集成』（CBSソニー）

〈その一〉真景累ヶ淵　・宗悦殺し　・新五郎　・豊志賀

・お久殺し　・お累の婚礼　・勘蔵の死

・お累の自害　・聖天《しょうてん》山《やま》

牡丹燈籠　・お露と新三郎　・お札はがし　・栗橋宿

乳房榎　・おきせ口説《くどき》　・重信殺し

〈その二〉髪結新三（上）（下）　梅若禮三郎（上）（下）　松葉屋瀬川（上）（下）
〈その三〉双蝶々（上）（下）　ちきり伊勢屋（上）（下）　札所の霊験（上）（下）

『圓生百席』

人情噺を入れておりますあいだに、これがすんだらば、落とし噺のほうも出しましょうって話がありましたけども、あたくしァ信用をしなかった。

いくら約束したって、先ィ出したものが売れなかったら、売れないけれども続いて出しましょうってことは、あたくしが会社だって、言いっこありませんよ。だからまァ、売れてからのご相談にいたしましょうということになっておりました。

人情噺のほうが、おしまいごろになって、

「いよいよ今度は、落とし噺のほうにとりかかりたいと思いますが、どんなものを……」

ってえますから、あたくしが、演題をざっと書いて渡したんです。そうしたところが、今度は、あたくしに一言の相談もなく、『圓生百席』というタイトルを発表されちゃったんです。これァあたくしァ驚いた。

「なんで先ィ相談をしてくれないんです。それァこうして人情噺を出してもらって、引きつづいて落とし噺も出してくださるということは、まことに結構なお話ではありますが、けれども『百席』ってえと、これァどうしても、百席出さなくちゃァならない」

と言ったら、

「いや、『百席』というタイトルだからって、必ず百席でなくっても構いません。けれども、『落語七十席』とか『八十席』なんてえのは、どうも半端で、やはりタイトルとしては『百席』として出したほうがよろしいと思いますから」

って、それァまァごもっともな話なんで。

けれどもそれだけどっさり出して、買ってくださるかたがあるや否や、まァ、前にもまして神経をいためました。てえのは、百席そろって、なるほどという、うまいものばかりはないでしょう。それァいくらかは、いいものもあるかもしれないが、あたくしァ道具屋でいえば、がらくた道具も持っているほうだって、そう言ったんですよ。美術骨董品だけを並べて、みがきをかけて、つやぶきんをかけて……というんじゃァない。

それァなんでも、高座にかけるまでは、相当の苦心はします。けれども、ひとつひとつを完全無欠なものにしようなんてえことはねェ……また、かえってそれじゃァ噺というものはおもしろくないんです。芸は、その時の出来、不出来ということもありますし、これァどうもやむを得ないもんでしょうと思います。

芸というものは、どう磨きあげて、緻密にやったって、やりそこなう時はあります。永年ひとつ噺を磨きに磨いて、だからひとつも絶句もしない、ひっかかりもしない、言いまちがいもしないでやれるかってえと、いつでもそういうわけにはいきませんよ。むしろ、瑕《きず》のあるほうがあたりまえなんで。

だからあたくしなんぞは、もともと言いまちがいやなんかがあるほうで、なおさらもって、この節は老化現象ですね、名前なんかが、ぱッと出てこなくなることやなんかだってあるんです。でも、そんなことでおどろいてちゃだめなんで。芸は、あまりこわがらないのもいけないが、こわがってばかりいてもいけません。大胆なところは大胆に、ずばっとやれなくちゃァいけない。

あたくしどもは、絶句をしたってね、お客をぐゥッとにらんで、何かの思い入りかなんかのように、ごまかして、噺ンなかへその、絶句した間《ま》を溶けこます。死んだ志ん生さん(五代目・美濃部孝蔵)なんぞがいい例で、あの人は噺を忘れちゃって、「エェ……」ってんで、考えて思い出すあいだが、大変いい間《ま》だなんてんで、お客さまがほめた。だから高座ならば、われわれは、なんとかごまかしがつきます。

ところが、レコードはそれができないんですね。絶句したりすれば、それがもろにあらわれてしまう……はッととぎれて、五秒間でもだまっていたら、機械がこわれたのかと思われてしまう……だからむずかしいんですよねェ。

それでもなんでも、百席と発表しちゃったんですから、なんとかやらなくちゃァなりません。まァ落とし噺のほうは、人情噺にくらべれば、みんな短かいもんですから、たいていは片面、長いものでも両面ではいりますから、融通をつけやすい。

四十九年七月十日、『中村仲蔵』を皮切りに、これも青山国際センタースタジオで録音にとりかかり、五十年五月に、第一回、三枚一組のセットを二組、計六枚を出しまして、あと、八月、十一月、今年になりまして三月に、それぞれ六枚ずつ出してまいりました。このあとは、七月、十一月……以下四月ごとに出して行くことになっております。現在までに出ました演題を掲げておきましょう。

第1席・百　年　目
第2席・猫　　定
第3席・三　人　旅
第4席・中村仲蔵
第5席・鰻の幇間
第6席・お祭佐七
第7席・夏の医者
（以上昭和50年5月発売）
第8席・長崎の赤飯
第9席・文　違　い
第10席・大山詣り
第11席・お藤松五郎
第12席・一文惜しみ
第13席・蕎麦の殿様
第14席・三　年　目
（以上昭和50年8月発売）
第15席・お神酒徳利
第16席・竃《へっつい》幽　霊
第17席・品川心中
第18席・左甚五郎
第19席・寝　　床
第20席・鼠　　穴
（以上昭和50年11月発売）
第21席・な　め　る
第22席・阿《お》武《うの》松《まつ》
第23席・山　崎　屋
第24席・紺屋高尾
第25席・淀　五　郎
第26席・テレスコ
第27席・豊　竹　屋
（以上昭和51年3月発売）

レコードの間《ま》

申しあげたように、レコードでは、高座のときのようにごまかしがきかない。つまり、レコードってえものは耳だけで聞くものですから、高座の芸とはまた違った神経を使わなくちゃァいけません。

高座のとおりにやるのがいちばんいいんだてえ人がありますが、間《ま》のとりかたというものが、レコードでは全く違います。姿がなくって、音だけで聞く芸というのは、間をつめなくちゃァいけない。実演のとおりの間をとったら、なんか間が抜けるんです。

これは、前にビクターのレコードで『猫忠』をやりました時に、望月長五郎さんという、鳴物のかたをお願いしたんですけども、この人は芝居のほうの人なんです。で、『猫忠』ってえのは『義経千本桜』「四の切」狐忠信のもじりの噺ですから、途中で芝居がかりになる。

「お聞きなされてェ……」

ヒィッ……と、ここで笛がはいって、テェンと締め太鼓を打ち、

「くださりませ」

ってえと、ドロドロドロドロドロドロッという太鼓がはいるんですけども、レコードでやると、ここンとこの間《ま》を、ずッと詰めなければいけないいんですね。で、あたくしが望月長五郎さんに、

「ここは、あたしが「お聞きなされてェ……」と言ったら、ヒッ、と吹いてください」

って、頼みましたら、

「ここは師匠、ヒィ…ィと吹くんです」

と、こう言うんですね。ヒィ…ィと伸ばされるてえと、そのあと、テェ…ンと、太鼓を打っといて、「くださりませ」ってえせりふも、すこし伸びる……そうすると、ドロドロドロドロッて、それだけ、全体に間が伸びてくる。

「歌舞伎ではそうやります」

ってますからね、あたくしァ、

「歌舞伎ではそうやっても、こっちァ噺なんですから、しかもレコードなんだから、違います」

ってそう言ったんです。歌舞伎の場合はですね、ヒィ……ィと吹いたときに、忠信をやってる役者が、衣裳の糸を抜くわけなんですよ。つまり、引きぬきになる、その玉糸を、後見の人が出てきて、抜いて、かつらの毛もばらっとさばけるように用意をする。それで「くださりませ」ってえときに、かつらがさばけて、衣裳がぱッと変わるわけですね。だから、それには、それだけの間《ま》をもたなければ、できないわけなんで……それに、ひとつには、大舞台《おおぶたい》であるから、それにふさわしく、大間《おおま》にとって、ヒィ…イ、テェ…ン、ドロドロドロドロドロォッ……と、打たなければ、雰囲気も出ないわけでしょう。

けれどもこっちァ、寄席で実演でやったって、衣裳が変わるわけでもなんでもないんですから、ずっと早間《はやま》になる。まして、レコードになると、もうひとつ間をつめて、はじめてちょうどよく……つまり間抜けにならずに聞こえるんで。ですから、ヒッ、……とだけ吹いて、追いかけるように、テン、「くださりませッ」と詰めて言って、これにかぶせるように、ドロドロドロドロ……と打って、そこで『狐三重《きつねさんじゅう》』という三味線をひく……これが、ちょうどいい間《ま》になるんだってことを言ったんです。

長五郎さんのほうは、歌舞伎はこうやるってえから、じゃァそれでやってみてごらんなさ

いといって、やってみて、録音を聞かしたら、

「はァ、なるほど」

ってましたよ。

それから、逆に長くしなけりゃァならない時もあります。たとえば『掛取万歳』なんぞでも、寄席でやりますときは、芝居のとおりの動きを長々とやったんじゃァだれますから、ある程度、鳴物やなんかも詰めて短かくしますが、レコードでは、逆に芝居どおりに鳴物を入れたほうが効果があるんですね。

つまり、上使が出てくるところで、『中《ちゅう》の舞《まい》』の鳴物を使いますが、寄席の高座だてえと、噺家はすわったっきりで、動きがないんで、途中でパッと切って、せりふにかかってしまいます。けれども、レコードは、姿はないんですから、『中の舞』で上使が花道から出てきて、せりふにかかるべきところまで、本式に三味線・鳴物を聞かして、それだけの間をとってせりふを言えば、耳だけで聞いてるほうでは、そこにちゃんと芝居の気分が出る、ということがあるわけなんです。もちろん、むだな間はちゃんと詰めて、耳だけで間が抜けるというようなことのないように、レコードはレコード向きにやるということが必要だと思いますが。

ビクターの時の『掛取万歳』は、寄席でやる時のように、ここは短かくしてやったんですが、今度は、やはりあれではいけないなと気がついて、いっぱいにやることにしました。

聞くほうのかたにも、いろいろ意見のある人はあるでしょう、高座でやるとおりやるのがいいんだとか、あるいは、お客がはいっていて、その笑い声が聞こえなければ、どうもおも

しろくないという人もあります。

しかしあたくしが思うには、レコードへ入れる芸ってえものはですね、ひとの笑いにさそわれてはじめて笑えるというんでは、やはり、いけないんではありませんかねェ。その笑い声がなかったら、聞いてもおもしろくないってんなら、レコードの芸としては、成り立たないもんだと思いますね。

レコードてえものは、何回かけてもおんなしように音が出てくる。ですから、おんなしところで、おんなし笑い声がまた聞こえてくるてえと、しまいには、その笑い声が噺よりも気になってくるというようなことがありますよね。音楽を聞くかたは、中味がいかに名曲であろうとも、変な音が出るとか、雑音があるとかってえと、もうそのレコードは、いやになっちゃうでしょう。それと同じで、噺でも、やはりよけいな音がはいっているよりも、噺家の肉声が、忠実に出ているというのが、いちばんいいんじゃないですかね。


〝あがり〟と〝うけ〟


これは、ビクターの『十八番集』の時にも、かなり苦心をいたしましたが、今回はまた、噺の数が多いだけに、大変に苦労しております。

ビクターで、あたくしの前に、文楽さんが九枚、十八席のレコードを出しましたが、聞いてみると、噺の前にはいります〝出〟の三味線ですね、〝あがり〟に、みんな『野崎』を使っている。どの噺でもいつもおんなし〝あがり〟ってえのは、どうも曲がないと思いまして、あたくしの時は、おはやしの人と相談して、ひとつひとつ、噺にちなんで、別の曲を使うことにしました。

それから、噺が終ったとき、これァ上方《かみがた》では、〝うけ〟の三味線といいまして、サゲを言ったときに、すぐこれを受けて、あとへ三味線を入れますが、東京のほうでは、昔っから、そういうものはありません。噺が終った時のおはやしてえものはないわけなんで。けれども、レコードの場合は、噺がすんでサゲを言って、それッぱなしで、すゥッとおしまいになりますと、なんか、そこが淋《さむ》しい……やはり、姿がなくって声だけの落語なんですから、そのあとへ音楽がはいったほうがいいんじゃァないかと思いまして、ビクターの時に、やはり噺によって、いちいち変えまして、〝うけ〟のおはやしを入れたわけなんでございます。

この〝あがり〟とか〝うけ〟について、ほかにレコードに吹き込んだ噺家の人で、あまり関心のある人はすくないらしいんですね。噺さえよければ、前後へ入れるおはやしなんてえものは、ほんのつけたりのものでいいという考えなんでしょうが、あたくしは違うんです。これは、重要なもんだと、あたくしは考えております。

一枚だけのレコードを出す場合でしたら、自分がふだん寄席で使っている出ばやしを使ってすましておけばいいでしょうが、あたくしの場合『人情噺集成』では、二十五枚のレコードなんですから、いつもあたくしが出ばやしに『正札附《しょうふだつき》』を使うからって、出る噺も出る噺もみんな『正札附』ばかり弾《ひ》かれたんじゃァ、おもしろくもなんともありませんよ。ですから、この時も大分苦心をしまして、『真景累ヶ淵』なんかでも、八席のそれぞれにふさわしいものを、どうやって使おうかってんで、いろいろ考えました。
第一席の『宗悦殺し』では、あんまの宗悦が暮れの二十日に金の催促に行って、ことばのもつれから斬り殺されるてえ噺ですから、もちろん、あまり陽気な音楽は使えないわけで……そこで考えまして、暮れのことであるから、あのゥ『年の瀬や』という小唄を使って、
〽年の瀬や、水の流れと人の身は……
というところまでをうたったわけで。あたくしの考えでは、金の催促に行って、貰って帰ってこようという、宗悦の思惑とは違って、殺される、命を失うとは知らずに出かけてゆく……そういうところへ引っかけて、この小唄を使ってみたものでございます。
それから、この〝うけ〟には、あたくしは『早目《はやめ》』という三味線を使いました。これは、芝居のほうで、人が駆け出したり、あわただしい場面に、世話物・時代物、ともによく使うおはやしで……宗悦を殺した深見新左衛門が、乱心をして、隣り屋敷に斬りこんで、狂い死にをするという場面で噺がおしまいになるところから、これを使ったわけです。
第二席の『新五郎』では、〝あがり〟に、長唄の『鷺娘《さぎむすめ》』の、
〽繻子《しゅす》の袴のひだとるよりも、主《ぬし》の心がとりにくい……
という、あの文句を使いました。はじめ、やはり長唄の『秋の色種《いろくさ》』のなかの、
〽夢は巫山《ふざん》の雲の曲……
ってところを使おうかと思って、あるかたに相談しましたら、あれだてえと、ちょっと〝御殿《ごてん》〟とでもいうような感じになってしまう。新五郎が質屋の手代になるというくだりな

んだから、『鷺娘』のほうが〝町方《まちかた》〟の感じでよかろうなんてんで……。

それから〝うけ〟は、『どんたっぽ』という……弁天小僧の屋根の立ちまわりのとこなどに使う、あの鳴物を使いました。これは、新五郎が捕方《とりかた》を大勢殺し、物干しから土蔵《くら》へとびついて、下へとびおりると、そこに押し切りってえものがある、これで足へけがをして、召し捕りッなる……というわけですから、芝居ですれば、やはり大屋根の上で立ちまわりという趣向になるだろうという連想から、これを使ったもんでございます。

次の『豊志賀』になりますと、清元の『鞍馬獅子《くらまじし》』の、喜三太《きさんだ》の出《で》というところ、

〽諸国めぐりに天照らす……

って、大変に陽気な三味線で、〝あがり〟のおはやしにはちょうどいいんです。なぜ『鞍馬獅子』にしたかってえと、これァもとは富本が本来なんで、富本豊志賀のくだりですから、これを使った。〝うけ〟も、おなじく『鞍馬獅子』のなかから、

〽こなたは恋の、物ぐるい……

と言ったあとの、チリリリリ……という三味線、舞踊でやりますと、獅子に、長刀《なぎなた》で切りかかるという振りのところでございますが、これァ豊志賀は、新吉のために、まさに恋の物ぐるいで、自害をして死ぬというわけですから、これがよかろうという……。

ひとつひとつを申しあげていては大変ですが、ま、こういったような例で、二十五枚てえと、〝あがり〟と〝うけ〟で、五十曲使っております。どうしても自分で考えのつかないところは、ほうぼうへ訊きに行きましたり、あたくしなりにずいぶん苦心をいたしました。

やはり一回使ったものは、もう使いたくない。おんなし曲を二度、三度使いますと、全部買ってお聞きくださるかたは、なんだ、これはあっちィも使ってあるじゃないかってんで、なにか新鮮味がなくなってしまうようで。ですから、前に使ったことのあるものは、ほかの噺に合うなァと思っても、別にさがして、ほかのものを使う……まァ口でそういいますけども、実際にはなかなか大変なんでございます。

今度、百席ってえますと、その倍の二百曲を考えなけりゃァなりません。それも、人情噺のほうは、なんとかその場面場面にふさわしいと思うものをさがして、あてはめましたけども、落とし噺になると、ちょっとその、それにふさわしいとぼけた曲というものは、そうそうたくさんはありません。でも、ひとつ曲をなんべんも使わないようにしたいってえわけですから、ずいぶん苦しまぎれに、いろんなことを考えました。あまり連想がばかばかしくって、聞いてお笑いになるようなものもありますが、大体が落語へつくもんですから、少々ばかげていても、ひとつのお座興だと思いまして、ま、なんでもかんでも、まがりなりにもつけることにしております。

なかには、どうにも曲目のつかないものがありまして、『茶の湯』なんてえ話に、どんな曲をつけたらいいか……『茶音頭』なんてえのもありますが、これァ地唄でございまして、ちょっとどうかと思う。なんとかほかにもないかってんで考えたんですけども、思いつかないんで、よんどころなく、いっそ曲のほうは茶の湯に関係なくして、こっちで勝手に文句をこしらえて唄うってことにしまして、長唄の『勧進帳』の曲をつけました。『茶の湯』の噺に『勧進帳』てえのは、奇抜なようですが、あたくしがこしらえた替え文句をお聞きいただくと、趣向がおわかりいただけると、そういうものもございます。

まァとにかく、この〝あがり〟〝うけ〟については、ずいぶん頭を痛めまして、噺の苦心とはまた別の苦心をいたしました。なぜ、そんな苦心をするのかってえますと、これァ噺を売る品物とすれば、包み紙だと、あたくしァ思っておりますんで。

どんなにいい店のうまい菓子だからって、新聞紙《しんぶんがみ》ィくるんであったのを広げて、

「これは、どこそこのお菓子でございますから、どうぞ召しあがってください」

と言ったんじゃァ、あんまりうまそうではない。やはりいいお菓子を出そうってえのには、ちゃんとした折へ入れて、きれいな包装紙をかけて、それをあけて出せば、なかの菓子も、いい、うまい菓子に見える……そういう心持ちで、中味の噺にはもちろん気を遣いますが、それだけになお、これはちゃんとしたいい容れものに入れべきもんじゃァないかと思います。

そのために、あたくしは、三味線、鳴物、すべてに気をくばりました。現在は、邦楽というものが、あまり一般的でなくなって、三味線のうまいまずいも、あまりわからないかも知れません。しかし、西洋音楽しか聞かないというかたでも、近ごろは、音というものについては、非常に敏感でいらっしゃるから、曲目の如何にかかわらず、いい音か悪い音かってことは、すぐわかるわけなんで。ですから、三味線も、やはりちゃんとそれだけの音色《ねいろ》の出る三味線ひきのかたに、お願いをいたしました。

それから唄でございますが、これも種々雑多で、長唄、清元、常磐津、新内、そのほか小

唄あり、流行《は》《や》り唄《うた》……いろんなものを使うわけで、それぞれみんな専門家に唄っていただければ、それァいいわけなんですが、そんなことをした日にゃァ、おびただしい数ですから、会社のほうでも、えらい費用がかかるでしょう。

そこでまァ、よんどころなく、できてもできなくっても、あたくしが唄うってことにしたものもありますし、曲芸の海老一染之助さん……この人はなかなか器用で、長唄もやれば清元もやる、それからまた、ちょいとした流行り唄なぞもやれる。多少のうまいまずいはあっても、とにかく使い分けられる人でないといけませんので、この染之助さんと、あたくしとで、相談のうえで、唄のほうは受けもっているわけでございます。

吹込苦心談

こうやってお話をしておりますと、まるでお囃子《はやし》のことばかり骨折っているようですが、決してそうではございませんで、噺の吹き込み、これはやはり眼目ですから、それなりに苦心をしております。

いっぺん入れたものでも、いけないものは、あたくしは何度でもやり直しをいたします。ちょっとした瑕《きず》がありましても……きずというのは、まァ言いちがいはもちろん、言葉の音《おん》がはっきりしなかったとか、そういうほんのすこしのやりそくないがあっても、すっかりやり直して、そこンところははっきり直さなくちゃァいけないと思います。

なぜかてえますと、毎度申しあげるように、レコードというものは、一ぺん入れれば、同じものを何回も何回もくり返して聞くもんですから、あたくしどもでもそうですが、ちょっとでも変なところがありますとね、聞くほうは意地の悪いもんですよ。なんか、ここンとこはおかしいな、と思うと、

「もう一ぺん針を返してごらん……ね？　なんかおかしいだろ？……もう一ぺん返して……」

ってなもんで……三度、四度《よたび》と聞けば、それァやりそこなったところは、ちゃんとわかってしまう。するてえと今度は、噺そのものよりも、そのやりそくなったところばかり気になってくるというようなわけで……。

だから、なるたけ、聞いているかたに気にならないように、きずのない噺にしなければいけません。それでずゥッと通して聞いて、出来が悪いなァと思うことがあると、あたくしがダメを出して……自分のやったもんですから、自分が聞いて、こいつァまずくて、だめだってえば、だれもなんともいやァしない、

「もう一ぺんやり直します」

と言って、もうできあがってるもんでも、ご破算にして、最初《はな》っからやり直すわけです。それだけ会社のほうはむだになりますが、あたくしのほうもむだになる……ってえのは、やり直したからその分はまたお金をくださいと言ったって、くれませんからね。これァ自分で悪いってそう言ってやり直すんだから、しようがありません。

会社のほうだって、スタジオを使って、人が来てやるんですから、それがみんなむだにな

るわけですが、そんなことを言ってちゃァだめだと、あたくしァ思うんで……もし、まずいものを出してしまえば、それよりももっと、目には見えないかも知れないが、大変な損害が出ることになるんですから。

それと、今回は、時間というものについては、全く制限はしない、という約束でやっております。

「これはA面B面ですか？　それともA面だけですか」

なんて聞かれても、

「さァねェ、やってみなくちゃわかりません」

あたくしも、永年商売をしてますから、これはどのくらいの時間の噺だってえことはわかってるし、何分でやってくれって言われれば、その時間のなかでちゃんとやることもできます。けれども、今度だけは、あたくしは、時間の制約どうのこうのということは、全く考えずにやりたいと思いましてね。

たとえば、噺のマクラですが、これァお料理でいえば前菜で、噺にかかるまでの導入ですから、あらかじめこれだけは言わなくちゃならないてえこともありますし、その時の気分で、こういうものはどうかと思って、すウッと入れるものもあり、これはのびのびとやりたい。

今、寄席なぞでやります時には、時間というものに、いきなりしばられてしまっております。だから、マクラのほうで伸びちゃったなと思えば、本文《ほんもん》のほうで詰めるわけで……これァはなはだ申しわけのないようなことではあるが、寄席は已《おの》れひとりでやるわけじゃァない、大勢でやるもんですから、それなりの調節をとっていかなければ、商売にはならない。

しかし、今度のレコードは、あたくしひとりでやるんですから、そんなことはいっさい取っぱらって、演ってみて四十分を超えれば、A面B面にわたって一枚にする。むりに縮めるってことはしない。あるいはまた、こいつは長いだろうと思ってかかったものが、案外にとんとんと行って、四十分以内に終れば、これァ片面に納める。むりに伸ばすってこともしない。その点、会社のほうでも理解してくれてますし、係の人もよくわかってやってくだすっている……ですから、やりたいものをやりたいようにやって、時間的、内容的にむりなことは、いっさいしない、まことにのびのびとやらせてもらっております。

プロデューサーとか、ディレクター、それから技術のほうの人、みんな若いかたですけども、あたくしァ、悪いところがあったら、どんどん言ってくれって、そう言ってるんです。はじめのあいだはね、そうは言いましても、あたくしのほうが年をとってるし、やはり遠慮をして、言いませんでしたけども、人情噺をやって、落とし噺にかかるころになると、もう三年越しになりますから、近ごろではもう遠慮なく、今のはどうもノリがよくないとか、今日はすこゥし声の調子がよくないとか、噺全体がどうも沈んでるとか、いろんなことを言って、註文を出します。それに対しては、あたくしのほうも、

「あゝ、そうですか」

ってんで、これァ素直に受けなくちゃァいけない。おたがいに商売のことですから、いけないところはどんどん指摘してもらって、反省をして、すこしでもいいものをこしらえよう

と努力する、それでなくちゃァいけません。

百席というと、買っていただくほうも大変で、途中で飽きてしまうかも知れない、飽きさせないだけのものをばやらなくちゃァいけないんですから、それには、どんなこまかいことにも気をつける。録音したものを、スタジオで大きなスピーカーで何度も聞いてみて、悪いところは直し、更にカセットにしてもらって、うちへ持って帰って聞く……そうすると、小さい音で聞くと、意外にまた、いけない場合もあります。それをまた直し……細心の注意を払って、一席、一席、心をこめて、やるようにしております。

あたくしが死んでしまえば、もう演り手がない、あるいはわからなくなってしまう、というような噺もあります。あたくしの演りもののなかで、いい悪いにかかわらず、残すものは残したいという欲もございますので、保存のためにも、細大もらさずやっておくつもりで、この仕事は、これからも一生けんめい続けてまいりたいと思っております。

先代圓生追善

十三回忌

あたくしの先代《おやじ》の五代目三遊亭圓生(村田源治)は、昭和十五年一月二十三日に、五十七歳でなくなりました。その年忌、年忌には、できるだけ追善の興行を催すようにしてまいりました。

第一回は、なくなったあくる年の一月、一周忌の際に、日本橋倶楽部で追善の演芸会をいたしました。『寄席育ち』でも申しあげたように、この時は、お客さまがいっぱいおいでくだすって、大変な盛況でございましたんで、本当にありがたいと思いました。

このあと、五月にあたくしが六代目三遊亭圓生を襲《つ》ぐことになりまして、その翌年が、三回忌になるわけなんですが、昭和十七年ともなりますと、もう世相も大分暗くなってきまして、ほうぼうへ穴ぼこを掘ったりなんかしていて、追善興行のなんのと言っていられない時代になりました。そこで、これは、鳥山のお寺へお詣りをしただけですましてしまいました。

それから、七回忌でございますが、昭和二十一年の一月が七回忌にあたります。これァあたくしが満洲の地にあって、帰ってくることができない。それがためにお流れになってしまいました。もっとも帰ってきていたとしても、昭和二十一年ごろは、どうしてどうして、そんなことをしてるどころのさわぎじゃァなかったでしょうが。

その次は十三回忌、これが昭和二十七年の一月でございます。法事というものは、先へ延ばすわけにはまいりません。“祝いのばし”と言って、祝いごとは延ばしてもいいが、仏事なぞは延ばすべきものではない。しかし早くする分《ぶん》にはかまわないわけですから、前年、二十六年の十月、たしか晦日《みそか》だったと思いますが、新宿の末広亭で、追善演芸会を催しました。

この時は、落語協会の主《おも》だったところはみんな出演してもらいまして、そのほかにも、徳川夢声さんとか、赤坂の桜川梅寿《ばいじゅ》さんなんてえ人に出てもらいました。

桜川梅寿という人は、先代《おやじ》とは大変に仲よくしておりまして、新内がうまい。ちょいとした幇間芸《たいこもちげい》なんぞではなく、本式に稽古して、なかなかよく語りましたもんで、新内で出てくれるようにって頼みましたら、本人も大そうよろこんで、切符なぞも売ってもらいました。梅寿になる前には米寿《よねじゅ》といってまして、その時分から先代《おやじ》とは非常に仲がよかった。おたがいに苦しいから演芸会なぞをやって、切符を頼む。そういう時には必ず引き受けて売ってくれましたし、また、むこうでなにか会をやるってえ時には、先代《おやじ》も一生けんめい手伝うというようなわけで……たがいに、苗字《みょうじ》を呼び合って、

「おい、おい」

ってえような口のききかたをしておりました。

先代《おやじ》が晩年に、この梅寿さんに新内を習いまして、梅寿さんの三味線で、先代《おやじ》が語ったこ

とがありました。この時に、あたくしァ前へまわって聞きましたが、両方ともふとっておりましてね、先代《おやじ》ァいい声でしたし、梅寿さんもなかなか音締《ねじ》めのいい三味線を弾《ひ》きましたから、聞いて、決してひどいものではございませんでした。

そういうふうに、先代《おやじ》と仲がよかったから、あたくしもしじゅう、若い時からよく知っております。あたくしァ幇間《たいこもち》で相手を師匠と言ったのは、この梅寿さんだけでしたね。あたくしども、たいこもちを指して、名前は呼びますけども、師匠とは決して言わないもんですが、この人だけは、別でございました。

あたくしも、小唄を五つ六つ教えてもらいましたし、なにかにつけて相談に行って、頼むと、

「あゝ、ようがすよ」

ってんで、引き受けてやってくれる……金を借りる時に、高利貸しを世話してもらったのも、梅寿さんでした。どうもあんまり、高利貸しの世話なんてえのは、いいもんじゃァありませんがね。それでも、あたりまえじゃァ貸さないんですよ。だれかが口をきいてくれなくちゃァ貸してくれない。梅寿さんもやっぱり苦しいから借りていたんでしょう。

まァそんなことで、たがいに貧乏のなかで助け合ったというようなことがありましたから、先代《おやじ》の十三回忌てんで、よろこんで出演をしてくれました。ばかりでなく、切符を売ってくれたりして、大変にお世話になりました。

十七回忌も、やはり新宿末広亭で、落語協会の主《おも》だったとこに出演してもらって、追善演芸会をいたしました。昭和三十年の十月でしたと思います。

二十三回忌

二十三回忌は、昭和三十七年が本当なんですが、これも前年にくり上げまして、三十六年十月三十一日、東横ホールを借りて、あたくしの独演会で、追善をいたしました。
この時の番組を、次に掲げます。

五代目追善　圓生独演会　昭和36年10月31日　午後6時開演　渋谷・東横ホール

番組

天王寺詣り	三遊亭百生	六・〇〇～六・二〇
らくだ	圓生	六・二〇～七・一〇
太神楽	海老一染之助 染太郎	七・一〇～七・三五
鰍沢	圓生	七・三五～八・〇五
（休憩　二十分）		
故人追善口上	圓生	八・二五～八・三五
特別出演 小唄振り	坂東三津之丞	八・三五～八・四五
三十石	圓生	八・四五～九・一五

下座・橘つや、平川てる、若手落語会

この時は、坂東三津之丞さんに出ていただきました。この人は、落語が大変好きで、よく寄席へ来てる。なんでも、自分でやるのも好きで、集まりがあるてえと『あくび指南』なんて噺が、当人お得意で、よくしゃべったなんてえ話も聞きました。

あたくしァまだ圓蔵のころは、よく高座で踊っておりましたが、そういう時に三津之丞さんが来てると、いやなんですよ。相手はとにかく踊りの専門家なんですから……。こっちァなにしろ『かっぽれ』とか『深川』とか『奴さん』だとか、そんなものしきゃ踊らない……するてえと、席亭が、

「あのねェ圓蔵さん、もうすこしちゃんとしたものを踊ってもらいたい」

ってますからね、

「だれがそう言ったんです？」

ったら、三津之丞さんがそう言ったてえから、

「冗談言っちゃァいけない」

ってんですよ。むこうは商売人なんです。ちゃんとしたものったって、噺家がおどりゃァどっかおかしいところはあるでしょう。『深川』とか『かっぽれ』とかを踊ってるぶんには、うまかろうがまずかろうが、お愛嬌ですみますけどもね。

三津之丞さんの踊りは、あたくしァ好きでした。神田の立花亭なんぞを借りて、下ざらい

をすることがありましたが、あたくしが一時、踊りで立とうと思って、一生けんめいにやってたころ、そこへ行って、三津之丞さんのお稽古を、傍《はた》から見ていたことがございます。清元の『流星《りゅうせい》』をやりました。これァ三津之丞さんのお得意で、よく出したもんですが、見ていてうまいなァと思いましたね。

　坂東流の古いおッ師《し》匠さんで、女の人がふたァり、これが牽牛《けんぎゅう》・織女《しょくじょ》、あれを踊る。で、三津之丞さんが、その織女の手をつけるんで、いっしょに踊ってるんです。うしろむきになって、袖をひろげて、ツッと立った時に見たら、片方《かたかた》の古いお師匠さん、しかも本当の女の人なんだけども、その人よりも三津之丞さんのほうが、はるかに女らしく見えるんですねェ、かい、い、かたちがよくッて……。あァこれァうまい人だなァと思いました。

　ちょいちょい寄席へ来てるあいだに、こっちが踊りを見に行ったことなんかもわかってますから、なんとなく話をするようになりまして、人形町の末広でしたかな、帰りにいっしょに飲みに行こうってさそわれて、ごちそうになったりして、だんだん近しくするようになりました。それで、

「今度、先代《おやじ》の二十三回忌を、東横でやるんだけども、出てくれませんかねェ」

って話をしてみたところが、こころよく、

「出ましょう」

って言ってくれた。踊りとしては、あたくしァあの人を大変に崇拝している。その人が出てくれるっててんですから、これァありがたい。

衣裳をつけて踊ろうかってえから、いや、それじゃァ大変大がかりになっちゃうから、小唄ぶりかなんかをってそう言って、小唄振りをやってもらいましたが、あたしァふたつぐらい……あるいはよけい踊っても、みっつぐらいかと思ってたら、なんでも七《なな》つ、八《やっ》つ踊りました。

この時は、東横ホールが満席になりまして、もう切符がなくて弱ったくらい……まことにありがたいことでございました。

二十七回忌

これもやはり、前年にくりあげていたしましたが、これまで母の追善てえのはやらなかったんで、この時は、それも兼ねまして、義太夫を語りました。

まず、番組を掲げます。

五代目圓生追善　三遊亭圓生独演会

昭和40年10月21日　6時開演　内幸町・イイノホール

初天神　三遊亭圓弥
なめる　三遊亭圓生
俗曲　檜山さくら
文七元結　三遊亭圓生

＝休　憩＝

一人酒盛　三遊亭圓生
奇　術　アダチ龍光
艶容女舞衣　豊竹豆仮名太夫
（三勝半七・酒屋の段）　三味線　竹本土佐広
下座　平川てる他

おふくろも舞台へ出ました……豊竹小かなで、あたくしの三味線をひいて高座へ出たんです。もっとも、あたくしが義太夫をよしてからは出ちゃァおりませんが……やはり、これは義太夫で追善をしたいと思いましてねェ。しかし、その後はあたくしァ舞台で義太夫を語ったことはないわけなんです。

もっとも、四谷の須賀町にいたころ、隣りに盲人の義太夫のお師匠《しよ》さんがいまして……あたくしが、まだ圓窓のころですね、先代《おやじ》が、あたくしの声が細くって、ぴィぴィ調子でどうも重みがない、もっとしっかりしたふとい声でないと、お客が信用しないから、義太夫をやれってまして、この盲人のお師匠さんのとこィお稽古に行ったことがありました。でも、それはほんのすこしで、それきり、浄瑠璃ってえものはやらなかったんですが、やはり心境の変化というんでしょうか、おふくろの追善に、語りおさめで、一ぺん浄瑠璃を語ってみたいなと思ったんです。

そこで、三味線をどうしようかと思いまして、斎藤拳三さんという……これは、八王子の郵便局長さんで大変に芸の好きな人で、大阪の文楽座なんぞへも、しじゅう聞きにいってるくらい熱心なかたですから、このかたに相談をして、今度、追善会で義太夫を語ってみようかと思うってったら、

「それァぜひおやンなさい」

「三味線をねェ、どこィ頼もうかしら……」

なんて話をしましたら、

「じゃァ土佐広《とさひろ》さんに頼んだらいいじゃァないか」

って、竹本土佐広という人……女であのくらいに語れる人は、まァ東京《こっち》にはいない、とにかく引き合わせるからということになりました。

土佐広師が四谷に住んでらした時で、斎藤さんといっしょに行って、お頼みしましたら、あちらでも、寄席へは来なくっても、テレビやなにかであたくしのことはご存じで、よろしいってんで、引き受けていただきました。土佐広師は太夫、つまり語る人なんですが、あたくしのために、とくに三味線をひいてくださったもんでございます。

はじめはその、『太功記』「十段目」をやるつもりで、弾《ひ》いてもらってやってみたところが、だめなんですね。途中までできたら、声がまいっちゃった。あたくしァとにもかくにも子どもンときはプロなんで、義太夫の能書きなんてものも聞いてます。十年修行してどうやら義太

夫の声が出てくるってえます……うまいまずいじゃァない、義太夫らしい声が出るってえだけに十年かかる。だから、いくら子どもゝときにやってたからってったって、ふだんまるっきりやってなかったのが、いきなりやってもねェ、それァ思うような声が出るわけがない。むりに出してるとつぶれちゃうんですね。

「これァとても、『太功記』は語り切れないから、よしましょう」

もっと短ッかい、本当のサワリだけのものにしようってんで、じゃァ三勝半七で、おそのサワリのところだけ、これすらも、地道に行けば、どうなるかわからないけど、やってみましょう。それなら時間が短かいから、なんとか節《ふし》のところだけ保《も》つだろうというわけで。まァ本式に義太夫を語ったのは、五十五年ぶりぐらいですかねェ。だから自前《じまえ》のものはなんにもない。肩衣《かたぎぬ》から袴から見台《けんだい》……なにからなにまで、みんな借物という……ひどいもんです。噺を三席やったあとで、土佐広師の三味線で語りましたが、その時に五代目圓生追善の口上を言って、もし途中で声が出なくなったら、そこでおしまいになる。どこまで行けるかわからない……つまり新幹線みたいなもんで、地震がありゃァとまるし、風が吹きゃァ運転休止になる……新幹線浄瑠璃でございますってことを言って演《や》りました。

また、この口上のなかで、あたくしが、

「桂文楽さん（八代目・並河益義）が、近ごろよく義太夫をやりますが、失礼ながら、あれはアマチュアで、あたくしのほうは、なんといったってプロなんで……野球で申せば、あの人のは小学生の草野球であり、あたくしのは、巨人の長島、王といったところでございます……」

と言いましたら、お客さまがお笑いになりました。

五十五年ぶりに肩衣をつけて、見台の前にすわった時は、なにか妙な気がいたしましたねェ。これが、あたくしァ生涯の語りおさめで、これっきり。その後に、三越から頼まれたことがありましたが、

「もう語りません」

と言って、ことわりました。

三十三回忌

さて、三十三回忌も、前年にくりあげて、昭和四十六年にいたしましたが、この年は、ちょうど、あたくしの師匠の橘家圓蔵(四代目・松本栄吉)の五十年にあたるんですね。

それで、先代《おやじ》の三十三回忌と、師匠の五十回忌と、両方あわせてやろうということになりまして、東横劇場でやっております、東横落語会の第百三十回の例会を、これにあてることにいたしました。

これも番組をのせておきます。

五代目圓生
四代目圓蔵追善　東横落語会　　昭和46年10月29日　開演午後6時　渋谷・東横劇場

番　組

おしくら　三遊亭圓窓
たらちね　三遊亭圓楽
圓生を偲んで 三年目　三遊亭圓生
口上　圓生・小さん・馬生
粗忽長屋　金原亭馬生
熊の皮　柳家小さん
圓蔵を偲んで 首提灯　三遊亭圓生

下座・橘つや、平川てる

それまでは、特別の日に、会場を借りてやりまして、集まったお金で法事をするってえことだったんですけれども、まァ法事の金ぐらい、特別に会をやらなくても、どうやらこうやらできるようになりましたから、いつもの例会でやりましょうってことになったわけなんです。

すると、東横落語会ってものは、このころになりますと、志ん生さん(五代目・美濃部孝蔵)も文楽さんも病気で出られなくなって、レギュラーのメンバーは、あたくしと、小さん(五代目・小林盛夫)、馬生(十代目・美濃部清)の三人、それに前かたに若手を三人、交代に出すというのが例会でございます。それで、この時は、あたくしから、小さん・馬生のふたりに話をしまして、これァ五代目圓生と四代目圓蔵の追善会だからってことで、一席は先代《おやじ》、もう一席は師匠の追善で、あたくしが、この二席をやる。前かたは、あたくしンとこの圓窓(橋本八郎)と圓楽(五代目・古河寛海)、それでまン中で、小さん・馬生にもはいってもらって、追善の口上を申しあげる……ということで、やったもんでございます。

三十七回忌

続いて三十七回忌、これは、くりあげないで昭和五十一年一月にやることになりました。十二、十三の二日間、あたくしの独演会で、日本電波ニュース社というところの主催でございます。

この電波ニュース社というのは、外国の歌手やなんかを日本へ呼んで公演をする、そっちのほうの会社で、どっちかってえと、われわれのような〝口《くち》もの〟という、しゃべる芸なんてものには、経験はないわけなんですが、レコードの関係でCBSソニーと、つきあいがあったんでしょう、そのほうからの話でもって、前年の五十年一月十六日に、日比谷の虎ノ門ホールで、あたくしの独演会をやったんです。

この時は『双蝶々《ふたつちょうちょう》』の上、中を、芝居噺仕立《じた》てで、鳴物を入れてやりまして、大変いっぱいお客さまがきてくださいました。その縁で、今度、三十七回忌について、平河町の都市センターホールをとったから、二日間独演会をやってくれと、こういうわけなんです。

ですけどもねエ、独演会ってえものは、一日やってもくたぶれるもんなんです。聞いてらっしゃるほうでは、落語なんてものは、別に浪花節やなんかと違って、汗水流してやるんじゃァなし、そんなに骨が折れるようには見えないかもしれませんが、一席、本当に長く噺をすると、ずいぶん疲れます。まして独演会とくれば、全責任があたくしにあるわけで、全部のだしものが、ぴしッとうまくやれて、そのうえにやっぱり、お客が来なくちゃァいけない。やるたんびにあたくしァ気をもむんです。

それァあたくしだって、まるっきり自信がないわけじゃァない。しかし、おれが独演会をやれば、客ァ来るというような、そんな不遜な了見は持っちゃァおりません。去年お客が来たからって、そうそう、あたくしの独演会ならお客が来ると思われちゃァ困るって、そう言ったんです。まして、それが二日続きの独演会なんてえものは、今までやったことがないから、これァ心配ですよ。一日にならないかって言ったんですけども、会場も押さえたことであるしするから、なんでも二日やってくれってんですね。

あたくしもずいぶん考えましたが、先代《おやじ》の追善というものも、今度三十七回をやれば、次は五十回忌てえことになる。そのころは、あたくしが追善されてることになるかもわからないんですから、まァ今度が、先代《おやじ》への最後のつとめになるだろうとも思いまして、自分の全力をふるってやってみることにいたしました。

ところが、一月七日、七草の夜に、かぜをひいた……これが実に悪性のかぜでございまして、熱が四十度二分まで出た……八、九、十と、この三日間というものは、高熱でどうにもしようがない。十一日になりまして、やっと熱は下がったんですが、頭がぼゥッとしておりまして、なんともいえない。全身をひどくなぐられたようなだるさを感じ、気力はおとろえ、肝心の日に……と思ったが、どうにもならないんですねェ。

切符は売っちゃってありますし、今さら中止ってえわけにゃァいかない。病気のために満足な噺を聞いていただけないようでは、お客さまにも申しわけがないと思うんですが、やめちまえば、なお申しわけがない。とにかく十二日の夜は、お医者さまに楽屋へ来ていただいて、付いててもらいながら、やりました。一日目はまず『山崎屋』……これを五十分ばかり、どうにかやりましたけれども、やはり、自分では正確にやってるつもりでいるが、芸にずれが出てきているんでしょうね、どうも思ってるようには、お客さまがのってこない。そのあと、口上がありまして、二席目は『夢金』というわけなんですが、これァどうにも耐えられそうもないんですねェ。なにしろ、今日でおしまいってわけじゃァない、あしたも独演会があるんですから……このときは本当に、二日続きってえことがうらめしかった。

どうにも耐えられる自信がないんで、弟子の圓楽が来てますから、代演をしてくれって頼んだんです。だけども、いきなり代演とくると、やはりあたくしの独演会に来ていただいたお客さまに対して、責任がないようですから、船へ客を乗せて出す、というところまで、あたくしがやって、

「こゝンとこから替わっておくれ」

ってんで、そのあとをば、圓楽に替わってもらいました。
さぞかしやりにくかったろうと思います。ほかのひとの独演会で、代演なんぞをやるって
えことは、たとえ、その人と同じぐらいの芸であっても、聞くほうからすれば、自分の好み
でない料理が出てくるようなもんですから、代演をする人にとっては、これくらい都合の悪
いことはない。それァもう承知のうえで、どうにもしょうがないから、弟子のことでもあり、
助け船に、圓楽に出てもらったわけなんです。
二日目は、前が『鰍沢《かじかざわ》』で、二席目が『お若伊之助』。そうしたら、昼間、圓楽から電話
がかかってきまして、どうかひとつ、代演は、なるべくはごかんべんをいただきたい、とい
う……。ま、あたくしも、自分の独演会で責任があるんだから、やれる限りはやります、と
言って、前日よりはいくらか具合もよくなってはいるんで、あたくしは昼間っから起きてい
たんです。
そうしたら、家内が心配をして、起きていちゃァ疲れるから、寝てろってえますから、
「いや、昼間寝ていて、夜になっておきてつとめると、これァ寝声《ねごえ》になっちまう。今夜は
どうしても、ちゃんとつとめなくちゃならないんだから、寝ちゃァいられない」
そんなことをして、あとに障《さわ》ったらいけないってんですけども、
「あともさきもない。芸人というものは、舞台が戦場なんだから、これがために、たとえ
寿命をちぢめようとも、そんなことをこわがっていられない。まかりまちがって死のうとも、
それァしかたがない」

と言ったら、家内も、それきりだまってしまいました。
そして、つとめましたところが、ま、前日よりは、やや出来もよかったと言われまして、どうやら二日間を終えたわけでございますが、病気を押してやりましたために、ことに思っていた意気ごみとはくいちがいまして、この時おいでいただいたお客さまには、申しわけがないと思っております。
この時の番組も、ここへ掲げておきます。

五代目圓生三十七回忌追善公演　平河町・日本都市センターホール
(昭和51年1月12日)

一分茶番　三遊亭圓窓
紙切り　林家正楽
山崎屋　三遊亭圓生
追善口上　三遊亭圓弥
　三遊亭圓楽
　柳家小さん
　三遊亭圓生（これは口上で並んだ順でございます）
　橘家圓蔵
　三遊亭圓窓

〔三遊亭　生之助

音　曲　柳家　亀松

夢金　三遊亭　圓生

（昭和51年1月13日）

高砂や　三遊亭　圓弥

紙切り　林家　正楽

鰍沢　三遊亭　圓生

追善口上　（同　前）

音曲　柳家　紫朝

お若伊之助　三遊亭　圓生

申しあげたように、先代《おやじ》の年回は、二十三回忌からあとは、ほとんどあたくしの独演会でやっておりますが、あたくしァまァ自分で言うとおかしいが、独演会で追善をするということは、いちばんの親孝行だと思っておりますんで。

と申しますのは、あたくしの先代《おやじ》ってものは、ひとに迷惑をかけることを非常にきらいまして、あたくしにも、ひとには決して迷惑をかけるなってことを、よく申しました。ですから、追善のときでも、大勢の人を頼んで、無料で出演をしていただくというようなことは、先代《おやじ》のもっとも好まないところだろうと思います。しかし、せがれがひとりで独演会をやるぶんには、先代《おやじ》も気がねはありますまい。

それに、年回の時に、大変なお金を使って、お寺でずゥッとお坊さんをならべてお経をあげてもらうよりは、やはり芸人ですから、どこかで生前の自分の名前が看板にあがって、大勢のお客さまに来ていただくというほうが、先代《おやじ》としたら、ずっとうれしいことだろうと思います。

芸人は、死んでからも自分の名前がふたたびお客さまの目にとまるってことが、どんなにかよろこばしいことでございます。何回忌といったって、自分《てめえ》は死んじまったんですから、出てきて噺をするわけにはいかない……出てくりゃァおばけですからね、おだやかじゃァないが、自分のせがれがやって、圓生という名前が看板に出る。しかも、自慢じゃァありませんが、お客さまがいっぱいはいってくださって、盛大に追善がやれるというんですから、これァもう、ぐゥとも言わせない……だれにも頭を下げずにすむんですから、

「どうだい先代《おやじ》さん、これで文句があるかい」

って言えば、先代《おやじ》だって、

「うん、これならいいよ」

って言ってくれるだろうと思うんですよ。

名誉御前口演

演題決定

昭和四十八年三月、皇后陛下の古稀のお祝いに際しまして、両陛下の御前《ごぜん》で、あたくしが落語を一席申しあげるという、御前口演の名誉にあずかりました。

このお話がありましたのは、前年の暮れでございました。十二月にはいってから、宇野信夫先生から電話がありまして、

「実は、これはまだ内々のことなんだけども……」

「はァ、なんです?」

ってったら、

「明年、皇后陛下の古稀のお祝いについて、宮中へ出て、あなたが御前口演を、というお話なんだが、くわしいことは、一度、文化庁の人といっしょに会って、相談をしたい」

「はァ、なるほど」

と言ったんですが、あんまり思いがけないことで、あたくしもちょっと驚きました。

それで、暮れの二十日すぎになって、文化庁の榎本さんというかたと、宇野先生と、あた

くしの三人でお会いしまして、いろいろ話したんですが、宇野先生の言われるには、

「古稀のお祝いには、ぜひ落語をとおっしゃるので、あたしにご相談があったが、あなたがいちばん適任だと思って推薦をした。そこで、ぜひとも宮中で落語を申しあげるように……」

という……これァまことにありがたいことで。

「皇后さまだけがお聞きくださるんですか」

って、うかがったら、

「いや、両陛下と、皇族のみなさまがたも、ごいっしょです」

「じゃァ天皇陛下も、お聞きくださるんですか？」

「そうですよ」

という……これァ実にどうも、噺家の身にとりましては、大変なことでございます。

今まで、噺家で御前口演をしたという、はっきりした記録はございません。講談のほうですと、桃川如燕と松林伯圓、このふたりは、御前口演をしたということが、ちゃんと書いたものに残っているが、噺家のほうははっきりしない。ただ、圓朝師匠(出淵次郎吉)が、明治陛下に、『塩原多助』の「馬のわかれ」ですか、申しあげたということは聞いております。これは宮中ではなくて、井上馨侯のお屋敷へ、天皇陛下がおいでになって、園遊会の余興というようなことで、お聞きに入れたもんなんでございましょう。

まァとにかく、宮中へうかがって、両陛下の御前で落語を申しあげるというのは、はじめ

ての ことでもあり、これァ光栄には違いないが、大変なことだと思いました。演題もどういうものを選んだらよかろうかと思って、自分でもいろいろ考えましたが、噺を聞きつけてないとわかりにくいというような、洒落《しゃれ》のあんまり多いものはどうかと思いますし、もちろん、お女郎買いの噺なんぞァいけません。古稀のお祝いに廓ばなしってわけにゃァいかない。

やはり、下品でないもので、筋がちゃんとあって、お祝いなんですから、末はめでたいというお話のほうがよかろう……それで考えましたのが、『お神酒徳利』と『茶の湯』の二席でございます。このうちのどちらを申しあげたらよかろうかと、三人でお会いした時に、ご相談をしました。あらまし、こういう噺でございますとお話しして、やはりお祝いの席だから『お神酒徳利』のほうが、あたくしはいいと思いますが、と言ったところが、文化庁のかたが、とにかく一応は宮内庁のほうとも相談してみようとおっしゃる。

「それァごもっともでございますが、どちらかにきまりましたらば、前もってお知らせをいただきたい」

と言ったら、それァもちろん、きまり次第に通知をするから、ということで、その日はおわかれをしました。

すると、一月になりましてから、榎本さんが電話で、

「やはり『お神酒徳利』のほうがよろしいということですから、ひとつ、それでやっていただきたい。いずれ宮内庁のかたとあたくしが、一度おたくへうかがって、下相談《したそうだん》もしたいと思いますから……」

「いえ、場所をおっしゃっていただければ、あたくしのほうから出向きます」

と言ったんですが、いつの幾日《いつか》、まずおたくのほうへうかがいますと言うんで、榎本さんと、宮内庁の松平さんというかたが、あたくしのうちへおいでくだすった。あとでいろいろ聞きましたら、松平さんというのは昔はやはりお大名だそうで……お大名が噺家のうちへおいでゝなる、昔だったら大変で、一同土下座《どげざ》をしてお迎えしなくちゃァならない。まことにおそれおおいことで……。


そこで、当日のお打ち合わせをいたしましたが、あたくしのほかに、荻江節《おぎえぶし》の家元《いえもと》である荻江露友《ろゆう》さん……このかたは、もう八十何歳かのお年齢《とし》ですが、画家の前田青邨《せいそん》先生の奥さまで、青邨先生は、皇后陛下の絵のご指導をしていらっしゃいますから、奥さまもごいっしょに宮中にはあがっていらっしゃるんでしょう……この荻江さんが一曲おやりになって、そのあとがあたくしの落語という……うかがいましたら、これは、その、天皇陛下のご企画なんだそうで……。


ご相談をしますと、やはり出ばやしがあったほうがいいというお話なんで、

「はァ、あたくしは、出ばやしはないのかと思っておりましたが、やはりつけますんでございますか」

「えゝ。やはりつけたほうがいいから、おはやしの人を連れてきて、やってもらったらいいでしょう」

「それはちょっとお待ちくださいまし」

と言ったんで。

「あたくしどものおはやしってえと、みんなおばあさんで、陛下というものは、まことに尊い、もったいないという観念がありますから、たとえかげでなりと、陛下の前で自分が三味線をひくんだと思うと、固くなってしまって、ふだん鮮やかにひけるものを、ひき違えたりなんかする……そういうことでもありますと、かえっていけませんから、いっそ録音テープを使うことにいたしましたら、鳴物もみんなはいっておりますし、そのほうがよろしくはありませんか」

「それは、わたくしどものほうはかまいませんから、あなたのいいように……」

会場下見

皇后陛下のお誕生日は、以前は地久節《ちきゅうせつ》と申しまして、三月六日でございますが、このお祝いのお催しがありますのは、三月九日の午後三時から、皇居宮殿の春秋《しゅんじゅう》の間《ま》というところで、舞台やなんかは、国立劇場から人が来てこしらえるというお話なんです。それで、

「いきなりその席へまいりましたんでは、あたくしもめんくらってしまいますから、先に一ぺん拝見できないもんでございましょうか」

「あゝあゝ、それァ結構ですよ」

二月二十六日午後二時というお約束で、弟子の生之助《しょうのすけ》を連れまして、下見にうかがいました。

まず、乾門《いぬいもん》からはいって、侍従のかたたちが詰めておられる建物にまいりました。ここで、松平さんと、梅沢さんという古くから侍従をなさっているかたとお会いしまして、コーヒーなぞをいただいて、

「たばこをめしあがれ」

ってんで、見ますと、たばこに十六の菊のご紋がついている。それから、宮殿の係のほうへ、これから行きますという電話をして、まいりますと、松平さん、梅沢さん、文化庁の榎本さん、それにあたくしが生之助を連れて、まいりますと、玄関のところは、ガラスの大きな戸が締まっておりまして、なかに守衛さんが大きな机の前にすわっている。この守衛さんが鍵をあけてくれまして、なかへはいりますと、まず絨毯の厚いことにびっくりしました。ふかふかして、変な歩きかたをするてえと、ころびそうなくらい。

階段をあがって、まず通されましたのが、猩々《しょうじょう》の間《ま》という、前田青邨先生がお描きになった猩々の額があるので、そういうんだそうで、

「ここが控え室になります」

当日、口演をする春秋《しゅんじゅう》の間《ま》といいますのは、このお部屋の隣りで、猩々の間とのあいだは、はめこみのふすまになっておりまして、まわりのふすまいっぱいに、春秋の草花の絵がありますところから、春秋の間というそうで、ここへ、両陛下がお出ましになって、お聞きになる。

当日は、何人ぐらいのかたが、お出ましになるんでしょうとうかがったら、多ければ四、

五十人になる、すくなくとも三十人ぐらいというお話で、舞台から、どのくらい離れておすわりになるのかってえと、まず、四間……八メートルぐらいですね、そのくらいのへだたりがあるという。それから、舞台は、これからこしらえるってんですが、高さはどのくらいだったらば、まァ普通の椅子の、腰かけの高さぐらいだってんで、

「そうすると、陛下が腰をおかけになって、目線《めせん》が合いますね」

「そうです」

ってえますからね、

「それァ困ります」

と言ったんです。目線が合うとこはいけませんよ。噺の途中で、相手をにらむこともあれば、いろんな表情もする。その時に、陛下と目が合ったりなんかした日にゃァ、とてもじゃァないがやりにくいから、かんべんしていただきたい、とそう言ったんです。そうすると、いっそもっと低くするか、あるいは高くするか……

「荻江さんはなんとおっしゃってます？」

ったら、荻江さんは、低くッていいといってらっしゃるというんですが、落語のほうは、やはり、表情とか目をどう使ったとか、手つきがどうだとか、見てもいただかねばなりません。

「それでなけりゃァ落語のおもしろさがなくなりますから、おいでになるかたみなさまに、ちゃんと聞いていただくためには、いかがなものでしょう、高くはできませんか。陛下より

も高くなってはいけないというようなご規定があればいたしかたはないが……」

そうしたら、侍従のかたが、

「それはさしつかえはありませんが、どのくらいの高さにします」

「あたくしが立って、腰のあたりまでの高さにしていただければ、その上にすわって、陛下と目線があうこともありませんし、うしろのほうの皆さまにも、よくごらんいただけますから……」

そのほか、うしろへは屛風を立てて、舞台の両そでにもやはり屛風でかこいをして、というようなことも、万端打ち合わせをいたしまして、おいとまをいたしました。

そのころから、御前口演のことが、あちこちで噂《うわさ》に出るようになりましたが、あたくしは、こういうことは、やってしまうまではむやみに自分の口から言うべきものではないと思いまして、なるだけは知らん顔をしていました。もっとも、むこうから聞かれたら、まさか、知りませんとも言えませんから、

「今度、御前口演をいたします」

ってことは言いますけども、どうだこうだって聞かれても、まだ本当にやったんじゃァありませんし、

「やるまではなんとも申しあげられません」

と言ったんです。

また宮内庁からも電話がありまして、当日、口演がすんだあとで、新聞記者のインタビュ

ーがあるが、よろしいかというお話で、

「承知いたしました」

と、ご返事をしました。すると、ある雑誌社の若い記者から電話がかかってきて、

「今度、師匠、御前口演をするんだそうですね」

「はあ、そうです」

「師匠がはじめてなんだそうですね」

「さようです。そういうことで、あたくしも、まことにありがたいことと思っております」

「どんな噺をするんです」

ってえから、『お神酒徳利』だってそう言って、

「当日は、あたくしとしても、一生けんめいにつとめたいと思ってます」

と言ったところが、

「もし、やりそこなったらどうします」

ってんですね。あたくしァ実にどうも、啞然とした。何たる失礼なやつだろうと思って
……むこうは年ァ若い、こっちは、馬鹿でもちょんでも、七十いくつになって、前座や二つ目じゃァないんですから、それに、もし、やりそくなったらどうするというのは、無作法千万な質問のしかたですよ。

「さァその、やりそこなわないようにと思って、こっちはいろいろ苦心をしているんで
……」

「あァそうですか」

もうこっちァいやですからね、いいかげんにして電話を切りましたけれども、いくら学校を出たかしらないが、実に常識を知らない、こんなのが記者で候といってるのは、もうちゃんちゃらおかしいと思いました。

そんなことはともかくとして、追いおいと日もせまってまいります。第一にあたくしァ、緊張しすぎて、当日あまり固くなっちゃァいけないと、それを非常に心配いたしました。人間というものは、大事な場合に至ればだれしも緊張をする。それァ当然のことで、緊張もしないようじゃァ馬鹿ですよ。お相撲さんでも、ここ一番てえ時には固くなる。固くならなくちゃァいけないが、そのなかに余裕がなくてはいけない。そこがむずかしいとこなんで、あたくしも、第一にそこに気をつけて、当日をむかえました。

皇居参内

いよいよ当日になりまして、昭和四十八年三月九日は、天気清朗で温かく、まことによい日和《ひより》。紋付きの着物、羽織、袴の正装で、宮内庁さしまわしの車に乗って、宮中へ向かいました。

その前に、奥さんはごいっしょなさるんなら、どうぞと言っていただきまして、こちらからお願いしても、なかなかむやみな人間は、中を拝したいといってはいれるところじゃァないんですから、ここは本当に、芸のありがたさだと思いました。ほかに付人《つきびと》として、だれがきますってえから、まず弟子の圓楽と、生之助、このふたりを連れてまいりました。

宮中からいただいた車へ、あたくしと家内が乗りまして、あたくしの自分用の車には、圓楽と生之助が乗り、やはり乾門《いぬいもん》からはいりました。この前とおなじように、侍従のかたたちのいらっしゃる建物のほうへ行くんだと思ったら、そのままずゥッと、宮殿のお玄関のところまで行って、車が横づけになった。そうしたら二、三人出てきて、車のドアをあけて、お辞儀をされたんで、あたくしァもう、びっくりしました。

そんなところまで、車では行けないもんだと思ってたら、玄関へ横づけというんで、これでは皇族のかたとすこしの変わりもないと思うと、明治生まれのあたくしには、ただただもったいないばかりで。

むこうへ着きましたのは、一時でしたが、ご案内につれて、猩々の間にはいりますと、この前の時と違って、二カ所に屏風が立てまわしてある。ひと囲いは荻江露友さんの控え所で、もうひと囲いがあたくしどもの控え所になっているわけで、

「こちらでどうぞ、ごゆっくりくつろいでください」

まだ口演までには二時間もあります。囲いのなかには、椅子がおいてあって、まわりはずゥッと屏風が立てまわしてありますから、そのなかでどんな恰好をしていようとかまわない……といったって、まさか、椅子の上へしゃっちょこ立ちをしてるわけにゃァいかないから、腰をかけて、くつろいでおりますと、むこうの囲いのほうは、荻江さんのご連中が、みんなきていらっしゃる。

荻江さんてえかたには、あたくしァお目にかかったことがありませんので、こちらからごあいさつに行きました。荻江さんが、

「圓生師匠は、こちらははじめてでいらっしゃいますか」

「へえ、あたくしァもう、はじめてで……」

あちらはねェ、前田先生とごいっしょに、何度もきていらっしゃって、いろいろ様子をご存じでしょうが、こっちァ全く勝手がわからないんで、どうも落ち着きません。

猩々の間の入口ンところに、長いテーブルが置いてあって、その上にお茶の道具と魔法びんなぞがあり、両がわに椅子が並んでまして、お茶をのみたいものは、そこで勝手にいただけるようになってる。

しかし、大体あたくしァ汗っかきでございましてねェ、まだ三月九日ですから、そう暑いという陽気じゃァないわけですが、長いあいだやってますと、汗が出てくる……御前で、ぼたぼた汗が落っこったりするのは、どうも見苦しいことですから、なるべく汗をかかないようにしたいなと思って、気にしておりました。

それともうひとつは、痰《たん》が出ることがあるんですね。今は東京の空気が悪いからなんでしょうか、のべつには出ないんですが、噺をしてると、時おり痰がからむことがある……やはり御前でもって、

「えッへェ…ん」

なんてんで、大きな声で痰を切ったりするわけにもいきませんし、紙へ痰を取るのも、や

はり見苦しいことだから、出ないといいんだがと、心配をしました。

自宅《うち》を出る前に、家内がそばへ来て、いきなりあたくしの咽喉《のど》ンところへ、ひょいッと手を出したから、びっくりして、

「なにをするんだ」

ったら、とげぬき地蔵さまで、痰が出ないようにお願いをしてきたから、このおすがたで、こう咽喉《のぞ》をなぜて、湯のみに水がくんであるから、それを浮かして、飲めってんですね。それから、そのお地蔵さまをいただいて、出て来たわけなんで……どうか、痰が出ないように、汗をかかないようにって、心配をしている。

そのうちに、二時ごろになって、一ぺん予行演習をしようってわけで、荻江さんのほうが先に、『桃』という曲で、脇唄一人、三味線三人、笛一人、つごう六人で、二十分間、本番どおりにおやりになりました。終って、幕というものはありませんから、六人が順々に下手のほうへ退場して、あと、見台《けんだい》、三味線、ふとんと、全部を順序よく片づける、と、舞台は緋の毛氈だけになります。

そこへ、圓楽に、ふとんを持って出させることにしました。なにも圓楽でなくたって、あたくしンとこには、ほかに前座も二つ目も、弟子がおります。なぜ、圓楽をわずらわしたかと申しますと、やはり、場《ば》なれしない者ですてえと、つい緊張してしまいますから、つまずかなくていいところで、けつまずいてころんだりするような粗相があってもいけません。圓楽ならば、いろいろなところへも行っておりますし、場数《ばかず》もふみ、舞台度胸もありますから、

つまらない粗相はしない。それに、あれはテレビへもしじゅう出ておりますから、お聞きになるみなさまも、顔をご存じでいらっしゃる。ですから、ふとんを持って出れば、

「あァ、圓楽が出てきた……」

というようなことで、顔なじみの圓楽が、ちょっとでもそこへ出たことで、これァ余興のひとつになるだろうというわけで……ふとんと、それから、湯のみを持って出させました。

それから『中《ちゅう》の舞《まい》』というおはやしで……あたくしは、ふだんは、長唄の『正札附《しょうふだつき》』の一節を使って出るんですが、この時は、『中《ちゅう》の舞《まい》』といって、芝居でいたしますと、上使なぞが出てくる時の鳴物……これを、NHKのほうへ、こういうわけですからと頼みましたら、新しくテープへ入れてくれた、それを使いました。テープの係は生之助で、『中の舞』で出まして、口のなかでもじゃもじゃ言ってると、写真班の人が、ぱちぱち写真をとる……これも、宮中には、専門の写真屋さんがいて、ほかの普通の人じゃァ撮《と》れないわけなんで……それも、本番のときはじゃまになりますから、テストの時にとる……そうやってると、侍従のかたが、

「師匠、それでは声が低くって聞こえませんから、もっと大きな声を出していただかないと……」

ってえますから、

「いやいや、それァわかっておりますが、これァ本番じゃァありませんので、こうやってますけども、本番になりましたら大丈夫でございます。ちゃんと声を出しますから……」

ってんで、予行演習もすみまして、あとは、ご着席になるのを待つばかり……。

刻々と時間が迫ってくると、なにかやはり落ちつかない。七十年の長い長い芸人生活でも、経験したことのないことをば、これからやるんだと思うと、これァいかんと思いながら、緊張するんですね。死んだ文楽さんが、六代目菊五郎の前で噺をした時に、口のなかがかわいてしまって、くちびるがまくれあがって困ったという話をしていましたが……噺というものは、演者が固くなっては、おもしろくない。演るほうでも気楽に、くだけた気分でしゃべるから、聞くほうも楽しく聞ける。だから、あたくし自身が、固くならずに、くだけなくっちゃァいけないと思いまして、まわりを見ると、前田先生の猩々の絵がある……、

「猩々の間に、猿猩(圓生)がいるのは、おかしなもんだなァ」

なんて、あんまりうまくない洒落《しゃれ》で、ひとりでおかしがって、なるべく心をやわらかにしようと、つとめておりました。

御前口演

いよいよ三時になりましたが、どうしたことか、まだお出ましにならない。侍従のかたが、

「時間はご正確でいらっしゃいまして、お出ましがおくれるようなことはめったにありません」

と言いますから、あたくしが、

「いやァ今日はすこしはおそくおなりでしょう」

「どうしてです？」

「今日は国鉄のストですから……」

って、ちょうど、この日は、ストライキの最中《さいちゅう》でした。これで、侍従のかたもお笑いになるし、あたくしも、すこゥし気分がほぐれた……あたくしども噺家は、楽屋でもなんでも、ふだんからそういう洒落や、冗談ばかり言っております。なんでいつもあんなくだらないことばかり言うんだろうと思った時期もありましたが、なるほど、昔の人はえらいもんですねエ、楽屋では、かならず女の話をしろって言われたもんです。やっぱり、税金や、病人の話はいけませんよ……いやな話をして気の滅入《めい》った時に出ると、もうそれだけで高座が陰気になる。馬鹿げた話をして楽屋で笑って、そのまま出れば、にこやかな顔で出られますから、そこでもう、差がつくわけなんです。

まァそうやって、自分で気持ちを落ちつけ、ほがらかになっているように、努めておりますと、いよいよ、両陛下をはじめ、みなさまが春秋の間へお出ましになって、それぞれご着席になりました。これは、春秋の間へおはいりになる前に、ご一家のかたがたがみんなお集まりになったんで、談笑していらしたのが、すこし長くなったんでしょう、三時七分すぎぐらいに、みなさんお席へお着きになって、荻江節がはじまりました。

『桃』という題で、おめでたい曲なんだそうで、これが約二十分。演奏が終りまして、ひとりひとり、静かに舞台をおりていらっしゃる。舞台にいよいよなにもなくなったところで、圓楽が紋付きの着物に袴で、ふとんを二つ折りにしたのを持って出て、すっと敷きました。

それから二度目に湯のみを持って出る……そうしたら、皇太子さまや、常陸宮さまなど、お笑いになっていらっしゃる。

「あァ圓楽だ、圓楽だ……」

とかなんとか、おっしゃっていたようで……。

今度は『中の舞』の出ばやしで、あたくしがあがります。その時あたくしは、心のなかで、

「これァ御前口演じゃァないッ」

と、自分で自分に言いきかせました。

「今日は、東横劇場の落語会だ、国立小劇場だ、三越劇場だ。いつものホールの落語会に出るとおなじことなんだ。前で聞いてるのは、どこかのご隠居さまなんだ」

と、自分のこころに言いきかせながら出まして、鳴物いっぱいにお辞儀をいたしました。

ご一同さま、喝采で迎えてくださいます。

「今日は、古稀のお祝いというまことにおめでたいことで、謹しんでお祝いを申しあげます。昔から、七十は古来稀なりと申しまして、大変な長寿をなすったというのでお祝いをあそばした。ただいまでは平均寿命というものが大そう延びておりますそうですから、今日《こんにち》のお祝いを第一の古稀として、第二回、第三回の古稀をお祝いくださいますように……二回目は百七十歳、三回目は二百七十歳でございます。両陛下におかせられましては、こののちも何回も古稀のお祝いをあそばされますよう、その時には、あたくしもまた、お目どおりをいたしとうございます」

「本日の余興といたしまして、落語を申しあげるということは、圓生にとりまして、まことに名誉のことと存じおりますが、これからも、どうぞたびたびお聞きくださいますように。大体、今までどうして、落語というものをお聞きあそばさぬのかと思っておりましたが、これをお聞きになりますと、第一に胃の消化をよくいたしまして、健康上にも、落語というものは大変によろしいのでございます。またお聞きになろうという時には、圓生をよべと、仰せくだされば、あたくしはもう、ただちに参内いたしますから……」

ここでご一同、どっとお笑いになりました。

そんなことで、だんだんにほぐれてまいりまして、この日、ご出席のかたは、三十余名、両陛下はじめ、みなさま実によくお笑いくださいました。とりわけ、常陸宮さまは、お好きなんでしょうか、よく笑ってくだすって、みなさま、下々のこともよくおわかりになって、お笑いくださるには、あたくしのほうがおどろいたくらい……そのうちに、噺へはいりましたが、本文《ほんもん》へはいってしまえば、もうひと安心で、それまでがむずかしい、相撲でいえば前さばきですから、ここがうまくいって、四つに組めば、もうこっちのもので、『お神酒徳利』を一席、これが四十五分でございました。ちと長い……理想をいえば、あたくしは三十分ちょっとぐらいでやりたかったんですが、やはりサゲまで行かなければ、尻切れとんぼになってしまいますし、おしまいまでやりますと、宿屋の番頭だった主人公が、一躍りっぱな宿のあるじになって、めでたく出世をしたってえことになるわけですから、やはりそこまで全部申しあげなければ、意味がない。それで四十五分。

汗をかいてはいけない、痰が出てはいけないと心配をいたしましたが、どうやら、額《ひたい》のところへ汗ばんだぐらい……いいあんばいに、痰は出ませんでした。

噺が終って、喝采をいただいて、退場をいたしました。圓楽が出て、ふとんと湯のみを片づける。楽屋へひっこんできて、舞台の脇で聞いていた圓楽と生之助に、

「どうだったい」

と聞いたところが、

「いつもとすこしも変わりませんでした」

と言われて、われながらほっといたしまして、屏風のかこいのなかへはいったとたんに、だアッといっぺんに汗が出ました。やっぱり緊張していたから、無意識で一生けんめい汗をとめていたんでしょうね。それがいっぺんに出てきた……屏風のなかだからかまわない、はだかンなって汗をぬぐっていましたら、

「ごあいさつがございますから、お支度をなすってください」

と言うんで、またびっくりしまして、さっき舞台でお祝いのごあいさつを申しあげたんだが、今度はなんと言ったらいいものか、

「はじめてうかがいましたが、結構なお住まいでげす」

なんて、そんなことを言うわけにゃァいきませんし、とにかく急いで、着物を着なおして、出てきました。そうしたら、こちらからごあいさつをするのではなく、陛下のほうからおことばがあるのだ、ということなんで、こちらのほうへってんで案内をされまして、豊明殿と

いう、お庭をへだててむこうの御殿のほうへまいりまして、お廊下のところへ、一同が立ちました。

あたくしが右がわ、露友さんが左がわ、そのうしろへ、それぞれお供についてきた人たちが、行儀よく二列に並んでおりますと、侍従のかたが、

「陛下がおでましになったら、みなさん頭をさげて、おことばをいただき、終ったら、またお辞儀をするように……いま、もうお出ましになりますから……」

お待ちしていると、足音がして、むかって左手のほうから、天皇陛下、皇后陛下がお出ましになりまして、あたくしから一間《けん》半ぐらいのところにお立ちになり、

「今日はご苦労であった。まことに楽しい一時《ひととき》を過ごした。これからも、どうか体を大切にして、斯道のためにはげんでくれるように」

というようなおことばをいただきました。

続いて、皇后陛下からもおことばがありました。あたくしはちょっと耳が遠いために、皇后さまのお声がよく聞きとれませんでしたが、にこやかにごあいさつがあって、一同礼をいたしますうちに、むかって右手のほうへ、両陛下はご退出になりました。

これで万事が終ったわけで。それから、テーブルの前へ呼ばれて、侍従長の徳川さまから、金一封をいただきました。奉書の紙へ包んで、水引きがかかっておりまして、これァもう、あたくしは大事にとってあります。おもては、書きッぱなしで「三遊亭圓生」と書いてある。圓生……さまとも、師匠ともなんとも書いてない。三遊亭圓生ッと書いてある。中味は……

別段びっくりするほどたくさんははいっておりません。

　それから木盃《もくはい》……朱塗りの三つ組みで、まン中に金で十六弁の菊のご紋がはいっておりま す、これと、お菓子……どら焼きのようなものですが、なかの餡《あん》がよくねってあるのか、ふつうよりも固い、そのお菓子が十《とお》ほどはいった折をいただきました。圓楽もお菓子をちょうだいしました。それっきりでございます。

　これで終った、と思ったら、それまでの緊張がとけて、がっくりとしましたねェ。

　これァ出ばやしのテープを掛けた生之助から、あとで聞いた話ですが、このテープを掛ける時に、わずか三十秒か三十五秒のテープですけれども、もし、これが途中で切れるようなことがあったら、師匠になんと言って詫びようかと、掛け終るまでは、実にはらはらしたと言っておりました。新しく入れてもらったテープですから、決して切れる気づかいはないんですが、わずか三十秒ほどのことでも、やりそくないがあってはならないってんで、それだけ緊張したわけなんでございます。

　家内も、侍従のかたがたが舞台の脇へ行ってお聞きなさい、と言ってくだすったんだが、とてもこわくって、聞いていられなかったという……これもやはり緊張のあまりでございましょう。

口演を終って

　それから今度は記者会見というので、宮殿を出まして、お玄関からいったん車に乗って、ちょっと離れた建物へ行きました。

圓楽といっしょに二階へあがると、宮内庁詰めの各社の記者が、大勢待ちかまえていて、

「いや、ご苦労さま。どうでした」

ってんで、さっそく質問ぜめにあいました。

「どんな噺をしたんですか」

「『お神酒徳利』という噺を申しあげました」

「天皇陛下はお笑いになりましたか」

「えゝ、よくお笑いくださいました」

「どんな笑いかたですか」

「どんな笑いかたと言われましてもねェ……こんな笑いかたですってえことも言えませんけども、下品な笑いかたはなさいませんよ」

なんてえ具合で、三十分ぐらいお話をして、

「あとまだ行かなくちゃならないところがありますから、このへんで切りあげてください」

「あゝそうですか、それじゃァどうぞ」

ってわけで、記者会見は終りました。

帰りも自動車をいただきましたが、中野坂上まで帰りますのに、ちょうど五時ごろで、ひどい混みかたなんです。新宿の大ガードのところまで来ましたが、これァとても、まともに行ってちゃァ時間がかかって、あとの約束に間に合わなさそうなので、お礼を言って車をお

りまして、うしろから続いてきている、うちの車に乗り替えて、裏道をどんどん抜けて、大急ぎでうちへ帰ってきました。

なんで急いだのかってえと、その日の夕方七時に、麻布飯倉の霊友会本部で会があって、そこで講演を頼まれている。うちィ帰って、大急ぎで食事をして、着物も取り替えて、六時半にはうちを出なくちゃァならないんで。

飯倉へ行く車のなかでは、さすがに、朝から緊張していたその疲れが出てしまって……あたくしァめったにそんなことはないんですが、この時は車ン なかで腰をかけていられなくなりまして、横に寝て、むこうへ行きました。まァわれわれは、病気ならば別ですが、ふつうの体なら、疲れているといっても、お客の前へ出れば気がはって、しゃんとするもので、この時も、霊友会で大勢のお客でございましたが、これは、落語ではなく、講演で、四十分ほどお話をして、やっと帰宅いたしました。

しかし、無事にいってあたりまえとはいえ、まずなにごともなく、御前口演をつとめ終えたということは、まことにありがたいと思いました。

本当に、この御前口演ということは、あたくし一個のことばかりでなく、噺家一般の名誉だと思うんでございます。陰ではね、それァなんとかかんとか悪口を言う者もあります。それァしようがない。そんなことを気にしていてはきりがありません。なんといっても、落語界にとっての栄誉であることには間違いないと、あたくしは確信をしております。

しばらくして、その年の五月に、勲章をいただきました。勲四等瑞宝章という……。これ

も、すこし前に、電話がかかってきて、

「お受けになりますか」

ってえますから、

「いただきます」

って、そう言ったんで。むこうでくださるものを、いらないってことわることはありませんよ。まァくださるものはいただく。あたくしァね、

「きっと、なんでしょ。このあいだのご祝儀で勲章をくださるんでしょ。「陛下、このあいだ参って噺をした圓生、あれに勲章をおやりあそばしたら」とかなんとかで、くださったんじゃァないでしょうか」

なんて、馬鹿な冗談を言ったもんでしたが。

この四十八年という年は、一月に、前年の芸術祭参加・東横落語会の圓生独演会で大衆芸能部門の大賞を受けまして、これを、虎ノ門の教育会館でいただいた。三月に御前口演をいたしまして、五月十日、国立劇場で勲章をいただく式がありました。

芸術祭賞も、勲章も、大変にうれしいことではございますが、芸術祭賞は、あたくしにとっては三度目でございますし、叙勲はあたくしより前にも、何人かの噺家がいただいております。

しかし、御前口演というのは、あたくしがはじめてでございます。圓朝師匠の御前口演というものは、あったとしても、皇居ではなく、井上侯のお屋敷だといいます。また、奇術と

か、ほかの芸で、皇居へ参内してつとめた人はありますが、これはみな、音楽堂のほうだとうかがっています。宮殿のなかの春秋の間で口演をしたというのは、数ある噺家のなかで、あたくしだけだと思いますと、これァまことにありがたい、身にあまる光栄と、ひとしおうれしいわけでございます。

あたくしのつたない芸で、芸人として最高の栄誉を受けましたのは、なんという幸せ者かと、つくづく思います。代々名人が出ている三遊亭圓生という名前を、心ならずもつがされ、いつもあたくしは重荷に思っておりました。まだまだ芸の中味において、代々の圓生にくらべられるようになっているとは思っちゃァおりませんが、芸はともかくとしても、これだけの名誉は、代々にもなかったことで、あたくしは、まことに幸運であると同時に、これもおひき立てくださったみなさまのおかげだと、本当にありがたく思う次第でございます。

これからは、この名誉にふさわしい芸になるよう、すこしでも芸がうまくなるように努力して、

「代々の圓生のなかで、六代目の圓生、あれはどうも……」

と言って、そしられることのないようになってから死にたいと思います。

（完）

三遊亭圓生年譜

（年齢は数え年。ローマ数字は代数。＊は年月不詳。(＊)は月日不詳のもの）

西暦	年号	Ⅴ圓生年齢	Ⅵ圓生年齢	圓生身辺	落語界
一八八四	明治一七	一		(10)先代（村田源治）出生。	＊この頃より柳・三遊両派分立す。
八七	二〇	四			(6)Ⅳ橘家〔品川〕圓蔵（松本栄吉）、Ⅳ圓生に入門、さん生となる。
八九	二二	六			(5)立川〔釜掘り〕談志（中森定吉）歿。 (11)Ⅱ古今亭〔お相撲〕志ん生（福原常蔵）歿。58
九〇	二三	七			＊品川、橘家圓蔵で二つ目となる。
九四	二七	一一			(6)Ⅲ麗々亭〔柳桜〕柳橋（斎藤文吉）歿。69
九七	三〇	一四		(＊)先代日本橋小網町尾張屋足袋店に奉公。	(＊)品川、圓蔵のまま真打となる。
九八	三一	一五			(7)Ⅱ柳家〔禽語楼〕小さん（大藤楽三郎）歿。50 (10)Ⅱ古今亭〔目ッかち〕今輔（名見崎栄次郎）歿。40 (11)Ⅳ橘家〔ラッパ〕圓太郎（石井菊松）歿。54
一九〇〇	三三	一七	一	(9)（山崎松尾）出生。	(2)Ⅰ柳亭〔談洲楼〕燕枝（長島伝次郎）歿。

一九〇二	明治三五	一九	三	(*)先代尾張屋出奔。小石川・日比野雷風の門に入る。	63 (8)Ⅰ三遊亭圓朝(出淵次郎吉)歿。62 (8)Ⅳ麗々亭柳橋(斎藤亀吉)歿。41 (11)Ⅲ春風亭(蔵前)柳枝(鈴木文吉)歿。49
〇三	三六	二〇	四	(*)先代諸国武者修業に出る。	
〇四	三七	二一	五	*この頃、上京、新宿角筈に落着く。	(1)Ⅳ三遊亭圓生(立岩勝次郎)歿。59
〇五	三八	二二	六	(*)寄席出演、豊竹豆仮名太夫と名乗る。 (*)先代Ⅳ圓蔵に入門、橘家二三蔵となる。	(3)第1次落語研究会初回。
〇六	三九	二三	七	(*)先代三遊亭桃生の養子となる。	(4)Ⅳ三升亭(狸)小勝(石井清兵衛)歿。51
〇七	四〇	二四	八	*先代この頃、さだと結婚。	(11)Ⅰ三遊亭(鼻)圓遊(竹内金太郎)歿。58
〇八	四一	二五	九	*先代この頃、研究会前座に上がる。	
〇九	四二	二六	一〇	*この頃、噺家に転向、橘家圓童となる。	(3)Ⅵ柳橋、柳童で初高座。 (5)Ⅰ三遊亭(たぬき)圓左(小泉熊山)歿。57
一〇	四三	二七	一一	(*)先代橘家小圓蔵となり、二つ目昇進。	
一一	四四	二八	一二		(2)Ⅵ桂(噺家)文治歿。69 (11)Ⅳ柳亭(おっとせい)左楽(福田太郎吉)歿。56

一二	四五	二九	一三	(5)(先代)三遊亭圓窓となり、真打昇進。	(11)Ⅳ橘家〔住吉町〕圓喬(柴田清五郎)歿。48
一三	大正二	三〇	一四	＊この頃、圓童、落語研究会見習として出勤。 ＊この頃、新宿三丁目、末広亭の近所に転居。	
一四	三	三一	一五	(10)圓童、落語研究会前座に初出演。 (＊)圓童改め橘家小圓蔵となる。	(1)Ⅲ蝶花楼〔狂〕馬楽(本間弥太郎)歿。51 (7)Ⅰ三遊亭遊三(小島長重)歿。75
一五	四	三二	一六	(3)(先代)静岡丸にてアメリカへ渡る。	
一六	五	三三	一七	(9)(先代)天洋丸にて帰国。	(10)Ⅲ三遊亭〔柳橋〕圓橋(塚本伊勢吉)歿。49
一七	六	三四	一八		(8)東京寄席演芸株式会社創立。 (8)東京落語睦会分立。
一八	七	三五	一九	(＊)新宿二丁目七十二番地へ転居。	(5)Ⅲ古今亭〔しゃも〕志ん生(和田岩松)歿。56 (12)Ⅱ三遊亭〔空堀〕圓馬(竹沢斧太郎)歿。65
一九	八	三六	二〇	(3)小圓蔵改め橘家圓好となり、真打昇進。	(3)中立派(のちの東西会)分離。 (5)Ⅰ柳家〔盲〕小せん(鈴木万次郎)歿。37
二〇	九	三七	二一	(5)高橋はなと結婚。	

一九二一	大正一〇	三八	二二	(3)新宿大火にて、二丁目七十二番地の家類焼、四谷須賀町二十五番地へ転居。	(9)Ⅲ柳亭(赤坂)燕路(中村政吉)歿。76
二二	一一	三九	二三	(2)(先代)圓窓改めV橘家圓蔵となる。 (3)圓好改め三遊亭圓窓となる。 (6)圓蔵一門、演芸会社脱退、独立興行。 (10)圓蔵一門、東西会へ加入。	(2)Ⅳ橘家(品川)圓蔵(松本栄吉)歿。59
二三	一二	四〇	二四	(1)芝宇田川町川桝亭買収、圓窓同亭へ転居。 (2)川桝亭営業開始。三月より三光亭と称す。 (8)圓蔵一門、東西会脱退、再び独立興行。 (9)大震災にて三光亭焼失。 (10)圓蔵一門、落語協会に加入。 (12)三光亭、バラック建築にて興行再開。	(3)V林家(沼津)正蔵(吉本庄三郎)歿。100 (5)十五日興行を十日興行に改める。 (8)Ⅱ三遊亭小圓朝(芳村忠次郎)歿。67 (9)V麗々亭柳橋(斎藤久吉)歿。53 (10)落語協会創立。
二四	一三	四一	二五	(1)三光亭、本興行開始。 (4)四谷須賀町の家売却、三光亭へ引移る。 (5)落語協会、睦会と二派に分かれる。	(5)Ⅱ三遊亭圓遊(吉田由之助)歿。58 (8)Ⅲ古今亭今輔(村田政次郎)歿。56 (11)Ⅰ三遊亭圓右(沢木勘次郎)歿。65
二五	一四	四二	二六	(1)(先代)圓蔵改めV三遊亭圓生となる。圓蔵一門、睦会に属す。 (1)圓窓改めⅥ橘家圓蔵となる。 (2)芝いけすにて襲名披露。	

二六	一五	四三	二七	(9)青山・新富岳座を借り、青山三光亭として営業。	(1)Ⅳ古今亭志ん生(鶴本勝太郎)歿。50 (5)Ⅱ三遊亭(お盆屋)金馬(碓井米吉)歿。59
二七	昭和二	四四	二八	(2)圓生一門、睦会脱退。三語楼一派と提携、落語協会と称す。	(4)Ⅳ春風亭(牛込・華柳)柳枝(飯森和平)歿。60 (5)Ⅱ柳家つばめ(浦出祭次郎)歿。52 (10)Ⅰ三遊亭圓歌(泉清太郎)歿。52
二八	三	四五	二九	(8)宇田川町三光亭、区画整理のため一時閉鎖。圓生一家、青山三光亭に同居。 (11)青山三光亭、経営不振につき明渡し。圓生一家、愛宕下の借家へ移転。圓蔵一家、青山原宿の借家へ移転。	(3)第2次落語研究会初回。 (4)Ⅱ三遊亭圓左(小泉巳之助)歿。48
二九	四	四六	三〇	(3)芝三光亭、新築再開。圓生一家移転。 (*)圓蔵一家は、赤坂田町、代田橋、笹塚左門町等を転々。	(4)Ⅵ林家正蔵(今西久吉)歿。42
三〇	五	四七	三一	(2)芝三光亭不振につき明渡し。圓生一家、四谷左門町一一六番地へ転居。圓蔵一家、同居。 (7)圓生一門、睦会へ再加入。	(6)落語協会、事実上解散。三語楼は九月に東京落語協会へ復帰。 (10)柳家金語楼・Ⅵ春風亭柳橋により日本芸術協会創立。 (11)三遊亭一朝(倉片省吾)歿。84 (11)Ⅲ柳家小さん(豊島銀之助)歿。74 (11)神田立花演芸場より初めてのラジオ中継放送。
三一	六	四八	三二		

一九三二	昭和七	四九	三三	＊この頃から芸の行きづまりについて悩む。	(3)Ⅵ春風亭〔ごみ六〕柳枝(松田幸太郎)歿。52
三三	八	五〇	三四	(1)異父弟・橘家圓晃(柴田啓三郎)左門町宅にて死去。29歳 (1)先代四谷大番町二番地へ転居。圓蔵一家、同居。	
三四	九	五一	三五	(＊)圓蔵一家、牛込通寺町に別居。 (2)先代睦会会長となる。 (9)圓生一門、睦会脱退、東京落語協会へ加入。	(5)Ⅵ雷門助六(青木鏡太郎)歿。52 (7)睦会、芸術協会と提携。 (10)寄席席主による和合会出来る。
三五	一〇	五二	三六		(6)立花家橘之助(石田美代)歿。68 (7)Ⅱ柳亭〔談洲楼〕燕枝(町田銀次郎)歿。67
三六	一一	五三	三七		(7)Ⅳ古今亭今輔(中島市太郎)歿。50 (11)Ⅳ小さん・Ⅲ金馬等、東宝第一会を組織。
三七	一二	五四	三八		(11)睦会、解散。
三八	一三	五五	三九	(3)中支皇軍慰問。 (＊)四谷大番町へ移り先代一家と同居。	(6)Ⅰ柳家三語楼(山口慶二)歿。64
三九	一四	五六	四〇	(11)北支皇軍慰問。	(5)Ⅴ三升家小勝(加藤金之助)歿。82
四〇	一五	五七	四一	(1)先代死去。57歳	
四一	一六		四二	(1)日本橋倶楽部にて先代一周忌の追善興行。 (5)六代目圓生を襲名。	(1)Ⅶ春風亭〔えへへ〕柳枝(渡辺金太郎)歿。49 (10)浅草本法寺にはなし塚を建立。禁演

			(*)神田花月にて独演会を開始。	落語五十三種を葬る。
四二	一七	四三	(4)母さだ歿。73歳	(2)Ⅲ柳家つばめ(宮尾正造)歿。59
四三	一八	四四	(11)『新作落語名人三人集』に新作九編を発表。	(11)Ⅷ金原亭馬生(小西万之助)歿。48
四四	一九	四五	(*)花月独演会中止。	(3)第2次落語研究会最終回。(4)Ⅶ三笑亭可楽(玉井長之助)歿。59
四五	二〇	四六	(5)新潟を発って満洲へ。(8)大連にて終戦。	(1)Ⅲ三遊亭圓馬(橋本卯三郎)歿。64 (3)Ⅲ三遊亭圓遊(伊藤金三)歿。68
四六	二一	四七		(2)第3次落語研究会初回。(4)金原亭(おもちゃ屋)馬生(宮島市太郎)歿。83
四七	二二	四八	(3)満洲から帰国。三田豊岡町に落着く。(4)落語協会に復籍して寄席復帰。(12)「妾馬」(下)により芸に一転機を画す。	(4)落語「三十日会」初回。(9)Ⅳ柳家小さん(平山菊松)歿。60 (11)Ⅰ桂小南(若田秀吉)歿。68
四八	二三	四九	(10)第4次落語研究会で「百川」を演じ好評。	(10)第4次落語研究会初回。
四九	二四	五〇		(1)Ⅸ金原亭馬生(小林捨吉)歿。63 (10)Ⅷ林家正蔵(海老名竹三郎)歿。56
五〇	二五	五一		(5)Ⅲ三遊亭歌笑(高水治男)歿。34
五一	二六	五二	(5)神田立花にて独演会。	(6)ラジオ民間放送発足。
五二	二七	五三	(8)神田立花演芸場下席トリで「怪談牡丹燈籠」を六日間続きで初演。	(2)立川談志(竹内栄次郎)歿。65
五三	二八	五四	(7)ラジオ東京(KR)専属となる。(12)麻布十番倶楽部にて独演会。	(2)テレビジョン本放送開始。(3)Ⅴ柳亭左楽(中山千太郎)歿。82

一九五四	昭和二九	五五	(3)KRより放送の「鼠穴」によりKR局長賞を受賞。	(4)三越劇場「三越落語会」初回。(11)神田立花演芸場廃業。落語研究会は有楽町ヴィデオ・ホールに移る。
五五	三〇	五六	(12)上野本牧亭にて独演会。(12)上野本牧亭・人形町末広にて独演会。	(5)Ⅷ桂文治(山路梅吉)歿。73 (11)「若手落語会」初回。
五六	三一	五七	(3)上野本牧亭にて独演会。「らくだ」好評。(5)人形町末広にて独演会。以後定例的に上野本牧亭・人形町末広にて独演会。	(3)春風亭柳好(松本亀太郎)歿。69 (5)東横ホール「東横落語会」初回。
五七	三二	五八	(3)新宿柏木一丁目一二五番地に転居。(12)人形町末広にて独演会。「梅若礼三郎」好評。	
五八	三三	五九	(5)人形町末広にて独演会。「真景累ガ淵」始める。	(4)第4次落語研究会中絶。
五九	三四	六〇	(2)KRより放送の「お富の貞操」により民放賞を受賞。(12)人形町末広にて独演会。「累ガ淵」完結。	(6)東宝演芸場にて若手育成の「落語勉強会」初回。(7)NHK「東京落語会」初回。(10)Ⅷ春風亭柳枝(島田勝巳)歿。55
六〇	三五	六一	(1)KRより放送の「妾馬」により民放賞を受賞。(3)東京落語会特別公演の噺家芝居「仮名手本忠臣蔵」で七段目の由良之助	

				を勤める。	
六一	三六		六二	⑽有楽町芸術座「がしんたれ」出演。⑾東横落語会における「首提灯」により芸術祭文部大臣賞を受賞。	⑴Ⅲ桂三木助(小林七郎)歿。60 ⑽Ⅳ柳家つばめ(深津龍太郎)歿。70
六二	三七		六三	⑿『圓生全集』(青蛙房)刊行開始。(5)人形町末広にて独演会。「髪結新三」好評。⑽渋谷東横ホールにて先代圓生追善公演会。	(4)内幸町イイノホール「精選落語会」初回。⑽門人・全生(吉河寛海)、三遊亭圓楽を襲名、真打昇進。
六三	三八		六四	(7)芸術座「寿限無の青春」出演。(7)『圓生全集』全十巻完結。(8)キングレコードLP・二席一枚発売。⑽芸術座「悲しき玩具」出演。十二月まで。(1)TBSテレビ「箱根山」番頭小金井、六月まで。(3)芸術座「浅草瓢箪池」出演。四月まで。(5)ビクターレコード『圓生十八番集』発売。(5)人形町末広にて独演会。「緑林門松竹」初演。(7)TBSテレビ「大学生諸君」出演。	⑿先代の弟・三遊亭圓窓(村田仙司)歿。74 (3)Ⅱ三遊亭遊三(渡辺吉寿)歿。83

一九六四	昭和三九		六五	十二月まで。 (2)内幸町イイノホールにて独演会。 (5)人形町末広にて独演会。「傾城瀬川」初演。 (9)落語協会副会長に就任(会長はⅧ桂文楽)。 (10)人形町末広にて独演会。「吉住万蔵」初演。	(3)門人・三遊亭百生(小河真之助)歿。70 (8)Ⅷ三笑亭可楽(麴地元吉)歿。67 (8)Ⅱ三遊亭圓歌(田中利助)歿。74 (11)Ⅲ三遊亭金馬(加藤専太郎)歿。71 (11)新宿紀伊国屋ホール「紀伊国屋寄席」初回。
六五	四〇		六六	(3)『寄席育ち』(青蛙房)発行。 (8)落語協会会長に就任。 (8)東横ホール圓朝祭に「塩原多助」初演。 (10)二十一日、内幸町イイノホールにて父五代圓生追善独演会。最後に「三勝半七酒屋」のさわり、竹本土佐広の三味線にて圓生語る。 (11)TBSラジオ「ベストセラーを聞こう」にて『寄席育ち』を八分ずつ六回放送。	
六六	四一		六七	(1)東京落語会に池波正太郎作「白浪看板」。 (1)三十一日、東宝名人会にて独演会。 (7)柏木一丁目より新宿マンションへ転居。	(11)Ⅷ桂文楽(並河益義)勲四等瑞宝章叙勲。 (12)講談Ⅶ一龍斎貞山(佐藤貞之助)歿。60

			(8)NHK連続テレビ小説「おはなはん」出演。(11)東京落語会にて長谷川幸延作「お多賀さん」。	
六七	四二	六八	(2)『圓生全集』二冊合本五巻で再刊。(5)名古屋大須演芸場出演中、自動車事故にて軽傷。(8)東京落語会圓朝祭にて圓朝作「孝女お里の伝」初演。(11)新宿朝日生命ホール芸術祭参加公演にて宇野信夫作「江戸の夢」初演。(11)東横劇場にて独演会。「盃の殿様」「髪結新三」「死神」。(12)人形町末広にて独演会。「子別れ」三席。	(3)故金馬門人・小金馬(松本龍典)、Ⅳ金馬を襲名。(11)Ⅴ古今亭志ん生(美濃部孝蔵)勲四等瑞宝章叙勲。
六八	四三	六九	(2)『圓生全集・別巻』三冊(青蛙房)刊行開始。七月完結。(4)芸術選奨文部大臣賞を受賞。(6)TBS専属契約解除、フリーとなる。(12)人形町末広にて独演会。「湯屋番」「塩原多助」「城木屋」。	(3)国立小劇場「落語研究会」(TBS主催)初回。(7)講談Ⅴ一龍斎貞丈(柳下政雄)歿。63 (12)内幸町イイノホール「精選落語会」最終回。
六九	四四	七〇	(4)麻布プリンスホテルにて金婚式。(11)三越落語会芸術祭参加「中村仲蔵」初演。	(3)門人・吉生(橋本八郎)、三遊亭圓窓を襲名、真打昇進。(9)安藤鶴夫氏歿。

一九七〇	昭和四五		七一	(12)人形町末広にて独演会。「ちきり伊勢屋」上下。下は初演。ほかに「庖丁」。 (3)池袋演芸場を落語協会単独興行として存続に尽力。 (7)名鉄ホール「花ごよみ縁切寺」出演。 (10)大阪SABホールにて独演会。 (11)中野中央、美野マンションへ転居。 (11)東京落語会(内幸町イイノホール)圓生独演会。「三十石」「文七元結」「芝居風呂」。	(1)人形町末広、中席限りで廃業。 (3)向島木母寺三遊塚供養(落語協会主催)。 (7)上野鈴本演芸場、改築のため休業。 (10)故圓歌門人・歌奴(中沢信夫)、Ⅲ圓歌を襲名。
七一	四六		七二	(2)Ⅳ橘家圓蔵の五十回忌を営む。 (2)(3)名古屋・福岡にて独演会。 (5)葛飾公会堂にて独演会。 (10)(10)大阪・京都にて独演会。 (10)NHK連続テレビドラマ「天下御免」出演。 (11)『明治の寄席芸人』(青蛙房)刊行。	(6)中席より上野鈴本演芸場、改築再開。 (6)立川談志(松岡克由)・一龍斎貞鳳(今泉正二)、参議院議員に当選。 (12)Ⅷ桂(黒門町)文楽(並河益義)歿。80 (12)Ⅵ三升家小勝(吉田邦重)歿。64
七二	四七		七三	(3)落語協会会長を柳家小さんに譲り、落語協会最高顧問となる。 (12)芸術祭大賞を受賞。	(9)門人・圓弥(林光男)、同名のまま真打昇進。 (10)柳家金語楼(山下敬太郎)歿。72
七三	四八		七四	(3)皇后陛下古希のお祝いに、皇居春秋の間で「お神酒徳利」御前口演。 (5)勲四等瑞宝章叙勲。	(3)門人・さん生(加藤利男)、同名のまま真打昇進。 (9)門人・好生(長坂静樹)、同・生之助

				⑾CBSソニー・レコード『人情噺集成』十三枚組発売開始。	(布施吉英)、いずれも同名のまま真打昇進。 (9)Ⅴ古今亭志ん生(美濃部孝蔵)歿。84
七四	四九		七五	(3)日本演芸家連合会長に就任。	(2)雑誌『落語界』創刊(昭和五十九年まで)。
七五	五〇		七六	(5)CBSソニー・レコード『圓生百席』発売開始。	
七六	五一		七七	(1)都市センターホールにて先代追善独演会。 (6)『寄席楽屋帳』(青蛙房)刊行。 (6)いんなぁとりっぷ社等共催でサンパウロ、パリ巡業。	
七七	五二		七八	(5)京王プラザホテルにて喜寿祝賀パーティー。 (9)ハワイ夏の夜噺の催しで、圓生一門ハワイ巡業。 ⑽『寄席切絵図』(青蛙房)刊行。	⑿落語芸術協会、社団法人化。
七八	五三		七九	(1)『圓生江戸散歩』(集英社)刊行。 (6)落語三遊協会旗揚げ。	(3)門人・ぬう生(大角弘)、三遊亭圓丈と改名して真打昇進。
七九	五四		八〇	(3)東京銀座・歌舞伎座にて独演会。 (9)習志野市の圓生後援会発会式で「桜鯛」を演じた直後、心筋梗塞のため死去。	(3)国立演芸場、開場。 (5)Ⅵ春風亭柳橋(渡辺金太郎)歿。81

あとがき

『寄席育ち』初版から、数えて十年の余が過ぎた。ひと昔をふりかえって、月並ながらいささかの感慨を禁じ得ない。

この間、落語界もそれなりの変遷をみた。わが圓生師の身のうえにおいて、またしかりである。落語協会会長としての六年余、『人情噺集成』をはじめとするレコードの仕事、一世一代の御前口演……いずれをとっても、寄席育ち三遊亭圓生の一代記には欠かすことができない。すなわち「『寄席育ち』後日」は、成るべくして成ったということである。

第一部の「寄席楽屋帳」のほうは、実をいうと、『明治の寄席芸人』発刊のときに、すでにかなりの材料がそろっていた。というよりも、『寄席楽屋帳』を編もうとしているうちに、昔の芸人についての思い出ばなしの部分が独立してしまったのが、『明治の寄席芸人』だと言ったほうが当たっている。

だから、今度の本は、あんまり大した苦労もなく、すらすらと出来てもよかったはずである。ところが、私にとっては思いがけなく大変に骨が折れた。

まず第一部のほうが、一代記のように順を追ってつなぐというものでないだけに、どういうテーマを、どういう見出しで、どう配列するかというところで、苦心惨憺……結局ごらんのようなことになったが、われながらやや強引に整頓しすぎた感がないでもない。

ことばのつなぎや構成に、わざとらしさが目立つところがあるとすれば、それは、かかって編集者の責任である。

この点では、第二部のほうは、ずっと楽だったが、こっちはまた、別のむずかしさがある。というのは、大体、自伝でおもしろいのは、下積み時代の苦労ばなしの部分というのが通り相場で、功成り名遂げてからの話は、本人がそのつもりでなくても、自慢ばなしに聞こえがちである。そういう通弊に、できるだけ陥らぬように……すくなくとも、編集のせいで、そういう感じが強く出てしまうことがあってはならないと、大分気をつかった。

第一部と第二部の順序も、これでいいかどうか、最後まで迷ったところである。この本の成り立ちの経緯から言えば、『寄席育ち』後日」を先にすべきだったかも知れない。しかし、「楽屋帳」を先にお読みいただいたほうが「後日」の中味がよくおわかりいただけるだろうということと、「御前口演」で全体をしめくくりたかったことから、ごらんの順序にしたものである。

こんな言訳ばかりのあとがきは、書かずもがなだが、例によって録音テープからの原稿化に、山鹿智恵子さんのご協力をいただいたことだけは、書いておかなければならない。

昭和五十一年五月

山本　進

岩波現代文庫版あとがき

圓生四部作とはいいながら、『寄席楽屋帳』は昭和四十年に出版された『寄席育ち』から十年以上たってからの刊行となった。苦心談は、聞き取りを担当した私が、青蛙房版の「あとがき」に記しておいたので詳しくは省かせていただく。本書はテーマ別の二部構成にこそなってはいるが、多くのことを書き連ねた。まさしく「寄席集め(よせあつめ)」であり、前座も二つ目も真打も色ものの芸人もたくさん出て来ており、お客さんが満足してくれたら儲けもの。何から何まで一緒くた、一貫性のない内容になってはいるが、今さらながらご勘弁を願いたい。

さて、第一部「寄席楽屋帳」では、歳時記、風物詩、実語教……と、明治から昭和までの寄席、落語界のあれやこれやを描いている。懐かしさもあるが、平成、令和と時代を重ねるうちに今では失われてしまった落語界の文化も多くあるだろう。年の暮れ、正月の噺家の悲喜こもごも、金はないのに人力車に乗る見栄……。昭和一ケタ生まれの私にもわからないことが多い。現代の落語界の雰囲気と違っている部分も多々あり、今の寄席に出ている落語家たちの小綺麗な姿からは想像がつかないかもしれない。古い寄席の雰囲気が、本書によって後世に少しでも伝わってほしいものだ。
噺家芝居である鹿芝居を、私はこれまで何度も見たことがある。その一つが本書でも取り上げた『仮名手本忠臣蔵』。志ん生師匠のおかるは今でも語り草になるほど滑稽だった。一方、圓生師匠の由良之助はまじめ過ぎだったが……。お客も芝居のうまさを期待しているわけではなく、舞台で奮闘する噺家たちの姿は、高座とはまた違い「珍」なる光景だった。鹿芝居は、今でも落語家たちが脈々と続けているので、楽しむことができるだろう。

寄席の符丁に関しては「かぜ」や「まんだら」といったものを取り上げた。本当は本書とは別に楽屋の符丁を集めた事典のようなものも作れれば良かったのだが、叶わずに終わっている。今の若い噺家が知らぬ符丁も多く、徐々に消えていくのではないか。

第二部「『寄席育ち』後日」では、『寄席育ち』以降の日々が記されている。圓生師匠にとってこの十年は、「昭和の名人」との評価にふさわしい、とても充実した高座人生だった。落語協会会長就任、全国での独演会、テレビドラマへの出演、叙勲……。そして極め付きは昭和天皇を前にしての御前口演である。明治生まれの師匠にとって、天皇陛下の前で自身の落語を演じるということは、信じられないことだったろう。口演前には「これァ、御前口演じゃァないッ。前で聞いてるのは、どこかのご隠居さまなんだ」と自身に言い聞かせている。実にほほ笑ましいが、それだけ緊張していたに違いない。

御前口演について、圓生師匠と文化庁の間に入ったのは作家の宇野信夫氏だった。当時、宇野氏は芸術院会員であり、その関係で師匠に話がいったのだろう。詳しいことは本書に譲るが、圓生師匠の御前口演をもって、落語が伝統芸能としての地位を確立したといっても過言ではないだろう。これが大衆芸能として良いことかどうかはわからないが、いずれにせよ、落語が常に私たちのそばにいてくれる芸能であることには変わりはない。

『寄席楽屋帳』は四部作の他と比べて、アカデミックな部分は少ない。ただ師匠が一番ノッていた時期をとらえているのは事実である。「昭和の寄席芸人・圓生」の生き様を、本書で知ってほしい。

「よせあつめ」ついでに書き残しておきたいことがある。『寄席育ち』を始めとした圓生師匠の著書を出版した「青蛙房《せいあぼう》」のことだ。青蛙房は岡本経一社長(一九〇九〜二〇一〇年)が立ち上げたもので、小さな出版社だった。岡本社長は、小説『半七捕物帳』や歌舞伎『修禅寺物語』などで知られる作家・岡本綺堂(一八七二〜一九三九年)の養子で、もともとは岡山県出身である。同郷で綺堂の弟子だった作家・額田六福の紹介で、養子になったと聞いている。

青蛙房という社名は、綺堂の『青蛙堂鬼談』からきているそうだ。版権を引き継いだために、綺堂の作品の出版に関しては元手いらず。特に『半七捕物帳』は、戦後に大ブームとなった。綺堂作品以外の本に関しては、岡本社長の好みで刊行していたようだ。

私が岡本社長と知り合ったのは、圓生四部作に先立つ『圓生全集』に関わったときだった。初めて会った当時、青蛙房は西神田にあったと記憶している。印刷所に間借りして、机が一つか二つあるような小さな事務所だった。西日ががんがん差し込み、とても暑かったことを覚えている。『圓生全集』は、私が所属していた東京大学落語研究会を指導していた飯島友治先生と岡本社長との会話の中から誕生したもの。ルビも非常に多く、普通の出版社なら刊行を嫌がるはずだが、岡本社長は引き受けてくれた。これが縁で、圓生四部作にもつながっていくことになる。

岡本社長は村夙子然として見た目は気むずかしく、ちゃらんぽらんなことが嫌いで、しっかりとした人だった。非常に堅実で慎重、本が売れて重版する際も、部数を二百とか三百に抑えていたと記憶している。原稿を見る能力は非常に高く、出版に関しては素人の私は色々と勉強させてもらい、非常にありがたかった。嫌われてしまえばおしまいだが、幸いにも私はかわいがってもらい、てんぷらなんぞをよくおごってもらった。

青蛙房は圓生師匠だけでなく、多くの噺家の落語集や、江戸文化に関する本を多く出版していた。本の造りにも定評があり、本体にパラフィンが掛けられ、美麗な函入りだった。戦後、硬軟いろいろあった落語本の中でも、青蛙房の本はしっかりとした造りで愛好されていた。岡本経一社長の後を受けついだ二代目修一社長も亡くなり、二〇一九年に廃業となってしまったことは、非常に残念だ。

岡本社長には「人の本の仕事ばっかりしていないで、あなたもいつかは自分の本をお書きなさいよ」と、言われたものだ。そこで私は圓生師匠が亡くなった後、雑誌などに書き連ねていた師匠との思い出を「えぴたふ(墓碑銘)」と題してまとめて、社長にみてもらった。

「あわよくば青蛙房で刊行を……」と思っていたが、シブーい顔をされた。どうやらお眼鏡に適わなかった模様で、これは別の出版社から刊行することになった。結局、私は圓生師匠の本のあとがきに名を連ねるばかりで、青蛙房から私の本が出ることはなかった。

私が若いころは「明治は遠くなりにけり」と言われたが、現在からしてみれば、昭和さえも遠い時代になってきた。そんな世の中だからこそ、青蛙房のように、江戸趣味を刺激するような出版社が一社くらいあってもいいのではないかと思うが、もう叶わぬ願いなのかもしれない。

青蛙房の本が「岩波現代文庫コレクション」のように形を変え、少しでも多く後世に残っていくことを心から願っている。

令和三年八月

山本　進

解　説

京須偕充

一九六〇年以降、六代目三遊亭圓生は青蛙房から自身の落語口演速記録『圓生全集』の刊行に着手し、最終的には二百席に迫る「活字落語」の牙城を築き上げた。往年の『圓朝全集』と並ぶ成果といえるだろう。

さらに圓生は落語、寄席の故実とその考証などをテーマに四部作の書籍を次々に出版して、いずれも高い評価を得た。落語をただのお笑いとのみとらえる人々は絶えることがないが、十九世紀後期の三遊亭圓朝と二十世紀後半の六代目圓生の二人が、落語の文化財的価値の向上に著しく寄与したことは疑う余地がない。

四部作は圓生晩年の二十年ほどの期間に順次刊行されている。すべて書き下しで、雑誌などに連載された項目を集めたりはしていない。

書き下しというより、語り起こしとしたほうが実態に則しているだろう。四部作すべてが山本進氏による聞き書きで、話題の構成や配列も全面的に山本氏が担当をしている。

六代目圓生は、すこぶる聡明で論理的な組み立てに基づいて話をする人だったが、惜しむらくは幼少からの芸人生活で学校教育の恩恵に浴したことがほとんどない。

話はいくらでも致しますが、さて原稿用紙に向かって書くとなるとどうも勝手が違いまして、と常々言っていた。

圓生という人がいてこそ生まれた四部作だが、山本氏がいなければ実現したかどうかわからない。落語の中でよく言われるように、これもまた縁あってこその宝の誕生だろう。

しかも山本氏は圓生の話術を知悉しているので、まるで圓生が目の前で書き下し――語り起こしをしてくれているような状況に読者を誘う。

そこもこの四部作の大きな魅力で、またそういう格別の味がなかったならば、特殊な芸の楽屋や内幕の話で本を作るのはたやすいことではなかったはずだ。

四部作は『寄席育ち』『明治の寄席芸人』『寄席楽屋帳』『寄席切絵図』の順で刊行された。『寄席育ち』は自伝だが、広く寄席の世界全体に目配りがされていて、東京の二十世紀が語られている点でも興趣は尽きない。『明治の寄席芸人』は自分自身の体験から少し離れ、楽屋で見聞したあれこれも書きとめられている。

最後の圓生本となった『寄席切絵図』は江戸東京に数多くあった寄席を地域別に分けて、市街地の中でのその位置、栄枯盛衰、さまざまなエピソードなどをまとめたもので、明治・大正・昭和の寄席のあれこれが書かれている。寄席があった地区の切絵図が添えられていて、眺めるだけでも興味は尽きない。

三番目の著作『寄席楽屋帳』は少し本の骨格が違う。二つの本が最初から合本されたような形体で、第一部が全体のタイトルをかねた「寄席楽屋帳」、第二部が「『寄席育ち』後日」

で、四部作第一冊の『寄席育ち』に続いている。

自伝『寄席育ち』は、中年まで芸人としてなかなか芽が出なかった圓生が満洲から帰国後にようやく花開き、六十代なかばにして「名人」とささやかれるようになるまでで終わっている。

だが圓生の快進撃は、そこで終わらなかった。

昭和の御世の宮中御前口演も、百枚を超える落語レコードの集中制作も、歌舞伎座独演会も噺家の芸術選奨第一号も、みんな『寄席育ち』以後のことなのだ。『寄席育ち』本体を増補するのは困難だから、『寄席楽屋帳』と合本してみよう――。

結果、他の三部作より手軽に読める本になり、圓生の近影に接する本にもなったといえるだろう。

『寄席楽屋帳』中の「『寄席育ち』後日」では、大部のＬＰレコード(現在はＣＤ)『圓生百席』についてかなりのスペースがさかれている。その当時のレコード会社(ＣＢＳソニー)担当者として少し記しておきたい。

突然、それまで面識のなかった人が訪れてきて、レコード制作の話がいわば降って湧いたかのように圓生は述べていて、それはそれでおもしろい話題のオープニングだし、圓生の記憶と認識に誤りはないのだが、少々短絡した話にもなっている。

その年――一九七三(昭和四十八)年の春三月の初め、三遊亭圓生は御前口演の栄誉に浴した。その際のメディアのフィーバーぶりはかなりのもので、圓生は満七十三歳にして一躍スターの座についた観さえあった。

十歳の時分から落語に親しみ、圓生こそ当時いちばんの実力者と思っていた私にとって、この遅ればせの圓生フィーバーには感慨一入《ひとしお》のものがあった。

レコード会社に入った当座は、実績と伝統がある洋楽の仕事に取り組んでいた。だが、まもなく洋モノの仕事には限界を感じて邦楽への転身を模索し始めた頃に御前口演が行われ、これには大いに触発されるところがあった。

圓生師匠のレコード制作をしよう、と思うのは簡単なことだが、そうあっさり問屋はおろしてはくれまい。

伝手を頼り情報を探り、慎重にことを進める過程で多くの人と接触もし、これは内緒ですが——、と打明話を聞いてもらった。圓生ファンはかなり大勢いるようだと思うようになった日々だった。

そのうちの一人の人物がとても元気のよい男で、なおも慎重だった私の目の前でフライングをした、というのが「圓生レコード事始《ことはじめ》」の真相。今思い出してもひやひやするが、うまく行くときはそういうものらしい。あとは、当時の落語界に睨みのきく出口一雄という老練のプロデューサーが案件すべてに対処してくれて、最終的に百枚を超える圓生のレコードを制作し続けることができたのだった。

圓生は次第に落語レコードの録音制作に力を入れるようになった。最初は自分のライフワークとして三遊亭圓朝作の長篇人情噺『真景累ケ淵』『牡丹燈籠』『怪談乳房榎』ＬＰ総計十三枚で一段落のつもりもあったのだが、圓生自身があれも、これもと言い出すようになる。自分が掘り起こした『髪結新三』はどうしても後世に残しておきたい、『梅若禮三郎』『札所の霊験』も、とプランは次第にふくれ上がっていく。いっそのこと「落語」と分類されている落とし噺も録音しましょうよ、師匠のお手本を一席でも多く残していただきたい。そんな当方の持ちかけがいつか既成事実のようになって、やがてこのプロジェクト全体は『圓生百席』と呼ばれるようになった。

その当時のLPレコードの収録時間は、後継者のCDより二割ほど短く、一面三十分、両面合わせて六十分。スタジオに入った圓生師匠はまずはその日のノルマとしてLP一枚分、つまり六十分を演じてこれを収録する。すぐにそれを通して聴いて、可能な限り手直しをする。あまり直しが多いようなら後日に全体を録音し直すことも珍しくない。『圓生百席』というが、一席当たり二、三日がかりで録音をした。

一席二日かかると思わなければならない。週に一度の録音として一年間に五十席超、二年で百席録音が完結する計算だが、七十路にあっても健康そのものの圓生師匠には実演の依頼が目白押しで、録音可能日は年間二十日くらいしかない。老いて盛んとはいっても高齢なので、不安は常につきまとっていた。

スタジオではいつも三、四時間をすごす。スピーカーからはさっきまで演じていた自分の声がかなり大きめの音で響いている。

数え切れないほどあったこのスタジオでのあけくれの折りに、圓生師匠が何度も口にしたことばがある。

「あたくしどもは仕合せでございます」

あたくしどもと「ども」が付いて話を一般論めかしているが、本音は「あたくし」にあって、誤解も承知で言えば、すでに同時代の他の噺家は眼中にはない。六代目圓生が意識する他の噺家群像は明治・大正の名人上手ばかりだろう。

しかし先人たちは気の毒なことに、新しい録音技術の恩恵に浴すことが出来なかった。住吉町の師匠は、と尊敬してやまない明治の名人・四代目橘家圓喬の名をあげる。

あの人こそ名人で、あたくしなぞは足元にも寄れませんが、気の毒なことにひどい音のレコードしか残っていません。でも、あたくしのように圓喬さんの高座を何度も実地に聴いた者は、あんなひどい音でも聴けばすぐに圓喬さんを思い出せる。でも今の人にあのレコードを聴かせても、これで名人かい？　ってことになってしまうでしょう。気の毒なことですがねえ。それにくらべて、あたくしはこんないい音で残って、仕合せですねえ。

さまざまな意味で世の中が落ち着いた昭和戦後の五十歳時分に、六代目三遊亭圓生はようやく高い評価を手にすることが出来た。実力と世間の評価が一致した結果だろうが、その評価を支えた大きな力は、圓生が持っていた、圓生だけが法外な強さで持っていた、ほとんど天才的な記憶力とそれを活用し得た分析力、応用力にあったのではないか。圓生はなぜか自分の頭から消えない、記憶の彼方の名人上手から生涯にわたって稽古を受け、自分もそれを求め続けていたのかも知れない。

好奇心旺盛な圓生は、スタジオに鳴り響く現代的音響からも何かを得ようとしていたように思われる。

結果、六代目三遊亭圓生は速記録『圓生全集』とレコード『圓生百席』で芸の記録を残し、今回復刊された岩波現代文庫の四部作で寄席と落語界のこの百年を書き残した。同じ落語家像でも、ギャグの採集に明け暮れる現代派とでは気の遠くなるほどの距離がある。

（きょうす・ともみつ　落語プロデューサー）

●本書は一九七六年六月、青蛙房より刊行された。
●明らかな誤記と認められるもの以外は、原則として底本のままとした。
●本文中、今日の人権意識に照らして適切とはいいがたい語句・表現がみられるが、描かれた時代や著作の歴史性などに鑑み、そのままとした。

六代目圓生コレクション 寄席楽屋帳

2021年10月15日 第1刷発行

著 者 三遊亭《さんゆうてい》 圓生《えんしょう》

発行者 坂本政謙

発行所 株式会社 岩波書店
〒101-8002 東京都千代田区一ツ橋2-5-5

案内 03-5210-4000 営業部 03-5210-4111
https://www.iwanami.co.jp/

印刷・精興社 製本・中永製本

ISBN 978-4-00-602335-5 Printed in Japan

岩波現代文庫創刊二〇年に際して

二一世紀が始まってからすでに二〇年が経とうとしています。この間のグローバル化の急激な進行は世界のあり方を大きく変えました。世界規模で経済や情報の結びつきが強まるとともに、国境を越えた人の移動は日常の光景となり、今やどこに住んでいても、私たちの暮らしは世界中の様々な出来事と無関係ではいられません。しかし、グローバル化の中で否応なくもたらされる「他者」との出会いや交流は、新たな文化や価値観だけではなく、摩擦や衝突、そしてしばしば憎悪までをも生み出しています。グローバル化にともなう副作用は、その恩恵を遥かにこえていると言わざるを得ません。

今私たちに求められているのは、国内、国外にかかわらず、異なる歴史や経験、文化を持つ「他者」と向き合い、よりよい関係を結び直してゆくための想像力、構想力ではないでしょうか。

新世紀の到来を目前にした二〇〇〇年一月に創刊された岩波現代文庫は、この二〇年を通して、哲学や歴史、経済、自然科学から、小説やエッセイ、ルポルタージュにいたるまで幅広いジャンルの書目を刊行してきました。一〇〇〇点を超える書目には、人類が直面してきた様々な課題と、試行錯誤の営みが刻まれています。読書を通した過去の「他者」との出会いから得られる知識や経験は、私たちがよりよい社会を作り上げてゆくために大きな示唆を与えてくれるはずです。

一冊の本が世界を変える大きな力を持つことを信じ、岩波現代文庫はこれからもさらなるラインナップの充実をめざしてゆきます。

（二〇二〇年一月）

B278
ラニーニャ
伊藤比呂美

あたしは離婚して子連れで日本の家を出た。心は二つ、身は一つ…。活躍し続ける詩人の傑作小説集。単行本未収録の幻の中編も収録。

B279
漱石を読みなおす
小森陽一

戦争の続く時代にあって、人間の「個性」にこだわった漱石。その生涯と諸作品を現代の視点からたどりなおし、新たな読み方を切り開く。

B280
石原吉郎セレクション
柴崎聰編

石原吉郎は、シベリアでの極限下の体験を硬質にして静謐な言葉で語り続けた。テーマ別に随想を精選、詩人の核心に迫る散文集。

B281
われらが背きし者
ジョン・ル・カレ
上岡伸雄
上杉隼人訳

恋人たちの一度きりの豪奢なバカンスがマフィアの取引の場に！ 政治と金、愛と信頼を賭けた壮大なフェア・プレイを、サスペンス小説の巨匠ル・カレが描く。〈解説〉池上冬樹

B282
児童文学論
リリアン・H・スミス
石井桃子
瀬田貞二
渡辺茂男訳

子どものためによい本を選び出す基準とは何か。児童文学研究のバイブルといわれる名著が、いま文庫版で甦る。〈解説〉斎藤惇夫

2021.10

岩波現代文庫［文芸］

B283
漱石全集物語
矢口進也

なぜこのように多種多様な全集が刊行されたのか。漱石独特の言葉遣いの校訂、出版権をめぐる争いなど、一〇〇年の出版史を語る。〈解説〉柴野京子

B284
美は乱調にあり
―伊藤野枝と大杉栄―
瀬戸内寂聴

伊藤野枝を世に知らしめた伝記小説の傑作が、文庫版で蘇る。辻潤、平塚らいてう、そして大杉栄との出会い。恋に燃え、闘った、新しい女の人生。

B285-286
諧調は偽りなり（上・下）
―伊藤野枝と大杉栄―
瀬戸内寂聴

アナーキスト大杉栄と伊藤野枝。二人の生と闘いの軌跡を、彼らをめぐる人々のその後とともに描く、大型評伝小説。下巻に栗原康氏との解説対談を収録。

B287-289
口訳万葉集（上・中・下）
折口信夫

生誕一三〇年を迎える文豪による『万葉集』の口述での現代語訳。全編に若さと才気が溢れている。〈解説〉持田叙子（上）、安藤礼二（中）、夏石番矢（下）

B290
花のようなひと
佐藤正午
牛尾篤画

日々の暮らしの中で揺れ動く一瞬の心象風景を〝恋愛小説の名手〟が鮮やかに描き出す。秀作「幼なじみ」を併録。〈解説〉桂川潤

2021. 10

岩波現代文庫[文芸]

B291
中国文学の愉しき世界
井波律子

烈々たる気概に満ちた奇人・達人の群像、壮大にして華麗な中国的物語幻想の世界! 中国文学の魅力をわかりやすく解き明かす第一人者のエッセイ集。

B292
英語のセンスを磨く ―英文快読への誘い―
行方昭夫

「なんとなく意味はわかる」では読めたことにはなりません。選りすぐりの課題文の楽しく懇切な解読を通じて、本物の英語のセンスを磨く本。

B293
夜長姫と耳男
近藤ようこ漫画
坂口安吾原作

長者の一粒種として慈しまれる夜長姫。美しく、無邪気な夜長姫の笑顔に魅入られた耳男は、次第に残酷な運命に巻き込まれていく。
〔カラー6頁〕

B294
桜の森の満開の下
近藤ようこ漫画
坂口安吾原作

鈴鹿の山の山賊が出会った美しい女。山賊は女の望むままに殺戮を繰り返す。虚しさの果てに、満開の桜の下で山賊が見たものとは。
〔カラー6頁〕

B295
中国名言集 一日一言
井波律子

悠久の歴史の中に煌めく三六六の名言を精選し、一年各日に配して味わい深い解説を添える。毎日一頁ずつ楽しめる、日々の暮らしを彩る一冊。

2021.10

岩波現代文庫［文芸］

B296
三国志名言集
井波律子

波瀾万丈の物語を彩る名言・名句・名場面の数々。調子の高さ、響きの楽しさに、思わず声に出して読みたくなる！　情景を彷彿させる挿絵も多数。

B297
中国名詩集
井波律子

前漢の高祖劉邦から毛沢東まで、選び抜かれた珠玉の名詩百三十七首。人が生きることの哀歓を深く響かせ、胸をうつ。

B298
海うそ
梨木香歩

決定的な何かが過ぎ去ったあとの、沈黙する光景の中にいたい――。いくつもの喪失を越えて、秋野が辿り着いた真実とは。〈解説〉山内志朗

B299
無冠の父
阿久悠

舞台は戦中戦後の淡路島。「生涯巡査」の父をモデルに著者が遺した珠玉の物語が文庫に。父親とは、家族とは？〈解説〉長嶋有

B300
実践 英語のセンスを磨く
―難解な作品を読破する―
行方昭夫

難解で知られるジェイムズの短篇を丸ごと解説し、読みこなすのを助けます。最後まで読めば、今後はどんな英文でも自信を持って臨めるはず。

2021.10

岩波現代文庫[文芸]

B301-302
またの名をグレイス(上・下)
マーガレット・アトウッド
佐藤アヤ子訳

十九世紀カナダで実際に起きた殺人事件を素材に、巧みな心理描写を織りこみながら人間存在の根源を問いかける。ノーベル文学賞候補とも言われるアトウッドの傑作。

B303
塩を食う女たち
聞書・北米の黒人女性
藤本和子

アフリカから連れてこられた黒人女性たちは、いかにして狂気に満ちたアメリカ社会を生きのびたのか。著者が美しい日本語で紡ぐ女たちの歴史的体験。〈解説〉池澤夏樹

B304
余白の春
―金子文子―
瀬戸内寂聴

無籍者、虐待、貧困――過酷な境遇にあって自らの生を全力で生きた金子文子。獄中で自殺するまでの二十三年の生涯を、実地の取材と資料を織り交ぜ描く、不朽の伝記小説。

B305
この人から受け継ぐもの
井上ひさし

著者が深く関心を寄せた吉野作造、宮沢賢治、丸山眞男、チェーホフをめぐる講演・評論を収録。真摯な胸の内が明らかに。〈解説〉柳 広司

B306
自選短編集 パリの君へ
高橋三千綱

売れない作家の子として生を受けた芥川賞作家が、デビューから最近の作品まで単行本未収録の作品も含め、自身でセレクト。岩波現代文庫オリジナル版。〈解説〉唯川 恵

岩波現代文庫［文芸］

B307-308
赤い月（上・下）
なかにし礼

終戦前後、満洲で繰り広げられた一家離散の悲劇と、国境を越えたロマンス。映画・テレビドラマ・舞台上演などがなされた著者の代表作。〈解説〉保阪正康

B309
アニメーション、折りにふれて
高畑勲

自らの仕事や、影響を受けた人々や作品、苦楽を共にした仲間について縦横に綴った生前最後のエッセイ集、待望の文庫化。〈解説〉片渕須直

B310
花の妹 岸田俊子伝
—女性民権運動の先駆者—
西川祐子

京都での娘時代、自由民権運動との出会い、政治家・中島信行との結婚など、波瀾万丈の生涯を描く評伝小説。文庫化にあたり詳細な注を付した。〈解説〉和崎光太郎・田中智子

B311
大審問官スターリン
亀山郁夫

自由な芸術を検閲によって弾圧し、政敵を粛清した大審問官スターリン。大テロルの裏面と独裁者の内面に文学的想像力でせまる。文庫版には人物紹介、人名索引を付す。

B312
声の力
—歌・語り・子ども—
河合隼雄
阪田寛夫
谷川俊太郎
池田直樹

童謡、詩や絵本の読み聞かせなど、人間の肉声の持つ力とは？ 各分野の第一人者が「声」の魅力と可能性について縦横無尽に論じる。

2021.10

岩波現代文庫［文芸］

B313
惜櫟荘の四季
佐伯泰英

惜櫟荘の番人となって十余年。修復なった後も手入れに追われ、時代小説を書き続ける毎日が続く。著者の旅先の写真も多数収録。

B314
黒雲の下で卵をあたためる
小池昌代

誰もが見ていて、見えている日常から、覆いがはがされ、詩が詩人に訪れる瞬間。詩人は詩をどのように読み、文字を観て、何を感じるのか。〈解説〉片岡義男

B315
夢十夜
近藤ようこ漫画
夏目漱石原作

こんな夢を見た――。怪しく美しい漱石の夢の世界を、名手近藤ようこが漫画化。描き下ろしの「第十一夜」を新たに収録。

B316
村に火をつけ、白痴になれ
伊藤野枝伝
栗原康

結婚制度や社会道徳と対決し、貧乏に徹しわがままに生きた一〇〇年前のアナキスト、伊藤野枝。その生涯を体当たりで描き話題を呼んだ爆裂評伝。〈解説〉ブレイディみかこ

B317
僕が批評家になったわけ
加藤典洋

批評のことばはどこに生きているのか。その営みが私たちの生にもつ意味と可能性を、世界と切り結ぶ思考の原風景から明らかにする。〈解説〉高橋源一郎

2021. 10

岩波現代文庫[文芸]

B318
振仮名の歴史
今野真二

「振仮名の歴史」って？　平安時代から現代まで続く「振仮名の歴史」を辿りながら、日本語表現の面白さを追体験してみましょう。

B319
上方落語ノート 第一集
桂米朝

上方落語をはじめ芸能・文化に関する論考・考証集の第一集。「花柳芳兵衛聞き書」「ネタ裏おもて」「考証断片」など。〈解説〉山田庄一

B320
上方落語ノート 第二集
桂米朝

名著として知られる『続・上方落語ノート』を文庫化。「落語と能狂言」「芸の虚と実」「落語の面白さとは」など収録。〈解説〉石毛直道

B321
上方落語ノート 第三集
桂米朝

名著の三集を文庫化。「先輩諸師のこと」「不易と流行」「天満・宮崎亭」「考証断片・その三」など収録。〈解説〉廓 正子

B322
上方落語ノート 第四集
桂米朝

名著の第四集。「考証断片・その四」「風流昔噺」などのほか、青蛙房版刊行後の雑誌連載分も併せて収める。全四集。〈解説〉矢野誠一

2021. 10

B323
可能性としての戦後以後
加藤典洋

戦後の思想空間の歪みと分裂を批判的に解体し大反響を呼んできた著者の、戦後的思考の更新と新たな構築への意欲を刻んだ評論集。〈解説〉大澤真幸

B324
メメント・モリ
原田宗典

死の淵より舞い戻り、火宅の人たる自身の半生を小説的真実として描き切った渾身の作。懊悩の果てに光り輝く魂の遍歴。

B325
遠い声
―管野須賀子―
瀬戸内寂聴

大逆事件により死刑に処せられた管野須賀子。享年二九歳。死を目前に胸中に去来する、恋と革命に生きた波乱の生涯。渾身の長編伝記小説。〈解説〉栗原　康

B326
一〇一年目の孤独
―希望の場所を求めて―
高橋源一郎

「弱さ」から世界を見る。生きるという営みの中に何が起きているのか。著者初のルポルタージュ。文庫版のための長いあとがき付き。

B327
石の肺
―僕のアスベスト履歴書―
佐伯一麦

電気工時代の体験と職人仲間の肉声を交えアスベスト禍の実態と被害者の苦しみを記録した傑作ノンフィクション。〈解説〉武田砂鉄

2021.10

岩波現代文庫［文芸］

B328
冬の蕾
―ベアテ・シロタと女性の権利―
樹村みのり

無権利状態にあった日本の女性に、男女平等条項という「蕾」をもたらしたベアテ・シロタの生涯をたどる名作漫画を文庫化。〈解説〉田嶋陽子

B329
青い花
辺見庸

男はただ鉄路を歩く。マスクをつけた人びとが彷徨う世界で「青い花」の幻影を抱え……。災厄の夜に妖しく咲くディストピアの〝愛〟と〝美〟。現代の黙示録。〈解説〉小池昌代

B330
書聖王羲之
―その謎を解く―
魚住和晃

日中の文献を読み解くと同時に、書作品をつぶさに検証。歴史と書法の両面から、知られざる王羲之の実像を解き明かす。

B331
霧の犬
―a dog in the fog―
辺見庸

恐怖党の跋扈する異様な霧の世界を描く表題作ほか、殺人や戦争、歴史と記憶をめぐる終わりの感覚に満ちた中短編四作を収める。終末の風景、滅びの日々。〈解説〉沼野充義

B332
増補 オーウェルのマザー・グース
―歌の力、語りの力―
川端康雄

政治的な含意が強調されるオーウェルの作品群に、伝承童謡や伝統文化、ユーモアの要素を読み解く著者の代表作。関連エッセイ三本を追加した決定版論集。

2021.10

B333
六代目圓生コレクション
寄席育ち
三遊亭圓生
圓生みずから、生い立ち、修業時代、芸談、噺家列伝などをつぶさに語る。綿密な考証も施され、資料としても貴重。〈解説〉延広真治

B334
六代目圓生コレクション
明治の寄席芸人
三遊亭圓生
圓朝、圓遊、圓喬など名人上手から、知られざる芸人まで。一六〇余名の芸と人物像を、六代目圓生がつぶさに語る。〈解説〉田中優子

B335
六代目圓生コレクション
寄席楽屋帳
三遊亭圓生
『寄席育ち』以後、昭和の名人として活躍した日々を語る。思い出の寄席歳時記や風物詩も収録。聞き手・山本進。〈解説〉京須偕充

B337
コブのない駱駝
―きたやまおさむ「心」の軌跡―
きたやまおさむ
ミュージシャン、作詞家、精神科医として活躍してきた著者の自伝。波乱に満ちた人生を自ら分析し、生きるヒントを説く。鴻上尚史氏との対談を収録。

B338-339
ハルコロ(1)(2)
石坂啓漫画
本多勝一原作
萱野茂監修
一人のアイヌ女性の生涯を軸に、日々の暮らしや祭り、誕生と死にまつわる文化など、アイヌの世界を生き生きと描く物語。〈解説〉本多勝一・萱野茂・中川裕

2021. 10

岩波現代文庫[文芸]

B340
ドストエフスキーとの旅
—遍歴する魂の記録—
亀山郁夫

ドストエフスキーの「新訳」で名高い著者が、生涯にわたるドストエフスキーにまつわる体験を綴った自伝的エッセイ。〈解説〉野崎 歓

B341
彼らの犯罪
樹村みのり

凄惨な強姦殺人、カルトの洗脳、家庭内暴力と息子殺し……。事件が照射する人間と社会の深淵を描いた短編漫画集。〈解説〉鈴木朋絵

2021.10